吉林振兴丛书

JILIN ZHENXING
·CONGSHU·

◎刘立新　丁晓燕　丛书主编

东北振兴与吉林农业农村现代化

◎赵光远　姚　堃　孙葆春　倪锦丽　李冬艳　丁　冬　曲会朋　著

吉林文史出版社

图书在版编目（CIP）数据

东北振兴与吉林农业农村现代化 / 赵光远等著 . — 长春：
吉林文史出版社 , 2023.9
（吉林振兴丛书 / 刘立新 , 丁晓燕主编）
ISBN 978-7-5472-9665-3

Ⅰ . ①东… Ⅱ . ①赵… Ⅲ . ①农业现代化—研究—吉
林 Ⅳ . ① F327.34

中国国家版本馆 CIP 数据核字 (2023) 第 159324 号

吉林振兴丛书

东北振兴与吉林农业农村现代化

DONGBEI ZHENXING YU JILIN NONGYE NONGCUN XIANDAIHUA

丛书主编：刘立新　　丁晓燕
本书著者：赵光远　姚　堃　孙葆春　倪锦丽　李冬艳　丁　冬　曲会朋
出 版 人：张　强
责任编辑：董　芳　弭　兰
封面设计：杨兆冰
出版发行：吉林文史出版社
电　　话：0431-81629368
地　　址：长春市福祉大路5788号
邮　　编：130117
网　　址：www.jlws.com.cn
印　　刷：吉林省吉广国际广告股份有限公司
开　　本：710mm×1000mm　　1/16
印　　张：18
字　　数：260千字
版　　次：2023年9月第1版
印　　次：2023年9月第1次印刷
书　　号：ISBN 978-7-5472-9665-3
定　　价：138.00元

序

党中央高度重视东北地区发展，2003年作出实施东北地区等老工业基地振兴战略的重大决策，出台了一系列支持东北地区振兴发展的政策措施。历经20年的凤凰涅槃，东北老工业基地再现繁荣与发展新面貌。

2003年，中央出台《中共中央 国务院关于实施东北地区等老工业基地振兴战略的若干意见》，明确提出"支持东北地区等老工业基地加快调整改造，是党中央从全面建成小康社会全局着眼作出的又一重大战略决策，各地区各部门要像当年建设沿海经济特区、开发浦东新区和实施西部大开发战略那样，齐心协力，扎实推进，确保这一战略的顺利实施"，拉开振兴东北老工业基地的序幕。

在党中央领导下，2003—2013年，东北振兴取得阶段性成果。经济总量迈上新台阶，东北三省地区生产总值年均增长10.3%。体制机制改革初见成效，增值税转型、农业税减免、国有企业政策性破产、豁免企业历史欠税等重大改革在东北地区先行先试，90%的国有工业企业完成产权制度改革，国有企业竞争力明显增强。产业竞争优势逐渐显现，大型发电设备、特高压输变电设备、高档数控加工中心、重型数控机床等一批重大装备成功研制，一批龙头企业重塑行业竞争力，能源原材料、食品工业等产业规模大幅提升。2016年，中央出台《中共中央 国务院关于全面振兴东北地区等老工业基地的若干意见》，进一步明确了新时期推动东北振兴的新目标、新要求、新任务、新举措，标志着东北振兴进入了全面振兴新阶段。党的十八大以来，习近平总书记多次赴东北地区考察，召开专题座谈会，对东北全面振兴作出系列重要讲话和指示批示，充分体现了以习近平同志为核心的党中央对东北全面振兴的高度重视和殷切期望，为新时代推进东北振兴提供了根本遵循。2019年，党中央、国务院对支持东北地区深化改革创新推动高质量发展作出重要部署。2020年，党的十九届五中全会要求"推动东北振兴取得新突破"。在各方面的共同努力下，东北地区经济运行逐步企稳，营商环境进一步优化，结构调整扎实推进，粮食综合生产能力显著提升，基础设施不断完善，社会事业蓬勃发展，人民生活水平不断提高。2020年，东北三省实现地区生产总值5.1万亿元，人均地区生产总值5.2万元，常住人口城镇化率67.7%。2021年，国务院关于《东北全面振兴"十四五"实施方案》的批复正式公布。批复强调，内蒙古自治区、辽宁省、吉林省、黑龙江省人民政府要深化改革开放，强化政策保障，优化营商环境，推动实施一批对东北全面振兴具有全局性影响的重点项目和重大改革举措，着力增强内生发展动力。

20年来，吉林省振兴发展取得了重大进展和积极成效，各项事业也取得了显著成就。吉林省立足于自身发展现状、国家"双循环"发展新格局的总体要求以及中央对东北振兴提出的"五大安全"要求，充分发挥创新优势、产业优势、资源优势、区位优势，大力推进高质量发展，释放吉林发展潜力，积极融入国家"双循环"新发展格局。在习近平总书记三次视察吉林重要讲话重要指示精神指引下，经济社会全面发展，振兴步伐坚实稳健。一是经济运行稳中向好。全力打造现代新型汽车和零部件、农产品及其深加工和食品细加工、冰雪和避暑休闲生态旅游这三个万亿级大产业。2021年，GDP（国内生产总值）增速在全国位次有所提升，在东北三省一区居于首位。固定资产投资增速已经连续两年居全国第四位。10年间，粮食产量连续跨上700亿斤、800亿斤两个大台阶，2021年，粮食产量增长率在全国居第一位，以2%的土地面积贡献了5.92%的粮食产量。二是重大项目蓄势赋能。中车松原新能源基地、吉化120万吨乙烯、西部"陆上风光三峡"、东部"山水蓄能三峡"、沿边开放旅游大通道等一大批重点项目陆续开工建设。三是创新能力大幅提升。在区域创新能力全国排名中，2021年，吉林省前进9个位次，上升幅度最大。长春自主创新示范区、长春国家农业高新技术产业示范区相继获得国家批准并启动建设。高铁变轨等一批关键核心技术取得突破，"吉林一号"在轨运行卫星达到70颗，建成了我国目前最大的商业遥感卫星星座。四是营商环境持续优化。投资平台在线审批率居全国首位，不动产登记效率居全国第二位，连续两年新登记市场主体增速居全国第三位。五是人民生活显著改善。2020年迈入全面小康社会，70万人摆脱贫困。2021年脱贫群众人均收入同比增长20.18%，增速排在东北三省一区首位。六是生态强省建设全面推进。大气、水、土壤等多项生态环境指标持续改善，空气优良天数达到94%。长白山、查干湖等旅游品牌叫响全国，冰雪旅游市场占有率稳居全国第一。

吉林省社会科学院（社科联）是中共吉林省委直属的、全省唯一一家哲学社会科学综合性研究机构。长期以来，吉林省社会科学院在坚持基础研究，保持传统学科优势的同时，注重发展地方特色，大力加强应用研究。现有一支从事东北振兴、吉林振兴研究的科研队伍并取得了一批重要的东北振兴研究成果，为东北振兴吉林振兴提供了智慧支持。在东北振兴20年之际，吉林省社会科学院推出"吉林振兴丛书"，旨在全面总结20年来吉林省振兴发展取得的重要进展和积极成效，发现问题，直面短板，探求路径，助力吉林省高质量发展。

本系列丛书共七本，分别是《东北振兴与吉林产业转型升级》《东北振兴与吉林农业农村现代化》《东北振兴与吉林民生建设》《东北振兴与吉林旅游高质量发展》《东北振兴与吉林新型城镇化》《东北振兴与吉林社会治理》《东北振兴与吉林绿色发展》。本系列丛书全面总结了东北振兴过程中吉林省经济转型、民生建设、社会治理以及绿色发展等问题，再现了吉林振兴取得的成果，分析了存在的问题，探寻了东北振兴的吉林之路。

"推动东北全面振兴取得新突破"，实现吉林振兴，是国家区域协调发展战略的重要组成部分，事关我国区域发展总体战略布局，事关我国新型工业化、信息化、城镇化、农业现代化的协调发展。吉林省是我国重要的工业和农业基地，维护国家国防安全、粮食安全、生态安全、能源安全、产业安全的战略地位十分重要，关乎国家发展大局，实现吉林振兴新突破是新时代党中央、国务院赋予吉林省的新使命。本系列丛书立足于为党委和政府打造有价值的决策咨询研究成果，必将增强社会各界对东北振兴尤其是对吉林振兴发展的关注度，为东北地区尤其是吉林省相关部门的决策提供一些有价值的参考意见。

未来，在习近平新时代中国特色社会主义思想指引下，吉林省将在东北振兴、吉林振兴研究上再接再厉，提供更高层次、更高水平的理论成果，为东北振兴、吉林振兴作出更大的贡献。

2023年6月

于长春

目　　录

| 第一章 |

东北振兴背景下吉林农业农村现代化重大意义

自2003年东北振兴战略实施以来，吉林省农业农村现代化进程稳步提升。以2002年为基期，2021年吉林省玉米总产量从1540万吨增长到3198万吨，稻谷产量从370万吨增长到685万吨，农业机械总动力数从全国第19位上升到第12位，农村居民恩格尔系数从44.1%下降到30.2%，这是吉林省在东北振兴大背景下取得的巨大成就。但也必须看到，吉林省粮食单产水平已经从2002年的全国第1位下降到第4位，农村常住居民从1326万人下降到870万人，农村居民收入从第16位下降到第19位，这说明在东北振兴大背景下，吉林省农业农村发展发生了巨大变化。在这种情况下，全面总结东北振兴背景下吉林省推进农业农村现代化的历程，具有重要的战略意义，对于吉林省农业农村工作进一步融入东北振兴大局、进一步融入全国统一大市场，具有重要的现实意义。

第一节　农业农村现代化的理论基础

农业农村现代化的内涵非常丰富，是一个系统性、动态性的概念，不是农业现代化与农村现代化概念的简单叠加，会随着社会经济形势的变化而发生相应的变化。

一、农业农村现代化的内涵

农业农村现代化是现代化理念在农业领域和农村空间的深入体现，是现代化进程在农业领域和农村空间的综合反映，是现代化要素在农业领域和农村空间的汇聚重组，是以"农"字为核心的现代化产业形态和现代化空间形态的有机统一，更是整个经济社会现代化水平发展到一定阶段后对农业、农村、农民产生深刻且变革性影响的过程。与农业农村现代化有关的概念包括现代化、中国式现代化、农业现代化、农村现代化、乡村振兴等。

（一）现代化[①]

2013年8月在北京召开的"首届世界现代化论坛：现代化与全球变化"所发布的《现代化论坛宣言——首届世界现代化论坛的综合公告》认为"现代化是18世纪以来人类文明的一种深刻变化；它既包括政治、经济、社会、文化各个领域从传统向现代的巨大转变，目前也包括人的全面发展和自然环境的合理保护"，是全人类生产力普遍性、突破性的提升以及与其相适应的生产关系的快速调整，是全人类知识信息的全范围普及，是基于人类对于世界的科学认识与开发的结果，是政治、经济、社会、文化、生态各个领域从传统向现代的巨大转变；它还指出"现代化是一个世界现象和国际潮流，它发源于先行国家，然后发生在全世界，但在社区层次有一些例外"，是一个从先行国家扩散到全世界的过程，也是从农业经济向工业经济、农业社会向工业社会的转变，继而又从工业经济向知识经济、工业社会向知识社会的转变的过程；它还认为"现代化既是一个过程，又是一种状态"，甚至于现代化已经成为一种文化，"目前世界各国都在自

---

①现代化、中国式现代化、农业现代化、农村现代化等内容主要参考中国科学院中国现代化研究中心官方网站资料，www.modernization.ac.cn。

觉或不自觉地经历某种现代化过程""现代化的驱动力，不再只是物质生产，而且包括人类对美好生活的不懈追求，包括人类的创造性、技术创新和制度创新等"。①基于如上观点，现代化可以说是人类经济社会内生性、持续性、创造性发展的过程，是人类创造力不断被激发的过程，是人类不断丰富自身能力和自身文明的过程。

（二）中国式现代化

中国式现代化是发生在中国区域范围内、与中国国情紧密结合、具有中国特色的现代化。党的二十大报告指出，中国式现代化是人口规模巨大的现代化，是全体人民共同富裕的现代化，是物质文明和精神文明相协调的现代化，是人与自然和谐共生的现代化，是走和平发展道路的现代化。中国式现代化道路是以马克思主义为指导的，以人民为中心的，以中华文明为基石的，以自强自立为遵循的，以开放融合共享发展为目的，以推动构建人类命运共同体、创造人类文明新形态为初心所向的特色现代化道路。现阶段推动中国式现代化的主要任务是经济高质量发展取得新突破，科技自立自强能力显著提升，构建新发展格局和建设现代化经济体系取得重大进展；改革开放迈出新步伐，国家治理体系和治理能力现代化深入推进，社会主义市场经济体制更加完善，更高水平开放型经济新体制基本形成；全过程人民民主制度化、规范化、程序化水平进一步提高，中国特色社会主义法治体系更加完善；人民精神文化生活更加丰富，中华民族凝聚力和中华文化影响力不断增强；居民收入增长和经济增长基本同步，劳动报酬提高与劳动生产率提高基本同步，基本公共服务均等化水平明显提升，多层次社会保障体系更加健全；城乡人居环境明显改善，美丽中国建设成效显著；国家安全更为巩固，建党一百年奋斗目标如期实现，平安中国建设扎实推进；中国国际地位和影响进一步提高，在全球治理中发挥更大作用。

---

①现代化论坛宣言：首届世界现代化论坛的综合公告，http://www.china.org.cn/chinese/2013-08/12/content_29691215.htm。

（三）农业现代化

农业现代化是现代化进程在农业系统的反映，是"在采用大机器生产的现代工业的基础上发展起来的"，[1]且"农业现代化是农业变迁的一种前沿变化和国际竞争，它包括现代农业的形成、发展、转型和国际互动，农业要素的创新、选择、传播和退出，以及追赶、达到和保持世界农业先进水平的国际竞争和国际分化；达到和保持世界农业先进水平的国家是农业发达国家，其他国家是农业发展中国家，两类国家之间可以转换。农业现代化受市场竞争和国家利益的双重驱动"。[2]从实践看，农业现代化主要体现为生产率和生产效益的不断提升，农业科学技术、农业机械的不断推广和升级，农业生态环境的不断改善和优化。狭义的农业现代化是"仅指农业生产技术上的变革"，广义的农业现代化包括"协调发展的工农业关系、经济体制和组织管理的现代化，以及人的现代化"。[3]

（四）农村现代化

农村现代化是现代化进程在农村这一空间的反映，是农村社会、农民素养不断提升的进程，"农村现代化既包括'物'的现代化，也包括'人'的现代化，还包括乡村治理体系和治理能力的现代化"。与农业现代化对应而言，农村现代化是新型现代农村的形成、发展和转型，也是追赶、达到和保持世界农村先进水平的动态变化过程，还是从传统农村形态向现代农村形态、从传统农村文明向现代农村文明的转变过程及其深刻变

---

① 杨万江、徐兴明：《农业现代化测评》，社会科学文献出版社，2001，第10页。

② 何传启：《中国现代化报告2012——农业现代化研究》，转自中国科学院科技战略咨询研究院网站，https://www.casisd.cn/zkcg/ztyjbg/201610/t20161017_4680964.html

③杨万江、徐兴明：《农业现代化测评》，社会科学文献出版社，2001，第11页。

化，既包括农村的建筑、基础设施、公共管理、公共服务、功能和形态、国际联系等方面的现代转型，也包括农村的生活、结构、制度和观念四大要素的现代转型等。如果说农业现代化侧重于体现生产力的现代化进程，那么农村现代化无疑侧重体现为生产关系的现代化进程，体现为农村经济主体与空间关系的变化程度。

（五）乡村振兴

乡村振兴战略是2017年中国提出来的重大发展战略。从《中华人民共和国乡村振兴促进法》的总则看，乡村振兴包括"促进农业全面升级、农村全面进步、农民全面发展，加快农业农村现代化"等目标，通过"促进乡村产业振兴、人才振兴、文化振兴、生态振兴、组织振兴，推进城乡融合发展等活动""统筹推进农村经济建设、政治建设、文化建设、社会建设、生态文明建设和党的建设，充分发挥乡村在保障农产品供给和粮食安全、保护生态环境、传承发展中华民族优秀传统文化等方面的特有功能"。全面实施乡村振兴战略，应当遵循"坚持中国共产党的领导、坚持农业农村优先发展、坚持农民主体地位、坚持人与自然和谐共生、坚持改革创新、坚持因地制宜、规划先行、循序渐进"等基本原则。发展壮大农村集体所有制经济、建立健全城乡融合发展的体制机制和政策体系、加强乡村优秀传统文化保护和公共文化服务体系建设，实施以我为主、立足国内、确保产能、适度进口、科技支撑的粮食安全战略，都是乡村振兴的重要着力点。

（六）农业农村现代化

根据国务院发布的《"十四五"推进农业农村现代化规划》，农业农村现代化是全面建设社会主义现代化国家的重大任务，要将先进技术、现代装备、管理理念等引入农业，将基础设施和基本公共服务向农村延伸覆盖，提高农业生产效率、改善乡村面貌、提升农民生活品质，促进农业全面升级、农村全面进步、农民全面发展。具体包括立足国内基本解决人民吃饭问题、巩固和完善农村基本经营制度、引导小农户进入现代农业发展轨道、强化农业科技和装备支撑、推进农业全产业链开发、有序推进乡村建设、加强和创新乡村治理、推动城乡融合发展、促进农业农村可持续发展、促进农民农村共同富裕十个内容。在中国式现代化背景下，农业农村现代化的重点任务是坚持农业农村优先发展，坚持城乡融合发展，畅通城乡要素流动。具体还包括加快建设农业强国，扎实推动乡村产业、人才、文化、生态、组织振兴。全方位夯实粮食安全根基，全面落实粮食安全党政同责，牢牢守住十八亿亩耕地红线，逐步把永久基本农田全部建成高标准农田，深入实施种业振兴行动，强化农业科技和装备支撑，健全种粮农民收益保障机制和主产区利益补偿机制，确保中国人的饭碗牢牢端在自己手中。树立大食物观，发展设施农业，构建多元化食物供给体系。发展乡村特色产业，拓宽农民增收致富渠道。巩固拓展脱贫攻坚成果，增强脱贫地区和脱贫群众内生发展动力。统筹乡村基础设施和公共服务布局，建设宜居宜业和美乡村。巩固和完善农村基本经营制度，发展新型农村集体经济，发展新型农业经营主体和社会化服务，发展农业适度规模经营。深化农村土地制度改革，赋予农民更加充分的财产权益。保障进城落户农民合法土地权益，鼓励依法自愿有偿转让。完善农业支持保护制度，健全农村金融服务体系。

二、农业农村现代化的相关理论

在农业农村现代化概念形成、不断实践、理论完善的过程中，一系列经济社会发展理论研究成果不断融入其中，包括但不限于如下四个方面。

（一）农业发展阶段理论

农业作为国民经济基础的部门，其发展具有明显阶段性特征。梅勒（1966）基于农业技术性质角度，形成了"梅勒农业发展三阶段理论"。他认为农业发展阶段包含传统农业阶段、"低资本"技术阶段、"高资本"技术阶段"三阶段"。其中，在传统农业阶段，技术是停滞的，农业生产增长主要依赖传统投入，农业发展基本上取决于传统要素供给增加；在"低资本"技术阶段，资本使用量较少，技术运用趋于稳定，但仍以资本节约型技术为主，以提高土地生产率为重点；在"高资本"技术阶段，受资本"替代效应"影响，劳动力"短缺"现状得到改观，农业生产能力显著增强。韦茨（1971）基于美国农业实际，提出"韦茨农业发展三阶段理论"，将农业发展阶段划分为维持生存农业阶段、混合农业阶段、商品农业阶段"三阶段"。其中，在维持生存农业阶段，"自给自足"是其主要特征；在混合农业阶段，强调多种经营，农民收入增加是主要特征；而在商品农业阶段，专业化生产是农业发展主要特征。农业部软科学委员会课题组（2000）针对中国实际，提出了农业发展"三阶段"理论，即数量发展阶段、优化发展阶段、现代农业发展阶段。其中，在数量发展阶段，农产品供给"短缺"；在优化发展阶段，农产品供需平衡，以提高农产品品质、优化结构与增加农民收入为重点；在现代农业发展阶段，农产品供给多元化，以资本集约、技术集约和信息集约为重点。

（二）诱致性技术创新理论

诱致性技术创新理论形成了两个重要分支。一个是市场需求诱致的技术创新理论。基本假定是创新对利润的反应，认为在其他方面不变时，一种商品的创新率是对该商品市场需求的函数，即引致发明的因素在于市场力量的作用，强调产品需求对技术创新速度的影响。另一个是要素稀缺诱致性技术创新理论。该理论强调由于资源稀缺所引起的要素相对价格变化对技术变革的诱致性作用。诱致性技术创新理论主要被应用于研究农业技术变革和农业发展，是重要的农业发展理论。该理论为要素价格、要素份额以及技术变革之间的关系提供了较强解释力。其核心是若市场未被扭曲，则要素价格将能反映要素相对稀缺性水平和变化，农民则会被诱致去寻找能够节约日益稀缺因而昂贵要素的技术。该理论有效指导了发展中国家农业技术创新和农业发展。诱致性技术创新理论为研究构建理论框架，系统认知农业农村现代化演进提供了重要的理论支撑。

（三）路径依赖理论

路径依赖原是用以描述技术变迁过程的自我强化、自我积累性质的，即是指新技术的采用往往具有收益递增性质。由于某种原因，首先发展起来的技术常常可以凭借先占的优势地位，利用巨大规模促成的单位成本降低，利用普遍流行导致的学习效应和许多行为者采取相同技术产生的协调效应，致使它在市场上越来越流行，人们也就越来越相信它会更加流行，从而实现自我增强的良性循环。反之，即使是更为优良的技术，却也可能由于晚人一步，没有获得足够的跟随者，而陷入恶性循环，甚至"闭锁"在某种被动状态，无从解脱。世界农业现代化的路径选择，都显示出强烈的路径依赖特征。因此农业农村现代化的路径选择既要吸取以往优秀的内容，又要摆脱原有的路径依赖。

（四）可持续发展理论

1983年11月，世界环境与发展委员会在《我们共同的未来》中，对可持续发展作了明确的说明，它既满足当代人的需求，又不损害后代人满足其需求的能力。1985年美国首先提出农业可持续发展的理念，把可持续思想引入到农业领域，强调可持续农业应该成为现代农业的发展方向。世界粮农组织理事会（1988）的观点为：农业可持续发展就是管理和保护自然资源（水、土、植物和动物）及技术变化的方向，以保障持续满足当代及后代人的需求，而且经济上和技术上均可行、不破坏环境、易于为社会所接受。可持续农业的三个战略目标，一是积极增加粮食生产，既要考虑自力更生和自给自足的基本原则，又要考虑适当调剂与储备，妥善解决粮食问题，保障粮食安全。二是促进农村综合发展，开展多种经营，扩大农村劳动力就业机会，增加农民收入，特别要努力消除农村贫困状况。三是合理利用、保护与改善自然资源，创造良好的生态环境，以利于子孙后代的生存与发展。上述三个目标分别被称为温饱目标、收入目标、环境目标。简单地说，可持续农业就是经济、社会、技术同环境协调发展的农业。实现农业现代化，必须要遵循可持续发展的基本原则。

三、农业农村现代化的研究综述

根据中国知网2017年至2022年的"农业农村现代化""乡村振兴"两个篇名关键词查询结果，选取被引次数较高的学术期刊文章，对国内研究进展简述如下。

（一）关于农业农村现代化内涵的研究

农业农村现代化是一个不断发展的动态概念，内涵会随着经济发展阶段转变、先进生产要素的引入等而不断丰富。陆益龙（2018）认为，农业现代化的本质是要通过农业变革，实现农业的生产效率和经济效益的提升，农村现代化的真实内涵则是乡村主体性的维续和乡村新的发展。在乡村振兴中推进农业农村现代化，需要走中国特色农业农村现代化道路，即以粮食安全为核心、以农户为主体、由农民因地制宜自主选择的多样性道路。[①]魏后凯（2019）认为，农业农村现代化这一概念，虽然只是在过去农业现代化的基础上加了"农村"二字，但它既不是农业现代化的简单延伸，也不是农业现代化和农村现代化的简单相加，而是包括农村产业现代化、农村生态现代化、农村文化现代化、乡村治理现代化和农民生活现代化的有机整体。[②]蒋永穆（2020）认为，没有农业农村现代化，就没有整个国家的现代化，

---

① 陆益龙：《乡村振兴中的农业农村现代化问题》，《中国农业大学学报（社会科学版）》2018年第3期。

② 魏后凯：《深刻把握农业农村现代化的科学内涵》，《农村工作通讯》2019年第2期。

同时农业农村现代化还标志着"三农"工作进入新的发展时期。[1]张红杰等（2023）在分析中国式农业农村现代化的探索历程、基本逻辑和发展趋势的基础上认为，中国式农业农村现代化在不同体制条件下不断演进，其基本逻辑在于动力塑造中对个体与组织、政府与市场关系的深邃思考和不断调整，在新发展阶段，中国式农业农村现代化需要进一步考虑农业农村发展的主体动力、资源注入、市场联结等问题，从国家经济社会发展的整体布局出发，形成农业农村现代化发展的内在激励和不竭动力。[2]

（二）关于农业农村现代化特征的研究

孙贺、傅孝天（2021）从政治经济学角度认为，农业农村现代化是由农业现代化和农村现代化两个方面构成的有机整体，农业现代化与农村现代化共同联系的是生产方式的两个方面，农业现代化联结的是农村的生产力，农村现代化联结的是农村的生产关系，农业现代化与农村现代化在生产力与生产关系的交互作用规律支配下历史演进。[3]姜力月（2022）指出，农业农村现代化经历了"初探—转型—深化"的演进历程，是对现代化既有经验的印证，更在价值立场、基本特征、制度前提、重要底线、关键驱动等方面体现出独特的内在规定，且在中与外、前与后、守与变的现代化过程中，呈现出民族性与世界性互融、阶段性与全面性互联、守正性与创新性互动的逻辑特质。[4]杜志雄（2021）指出，对于农业农村现代化

①蒋永穆：《从"农业现代化"到"农业农村现代化"》，《红旗文稿》2020年第5期。

②张红杰、张旭：《中国式农业农村现代化的探索历程、基本逻辑和发展趋势》，《经济纵横》2023年第2期。

③孙贺、傅孝天：《农业农村现代化一体推进的政治经济学逻辑》，《求是学刊》2021年第1期。

④姜力月：《中国式现代化语境下的农业农村现代化——基于大历史观的多维探析》，《理论建设》2022年第3期。

的认识，不同阶段存在着较为明显的演进特征。农业农村现代化是农业现代化与农村现代化的有机耦合，农业现代化是农村现代化的基础，农村现代化是农业现代化的依托。①叶兴庆等（2021）把农业农村现代化的内涵特征概括为包括农业产业体系现代化、农业生产体系现代化、农业经营体系现代化、农村基础设施和公共服务现代化、农村居民思想观念和生活质量现代化、农村治理体系和治理能力现代化在内的"六化"特征。②刘海启（2017）认为，数字农业或者现代农业是必须同时包含数字和土地这两个核心要素的产业体系，论证了数字技术和现代农业的辩证关系。③《"十四五"推进农业农村现代化规划》则指出了三方面发展特征，即推进农业农村现代化，必须立足国情农情特点、必须立足农业产业特性、必须立足乡村地域特征。从FAO（联合国粮农组织）、WB（世界银行）等国际组织对农业农村问题研究的趋势看，农业农村现代化是农业发展持续性、农村社会包容性、农民进步多样性的统一，是农业农村发展速度、韧性、流动性和安全性的统一。段潇然等（2023）认为，农业农村现代化的主要特征是以坚持世界第一人口大国自立自强为根本要求，以不断完善农村土地制度为根基，以确保国家粮食安全为根本前提，以千方百计保护农民利益为中心，以实现城乡一体化与共同富裕为核心目标，以人与自然和谐共生可持续发展为理念。④任常青（2022）认为，把赋权农民贯穿于农村改革全过程，坚持市场化改革方向，实施城乡融合发展，依靠科技推动

①杜志雄：《农业农村现代化：内涵辨析、问题挑战与实现路径》，《南京农业大学学报（社会科学版）》，2021年第5期。

②叶兴庆、程郁：《新发展阶段农业农村现代化的内涵特征和评价体系》，《改革》2021年第9期。

③刘海启：《加快数字农业建设为农业农村现代化增添新动能》，《中国农业资源与区划》2017年第12期。

④段潇然、张霞：《农业农村现代化的主要特征及实现路径》，《农村.农业.农民（B版）》2023年第1期。

现代化以及乡村建设和公共服务的扩展是中国式农业农村现代化的重要特征。[1]

（三）关于农业农村现代化发展制约因素的研究

在农业农村现代化发展中，存在着一些制约因素。董翀、冯兴元、孙同全（2020）对农业农村现代化的金融支农保障机制进行了研究，认为中国农业农村领域金融供给情况总体得到改善，但是金融支农保障机制仍然存在问题，且农业农村投融资需求也呈现出新趋势。[2]郭冠清（2020）以马克思的"生产力—生产方式—生产关系"原理为基础，结果发现：人民公社、家庭联产承包责任制在不同时期对农业农村现代化都起到了很大推动作用，新时代实施乡村发展战略对于推进农业农村现代化是创新和发展，但是依然面临分散的农户与现代农业对接困难、农业的全要素生产率低下和农产品结构性调整等方面的挑战。[3]翟军亮、吴春梅、黄宏（2019）认为，农民组织化是农村公共性的天然载体，农村公共性是农民组织化的持续动力，两者呈现交互性建构状态，影响着农业农村现代化之路，这种交互性建构深嵌于国家—社会关系演进历程，表征为农民组织化和农村公共性建构的专业化。当前，处于多重转型期的农民组织化和农村公共性的交互性建构因脱嵌于农村治理生态而难以满足推进农业农村现代化的需求。[4]王春光（2021）从农村社会学的角度进行分析并认为，现在

---

①任常青：《新发展阶段推进农业农村现代化的若干思考》，《河北农业大学学报（社会科学版）》2022年第6期。

②董翀等：《农业农村现代化的金融支农保障机制：变化、问题与对策》，《农村金融研究》2020年第8期。

③郭冠清：《新中国农业农村现代化的政治经济学分析》，《经济与管理评论》2020年第5期。

④翟军亮等：《农民组织化与农村公共性的交互性建构：理论框架、当代实践与未来路径——兼论推进农业农村现代化的路径选择》，《南京农业大学学报（社会科学版）》2019年第6期。

开始的农村现代化与农业现代化并重，背后原因是两者之间尚未实现有效的连接、转换和相互支持，而这是摆在当前乡村振兴发展道路面前的关键难题。[1]冯兴元等（2022）基于扩展的威廉姆森经济治理分析框架对社会资本参与乡村振兴和农业农村现代化进行分析后指出，应关注加快健全社会资本下乡的用地、人才和融资保障机制，吸引、培养和保护更多的企业家型人才，健全社会资本政策支持体系，优化社会资本参与的政策环境，健全利益联结风险防范机制，构建和完善农业产权市场等工作。[2]

（四）关于农业农村现代化发展路径与战略选择的研究

针对农业农村现代化的发展路径与战略选择，学者们从不同角度提出了见解。翟军亮等（2019）认为，农业农村现代发展的未来路径应建立基于公共治理，以组织整合型模式为基础、以服务整合型模式为纽带、以价值整合型模式为导向的三位一体建构模式。[3]党国英（2018）认为，"建立健全城乡融合发展体制机制和政策体系，加快推进农业农村现代化"任务能否实现，关乎复兴中华、实现伟大国家梦想的成败，需要国家一系列社会经济政策发生转变——农业技术进步模式转变、农地保护模式转变、城乡区划模式转变、城乡社会治理模式转变、土地产权变革等。[4]针对加快农业农村现代化建设，郭冠清（2020）提出了统筹国内外资源深化农产品结构性改革，更好发挥政府作用推进农村市场化体系的建设，以县域经

[1]王春光：《迈向共同富裕——农业农村现代化实践行动和路径的社会学思考》，《社会学研究》2021年第2期。

[2]冯兴元、鲍曙光、孙同全：《社会资本参与乡村振兴和农业农村现代化——基于扩展的威廉姆森经济治理分析框架》，《财经问题研究》2022年第1期。

[3]翟军亮等：《农民组织化与农村公共性的交互性建构：理论框架、当代实践与未来路径——兼论推进农业农村现代化的路径选择》，《南京农业大学学报（社会科学版）》2019年第6期。

[4]党国英：《振兴乡村推进农业农村现代化》，《理论探讨》2018年第1期。

济为中心鼓励和支持新型合作组织发展，加强党对农村工作的统一领导解决农村治理短板等建议。[①]王立胜（2018）对"潍坊模式"进行了研究，认为"潍坊模式"与以苏南模式为代表的长三角地区和以珠江模式为代表的珠三角地区比较，在缺乏独特的资源禀赋和明显的区位优势以及特色政策扶持的情况下，依靠农业完成了现代化的起步，这从全国来看更具有典型意义，具有可复制的可能性。[②]彭超、刘合光（2020）从"十四五"发展和中国社会主要矛盾转化等方面出发，认为农业农村现代化所面临的问题，事关消费、技术、业态、成本、要素、制度、供需、基建、生态、民生等多个方面，未来应在顶层设计上转向城乡融合发展，坚持保供给、调结构、转方式并行，统筹国际国内两个市场、两种资源，更加依靠信息化技术促进政策落地。[③]高强、曾恒源（2020）认为，农业农村现代化是整个国家现代化的重要内容，需要在深刻认识国际国内形势、农村基础条件和主要发展任务的前提下，准确研判农业农村发展面临的问题与挑战，将农业农村现代化融入乡村振兴战略同步推进，进一步确立系统集成改革和完善乡村法治保障等政策取向。[④]覃诚等（2022）通过对2015—2019年全国及各地区农业农村现代化发展进行评价后指出，华东沿海地区、中部地区与长江流域、西部地区与东北地区农业农村现代化水平依次降低，同时推进农村产业高质量融合发展，完善金融机构对农业农村支持，构建多元主体参与的乡村建设机制，重点加强西部、东北地区农业农村现代化建

---

① 郭冠清：《新中国农业农村现代化的政治经济学分析》，《经济与管理评论》2020年第5期。

② 王立胜：《农业农村现代化的"潍坊模式"》，《山东经济战略研究》2018年第11期。

③ 彭超、刘合光：《"十四五"时期的农业农村现代化：形势、问题与对策》，《改革》2020年第2期。

④ 高强、曾恒源：《"十四五"时期农业农村现代化的战略重点与政策取向》《中州学刊》2020年第12期。

设等有利于全国农业农村现代化发展。[①]卢昱嘉等（2022）指出，面向新发展格局，中国农业农村现代化需要以畅通国内大循环、国内国际双循环相互促进为重点，并综合采取内外兼顾的粮食安全战略、三链（产业链、供应链和创新链）着力的产业竞争力提升战略、补齐短板的优先发展战略、激发新动能的城乡融合战略予以推进。[②]孙德超等（2022）把农业农村现代化细分为"物"的现代化、"人"的现代化和治理现代化进行分析，并指出在新型举国体制下，迫切需要强化农业农村科技创新发展体系以推进"物"的现代化，完善农民素质结构体系以推进"人"的现代化，优化基层自主发展体系以推进治理现代化。[③]陈明（2022）通过比较研究指出，开辟农业农村现代化的中国道路，必须处理好农业农村现代化"交叠界面"上的若干重大问题，即解决农业现代化与农村现代化的"差速问题"，构建更为完整的乡村建设行动约束框架，稳步推进乡村空间秩序与治理秩序重构。[④]杨慧等（2022）通过对法国农业农村现代化的研究指出，中国当前需要加强农业基础设施建设、提升生产集约化水平，突出农村发展的"智慧"导向，完善农业生产合作社的组织发展模式，建立多元风险分散机制、拓展农业保险体系以及葆育乡村价值。[⑤]

---

①覃诚等：《中国分地区农业农村现代化发展水平评价》，《中国农业资源与区划》2022年第4期。

②卢昱嘉等：《面向新发展格局的我国农业农村现代化探讨》，《农业现代化研究》2022年第2期。

③孙德超、李扬：《新型举国体制支撑农业农村现代化的逻辑进路与实现路径》，《社会科学》2022年第7期。

④陈明：《农业农村现代化的世界进程与国际比较》，《经济体制改革》2022年第4期。

⑤杨慧、吕哲臻：《市场化与城乡等值化：法国农业农村现代化及其对我国乡村振兴的启示》，《浙江学刊》2022年第5期。

（五）关于吉林省乡村振兴战略实施的研究

自乡村振兴战略实施以来，吉林省社会各界对乡村振兴予以大力关注，不仅很多学者关注了区域性、行业性、典型性的案例，还有很多学者结合吉林省省情对乡村振兴进行了综合性、战略性、前沿性的理论研究。许梦博、王明赫、李新光（2018）以吉林省为典型案例进行深入研究后发现，农业保险市场普遍存在缺乏中长期发展规划、供求失衡和创新机制不健全等问题，并对此提出了系统性建议。[1]刘子玉等（2019）通过对农村居民消费结构的分析，可以看出吉林省农村居民仍偏向基本生活消费，生存型消费逐年减少，但是发展型消费和享受型消费增加的速度较慢，并指出在乡村振兴背景下要加强农村居民的发展型消费和享受型消费，优化消费结构。[2]钱程（2020）认为，吉林省是全国最大的商品粮基地，推进吉林省的乡村振兴，最基础最首要的就是发展农业产业，并围绕农业产业发展提出相应的对策。[3]王波（2020）从大力实施乡村人才培育工程、打造特色农产品产业链、加快农村电商经济发展、促进全社会参与乡村振兴建设方面对推动吉林省乡村振兴战略实施提出了建议。[4]丁元（2021）认为作为农业大省，吉林省应全力打造农业农村现代化的"吉林样板"，并提出依靠科技创新促进现代农业"三大体系"高质量发展，依靠生态保护促进农业农村绿色发展，依靠"以人民为中心"的发展思想促进农村治理现

---

[1]许梦博等：《乡村振兴背景下农业保险发展面临的机遇、挑战与改革路径——以吉林省为例》，《经济纵横》2018年第8期。

[2]刘子玉等：《乡村振兴战略视角下吉林省农村居民消费结构变动影响研究》，《东北农业科学》2019年第2期。

[3]钱程：《基于农业产业化视角的吉林省乡村振兴实施途径》，《中国集体经济》2020年第21期。

[4]王波：《关于加快吉林省乡村振兴发展的建议》，《吉林人大》2020年第1期。

代化三个路径方面的建议。[1]周知民（2021）建议吉林省应围绕传承红色基因，弘扬革命传统，依托红色资源，立足村庄特色，建设宜居宜业红色美丽村庄，深入发掘红色资源的内涵价值，将传承红色基因转化为村党组织带领村民改善农村生产生活设施、打造安居乐业美丽家园的生动实践，实现乡村组织振兴和生态振兴双促进双提升。[2]郭廓（2022）认为，数字农业是乡村振兴战略的重要发力点，以数字化引领农业农村现代化，能够让乡村振兴有"智"更有"质"，由于吉林省农业农村数字化发展仍总体滞后，因此应抓住产业数字化、数字产业化赋予的机遇，加快推进数字农业建设，不断培育新的经济增长点，以数字为乡村振兴赋能。[3]王文昭（2022）认为，农村共享经济发展有助于盘活闲置资源，减少资源浪费，是乡村振兴的有效途径，对促进农村经济发展、提高农民收入起着积极作用，吉林省进一步发展农村共享经济应着力破解农民参与度不高、农村共享经济同质化严重、缺乏专业技术人才等问题。[4]

（六）总体述评

通过文献回顾，可以看出中国以及吉林省的农业农村现代化理论在不断深化，实践在不断探索，同时外部环境也在不断演进。应该说，农业农村现代化是在"人民日益增长的美好生活需要和不平衡不充分的发展之间的矛盾"的背景下开启的，是在全面建成小康社会目标向迈入社会主义现

---

[1]丁元：《全力打造农业农村现代化的"吉林样板"》，《新长征》2021年第10期。

[2]周知民：《关于开展红色村庄建设推进吉林省乡村振兴战略的建议》，《吉林人大》2021年第11期。

[3]郭廓：《吉林省数字农业赋能乡村振兴之考量》，《行政与法》2022年第2期。

[4]王文昭：《共享经济视角下吉林省乡村振兴的现状及问题分析》，《长春金融高等专科学校学报》2022年第1期。

代化强国新征程的过渡期推进的，是在国际政治经济格局演进不确定性日益增强的形势下进行的。从国内学者的基本观点看，以下判断是具有一定共识的。其一，农业农村现代化是中国式现代化的有机组成部分，甚至是基础构成部分之一；其二，农业农村现代化不是农业现代化和农村现代化的简单叠加，而是两者耦合或者融合的结果，是以人的全面现代化为基础的新型现代化过程；其三，农业农村现代化是生产力与生产关系互相作用且互为促进作用的过程，涉农科学技术应用和深化"三农"改革开放两者互为动力，缺一不可；其四，农业农村现代化的推进要注意与国情、区情、省情紧密结合，不能"一刀切"地推进，每个地方要有其特色；其五，农业农村现代化与乡村振兴既有紧密联系，又有一定差异，在一定程度上，农业农村现代化是过程和手段，乡村振兴是结果和目标。当然，这只是普遍性的共识，在不同细分行业和细分地区，农业农村现代化的推进会有一定差异。为此，只有把握好"以人民为中心"这一核心要义，全面激发农村人民群众的活力，才能推动农业农村现代化不断前进，使农业农村现代化水平持续、稳步、科学、健康地提升起来。同时，国内的理论研究和政策研究也已经指出，要充分重视农业农村现代化的融合属性和融合趋势，包括但不限于以下三个方面：农业发展和农村发展的深度融合，让生产力和生产关系能够在地域空间和产业形态上实现统一；"大科技观"和"大农业观"的深度融合，要在农业农村领域探索解决科技和经济发展"两层皮"问题；大流动性和大网络性的深度融合，农业农村现代化须通过融入全国统一大市场，打造更具韧性的网络、更具价值的产品、更具前景的未来。

第二节　吉林农业农村现代化的背景

吉林省农业农村现代化工作是在东北振兴战略实施中逐步深化和推进

的，中央一号文件、东北振兴重要文献以及吉林省有关规划中的表述充分体现了吉林省农业农村现代化的决策过程；农业农村主要指标的变化也充分反映了吉林省农业农村现代化的发展过程。

一、中央一号文件引领全国农业农村现代化

20年来，中央一号文件是全国农业农村现代化工作推进的总纲领。2004年至2022年连续19年发布以"三农"（农业、农村、农民）为主题的中央一号文件也显示了从新农村建设到农业现代化到农业农村优先发展再到农业农村现代化这样一个历史过程。如表1-1，通过19个中央一号文件要点可以发现，从2004年到2022年，农业农村工作的体系越来越完善，从简单的"多予少取放活"到"农业现代化""农村综合改革""新农村建设""全面建设小康社会""脱贫攻坚战""新型工农城乡关系"再到"农业农村现代化"，展现了全国农业农村农民领域逐步深化治理的总过程。

表1-1 2004—2022年中央一号文件关键词简要梳理

年度	关键词
2004	1.多予少取放活；2.农民增加收入；3.缩小城乡差距
2005	1.多予少取放活；2.综合生产能力；3.农村全面发展
2006	1.新农村建设；2.农村全面小康；3.农村现代化
2007	1.新农村建设；2.发展现代农业；3.农村综合改革；4.巩固和发展农业农村的好形势
2008	1.农业基础建设；2.主要农产品基本供给；3.农村民生问题；4.新农村建设
2009	1.平稳较快发展；2.稳粮增收强基础重民生；3.粮食安全；4.有效供给
2010	1.农村民生；2.农村需求；3.现代农业；4.新农村和城镇化；5.稳粮保供给、增收惠民生、改革促统筹、强基增后劲；6.全面建设小康社会
2011	1.农田水利；2.农村基础设施；3.民生水利

续表

年度	关键词
2012	1.农业科技创新；2.农产品供给保障能力；3.农业好收成；4.农村社会和谐稳定
2013	1.现代农业建设；2.农村基本经营制度；3.新型农业经营体系；4.农村社会生产力；5.巩固和发展农业农村大好形势
2014	1.农业现代化；2.体制机制创新；3.新农村建设；4.稳定政策、改革创新、持续发展
2015	1.农业现代化；2.稳粮增收、提质增效、创新驱动；3.深化农村改革；4.农村法治建设；5.新农村建设；6.新潜力、新途径、新突破、新成效、新步伐
2016	1.农业现代化；2.农民主体地位；3.增进农民福祉；4.农业供给侧改革；5.双轮驱动；6.平等参与；7.共同分享
2017	1.农业供给侧结构性改革；2.农业农村发展新动能；3.农业综合效益和竞争力；4.新农村建设；5.农村全面小康建设；6.农业增效、农民增收、农村增绿
2018	1.乡村振兴战略；2.农业农村优先发展；3.城乡融合发展；4.治理体系和治理能力现代化；5.农业农村现代化
2019	1.农业农村优先发展；2.高质量发展；3.稳中求进；4.全面建成小康社会；5.打赢脱贫攻坚战；6.农村基层党组织；7.农业供给侧结构性改革
2020	1.打赢脱贫攻坚战；2.补上全面小康"三农"领域突出短板；3.农业高质量发展；4.农村同步全面建成小康社会；5.提升农民群众获得感、幸福感、安全感
2021	1.全面推进乡村振兴；2.农业农村现代化；3.农业农村优先发展；4.农业供给侧结构性改革；5.社会主义现代化建设的重要位置；6.新型工农城乡关系
2022	1.保障国家粮食安全；2.不发生规模性返贫；3.共同富裕；4.农村基层党组织；5.农业农村现代化

二、东北振兴战略驱动吉林农业农村现代化

东北振兴战略实施不断深入的过程，也是对东北地区以及吉林省农业农村发展认识的不断深入，更是对吉林省农业农村发展不断提出新要求、新目标的过程。"大力发展现代农业""建设国家现代农业示范区""积极发展现代化大农业"等都是东北振兴战略实施过程中对吉林省提出来的不断深化的任务。

2003年10月《中共中央 国务院关于实施东北地区等老工业基地振兴战略的若干意见》指出，东北地区要"大力发展现代农业"，从意义上看，"巩固农业的基础地位是振兴东北地区老工业基地的重要条件。坚持统筹城乡经济社会协调发展，实现工业与农业、城市与农村发展的良性互动"。从重点上看，"发展优质、生态、安全的现代农业，建设绿色、无公害农产品优势产业带，向专业化、标准化、特色化和规模化方向发展，扩大农产品出口。利用丰富的粮食资源，大力发展畜牧业。发挥农垦系统优势，壮大农业产业化龙头企业，延长产业链。加强农产品市场体系和农业市场信息体系建设，提高农业市场化水平"。这些工作大都和吉林省农业农村发展密切相关，在商品粮基地建设、黑土区治理等方面受益良多。

2007年8月，《国务院关于东北地区振兴规划的批复》再一次把国家重要的商品粮和农牧业生产基地、国家生态安全的重要保障区作为东北地区振兴的重要目标。《东北地区振兴规划》提出了"扎实推进社会主义新农村建设"这样的农村现代化建设目标，同时也指出要"用现代物质条件装备农业，用现代科学技术改造农业，用现代产业体系提升农业"，"提高农产品产量、质量和安全水平，提升农业整体素质和竞争力，巩固国家重要商品粮基地地位，促进农业稳定发展，不断增加农民收入"。其中规划的"松嫩、松辽平原专用玉米生产优势区""现代化国家级商品粮基地""以中部平原为重点的肉蛋奶生产与加工精品畜牧带，以西部农牧交错带为依托的牛羊育肥基地""积极培育和开发食用菌、人参等林特名牌产品""加大中低产田综合治理改造、品种改良与技术投入，提高耕地等级，建设高标准基本农田"以及"建设农业科技园区和示范区，加强农业科技创新体系建设，研发

和应用新品种，推广先进适用农业技术"是推进农业现代化的重要举措，而"加快农村经济合作组织建设，完善龙头企业与农户间的利益联结机制，探索和完善新型农工商联合体模式，建立稳定的支农资金增长机制，加大对粮食主产区的转移支付力度"等是农村现代化的重要内容。

2009年9月，《国务院关于进一步实施东北地区等老工业基地振兴战略的若干意见》（国发〔2009〕33号）又进一步部署了"加大粮食丰产科技工程实施力度""加强东北地区农业对外合作，支持有条件的企业到周边国家和地区从事农业合作开发""积极推进农业信息化，建立和完善农业科技支撑和社会化服务体系"等农业现代化任务和"加快解决农村饮水安全问题。取消农村公益性建设项目县及县（场）以下资金配套""进一步完善城乡最低生活保障制度。积极推进农村新型养老保险试点，全面提高新农村合作医疗保险覆盖面。做好被征地农民社会保障工作""加大……国有林区棚户区、国有垦区危房、农村危房、危旧校舍改造力度"和"推进农村开发式扶贫，扶持更多农村贫困人口脱贫致富""加快建立覆盖城乡居民的基本医疗保障体系""积极推进省直管县财政管理方式改革"等农村现代化内容。

2016年4月，《中共中央 国务院关于全面振兴东北地区等老工业基地的若干意见》提出了"加快实施高标准农田建设、黑土地保护等重大工程""建设国家现代农业示范区""加快发展现代种业，推广一批突破性新品种""鼓励发展专业大户、农民合作社、家庭农场、农业企业等新型经营主体，积极培育绿色生态农产品知名品牌""大力发展'互联网+'现代农业""培育一批农产品加工产业集群和绿色食品加工产业基地"等农业现代化任务和"加快农村饮水、电网、道路、污水和垃圾处理等基础设施建设，推进城乡规划、建设和基本公共服务一体化，建设美丽宜居乡村""加快推进……吉林省农村金融综合改革试验""完善粮食主产区利益补偿机制，按粮食商品量等因素对地方给予新增奖励"等农村现代化任务。

2016年11月，《国务院关于深入推进实施新一轮东北振兴战略加快推动东北地区经济企稳向好若干重要举措的意见》和《东北振兴"十三五"规划》则提出了"着力构建现代农业产业体系、生产体系、经营体系，提高农业综合效益和竞争力，积极发展现代化大农业，建设美丽宜居乡村，把东北地区建成国家重要的现代农业生产基地"等任务，"扩大黑土地保护利用试点范围""大力提升种业自主创新能力，实施农业良种工程和种业自主创新工程""建设若干现代农业示范区、农业标准化示范区和农业科技园区""推行科技特派员制度""积极发展畜牧业、设施农业、夏秋蔬菜和水产业，因地制宜发展特色农牧业""推动生态原产地产品保护示范区建设""积极开展种养结合循环农业试点示范""支持粮食主产区发展玉米等粮食深加工""加快推进信息进村入户，积极发展农业电子商务""发展观光农业、体验农业和创意农业。鼓励在大城市郊区发展工厂化、立体化等高科技农业"等农业现代化任务和"强化城乡基础设施连接，推动水、电、路、气等基础设施城乡联网和共建共享""合理规划布局农村学校，改善农村办学条件和教师工作生活条件，加强基层医疗卫生机构和乡村医生队伍建设。加强农村公共文化、科学普及等服务能力建设。建立健全农村留守儿童和妇女、老人关爱服务体系。加强和改善农村社会治理，深入推进平安乡镇、平安村庄建设"等农村现代化任务。2021年，《东北全面振兴"十四五"实施方案》则进一步提出"巩固国家粮食安全'压舱石'地位"和全面推进农业农村现代化进程等重要任务。

可见，东北振兴战略的深入实施，为吉林省农业农村现代化进程不断提出新任务、不断完善相关体系，为吉林省加快农业农村现代化进程奠定了坚实的基础。

三、吉林省逐步强化农业农村现代化工作

吉林省农业农村现代化是一个逐步探索、逐步完善的过程，也是一个不断推动东北振兴战略与吉林实际紧密结合的过程。回顾东北振兴战略实施以来吉林省的5个国民经济和社会发展五年规划（或计划），可以发现这

一过程的基本脉络。如表1-2所示，从"十五"计划到"十四五"规划，涉及"三农"的总词频从79次、172次、194次、291次到244次，其中"农业"的词频从37次增加到最高154次，"农村"的词频从34次增加到当前的100次，"农民"的词频从8次增加到最高42次，不仅展示了吉林省对"三农"问题重视程度的与日俱增，也展示了吉林省从农村工业化、农业产业化到社会主义新农村到率先实现农业现代化再到农业农村现代化的一个历史脉络，还展示了吉林省粮食产量每个5年规划期年均产量从460亿斤经过530亿斤、730亿斤、790亿斤上升到2021年808亿斤水平的这样一个生产力上升的历史进程。正是经过这样的逐步探索，到"十四五"期间，吉林省才能提出全面推进农业农村现代化这样具有统领性、全局性的战略任务。

表1-2 吉林省五年规划体现农业农村现代化演变进程

规划名	词频			与农业农村现代化相关提法
	农业（农业现代化）	农村（农业农村现代化）	农民	
"十五"计划	37	34	8	农村工业化、农业产业化、农村经济现代化、农业机械化、农业规模化经营
"十一五"规划	55（3）	105	12	社会主义新农村、农业现代化、农业产业化经营、畜牧业现代化、农业机械化、农业标准化和信息化建设
"十二五"规划	81（13）	83	30	社会主义新农村、率先实现农业现代化、农村流通现代化、农业标准化、农业产业化经营、畜牧业生产规模化、标准化和区域特色化、农村和农业循环产业、农业新型产业形态、促进农业技术集成化、劳动过程机械化、生产经营信息化、农业社会化服务体系

续表

规划名	词频			与农业农村现代化相关提法
	农业（农业现代化）	农村（农业农村现代化）	农民	
"十三五"规划	154（9）	95	42	率先实现农业现代化、作业全程机械化、土地经营规模化、经营主体组织化、服务体系社会化、产品经营品牌化、社会主义新农村、开展美丽乡村创建示范、畜牧业的标准化养殖、精深化加工、品牌化营销、产业化经营、信息化管理
"十四五"规划	117（2）	100（4）	27	率先实现农业现代化、农业农村现代化、粮食购销市场化、粮食生产全程机械化、农业生产社会化服务体系、乡村振兴示范区、乡村绿化、亮化工程

第三节 吉林农业农村现代化的战略意义

东北振兴战略实施的20年，也是从以"和平和发展"为主题向"世界百年未有之大变局"逐步演化的20年，更是中国经济转向高质量发展、加快全国统一大市场建设、强化经济社会发展韧性的20年。在这种特殊的时代背景下，吉林省农业农村现代化的加速推进，对于东北振兴和吉林省高质量发展都具有不同寻常的意义。

一、维护"五大安全"的使命担当

"唯农以稳"。农业农村现代化是吉林振兴、东北振兴的重要组成部分，在全国统一大市场体系中对于保障全国发展同样具有重要意义。可以说，吉林省农业农村现代化对东北地区乃至全国的国防安全、粮食安全、生态安全、能源安全、产业安全具有的重要支撑作用。

（一）国防安全更有保障

"兵马未动，粮草先行"。保障国防安全，必须有充足的粮食做保障。吉林省边境地区多为山林，农田少，粮食自给率相对不足，边境地区很难保障边境驻军、居民生活条件。吉林省农业农村现代化重要成就之一，就是极大提升本地农产品供给能力。2020年吉林省粮食生产中，谷物产量为3698.55万吨，而本省居民消费只有327.78万吨，占谷物产量的8.86%。甚至于吉林省的稻谷产量665.43万吨也是本省居民消费谷物粮食的一倍以上。本地充足的、优质的粮食产量，有利于降低边境驻军、居民的生活成本。吉林省农业农村现代化的另一成就，就是农村路网大改善，很多乡村公路接近国道、省道标准，极大地促进了农产品快速流动，同时也提升了对边境地区进行补给的便利性。提升供给能力，丰富粮菜品种，实现便利供给，强化基建水平，吉林省农业农村现代化为国防安全提供了坚实优质的后勤保障。2017年发布的《吉林省"十三五"兴边富民行动规划》更加全面地强调了农业农村现代化的重要意义，把特色农业发展规划作为边境地区产业发展的第一任务，并指出"加快转变边境地区农业发展方式，提高农业致富边民的能力"，在特色农林产品基地建设、农村新产业新业态发展等方面进行了具体的部署。这些内容，有利于帮助边境农村明确产业发展方向、引进急需产业资金、提升就业创业能力，推动更多的人才和劳动力到边境地区进行体验和发展。2021年吉林省启动了重点边境村全覆盖包保帮扶工作，派驻重点边境村驻村"第一书记"和工作队员，着力推动边境地区聚人气、兴产业、优人居、促发展等工作。这些规划和工作都充分体现了农业农村现代化对于边境地区发展和国防安全的重要意义。坚持提升"富民兴边"能力，坚持强化"兴业、聚人、引资"路径，坚持持续开展人才支边、农业稳边、产业富边工作，农业农村现代化能够为服务国防安全作出重大贡献。

（二）粮食安全更有信心

中国是人口规模巨大、粮食消费相对较大的发展中国家，特别是在国际形势愈加充满不确定性的特殊时期，保障粮食安全具有更加重大的意义。"中国人的饭碗任何时候都要牢牢端在自己手上。我们的饭碗应该主要装中国粮。""保障国家粮食安全是一个永恒的课题，任何时候这根弦都不能松。""我国是个人口众多的大国，解决好吃饭问题始终是治国理政的头等大事。"吉林省作为粮食生产大省之一，服务好粮食安全是吉林省的头等大事，更是吉林省农业农村现代化的第一目标。从2000年到2020年，吉林省粮食产量从1638万吨增长到3803万吨，同期全国粮食产量从46218万吨增长到66949万吨，吉林省在全国粮食增产中的贡献率高达10.44%。在吉林省粮食增加的产量中，60%以上来自于由农业农村现代化所带来的单位面积产量的提升，2000年，吉林省和全国的单位面积产量相差无几，到2020年吉林省单位面积产量比全国高16.7%。农业农村现代化包括土壤、种质、耕种、肥药、机械、信息、人才等多方面内容，通过不断投入和持续推进，促进了农业生产率的提升，实现了粮食增长和保障粮食安全的目标。随着经济发展水平的提升，城镇化步伐的加快，农业农村劳动力逐步减少，老龄化进程在逐步加剧。中国第一产业从业人员从2000年的3.60亿人下降到2020年的1.77亿人，每年平均减少615万人；吉林省第一产业从业人员近10年来也出现了大幅下降，从2010年的676.59万人下降到2020年的471.99万人，每年平均减少20.46万人；吉林省近10年农村人口也呈显著下降趋势，从2010年的1281.29万人下降到2020年的896.43万人，每年平均减少38.49万人。在这种情况下，推进农业农村现代化，更好保障"藏粮于地""藏粮于技"，让科学技术和现代化生产模式在粮食生产中发挥更大的作用，以应对农业劳动力减少、老龄化加剧等问题，具有极为重大的战略意义。只有统筹推进农业农村现代化，才能加速科学技术与农业发展深度融合，才能加速农业科学技术的推广转化，才能推动"科学技术是第一生产力""人才是发展的第一资源"和"农业农村是现代化建设的优先任务"的有机结合，让农业生产更有竞争力、农村居民更有创造力、粮食生产更有持久力。只有统筹推进农业农村现代化，才能加速完善农业农村生活生产设施，才能不断提升农业农村宜居宜业宜创宜游环境，才能推动农业农村各类产品融入全国统一大市场体系中，才能依托市场机制不断提升农业农村发展的内生动力，才能让吉林省的粮食生产和全国全球的粮食生产密切联系，才能打造品牌提升质量。只有统筹推进农业农村现代化，才能更准确认识粮食生产体系，才能从生产、流通、交换、分配四个环节精准施策提升粮食生产动力，才能在"百年未有之大变局"背景下坚定粮食生产的信心和决心，才能汇聚更多力量保障土地更肥沃、粮食更丰产、群众更积极，才能高质量地保障国家粮食安全的战略任务的实施。

（三）生态安全更有底气

生态安全是指一个国家或地区赖以生存和发展的生态环境，处于不受或少受破坏和威胁的状态，以及应对重大生态问题保障这一持续状态的能力。生态安全是国家安全的重要组成部分，是经济社会持续健康发展的重要保障，是人类生存发展的基本条件。一般认为，生态安全包括国土资源安全、水资源安全、大气资源安全、生物物种资源安全四个主要内容。这四个安全和农业发展息息相关，国土资源安全是农业生产的基础条件，水资源安全、大气资源安全也都是农业农村发展的必要条件，生物物种资源安全是农业发展的关键内容。吉林省推进农业农村现代化进程，具有明确的服务生态安全导向，并不懈追求"绿水青山就是金山银山"的总目标。需要看到，吉林省的黑土地等土壤保护工作、肥药减施工作、种质资源创制等都是农业农村现代化建设的重要内容，而且和生态安全密不可分。吉林省极为重视分区域精准推进农业农村现代化进程，在不同地区施以不同模式，防范"一刀切"，提升对生态安全的保障能力。吉林西部的河湖联动、盐碱地治理、草地生态保护、防护林建设等，中部地区的黑土地保护、农田水利设施、农村人居环境等，东部地区的长白山生态建设、特色农产品开发、生物多样性保护等，都在农业农村现代化建设的任务中有所体现。而在吉林省农业农村现代化工作中推动的绿色农业建设、水土流失治理、防灾减灾工作等，又有力推动和保障了不同区域的生态安全。从未来发展看，吉林省农业农村现代化必然是以高质量发展为导向的，这种高质量不只是高效益、高增长，还包括更高水平的持续性、包容性和多样性，而且未来会更加侧重持续性、包容性和多样性，以更强的体验感满足农业农村生产者和全国乃至全球消费者的需要。从时代要求看，高质量发展的农业必然是生态型农业，高质量建设的农村必然是生态型农村。只有生态型农业，才能符合人民群众日益增长的对健康饮食和美好生活的追求，才能化解农业生产者追求效益和农业需求者追求健康的矛盾，才能推动农业发展真正做到"量质并进"。只有生态型农村，才能满足农村原有居民和新迁入居民的共同需求，才能彰显最具特色的乡风乡愁，提升乡村内在魅力。从内在逻辑看，建设生态型农业农村与保障生态安全是密不可分的，是一体化的，生态型农业农村建设本身就是以生态保护和服务生态安全为目标的。可以说，只有以生态建设为重点的农业农村现代化，才能实现农业农村高质量发展，只有以服务生态安全为核心的农业农村现代化，才能符合广大人民群众对美好生活的追求。吉林省农业农村现代化在生态发展之路上正越走越稳，未来的生态建设也必然为吉林农业农村现代化进程提供更加持续、稳定的动力。

（四）能源安全更可持续

在现代化进程中，能源是最重要的保障条件，能源安全是国民经济、区域经济的生命线。随着机械化、智能化水平的提升，农业农村对于油、电等能源的需求越来越大。在农业农村现代化发展中，加快采取节约能源、利用新能源等新技术、新装备，能够在服务总体能源安全战略框架下，保障农业农村的持续稳定发展和乡村振兴战略的顺利推进。吉林省是玉米生产大省。在过去的20余年里，根据玉米供需变化，吉林省适时适度地推进了玉米乙醇化、秸秆燃料化等工作，进一步助力乙醇汽油、秸秆采暖等工作，在一定程度上缓解了能源价格变化的不确定性，为应对能源安全问题发挥了积极作用。近年来，与脱贫攻坚、乡村振兴等工作相结合，吉林省提出了打造"陆上风光三峡""山水蓄能三峡""全域地热三峡"的任务，大力推进风电、光电、地热能等新能源的应用。2021年，吉林省在发电量总体下降0.5%的情况下，风电、光电、水电产量增速分别达到8.6%、5.6%、11.6%，可以看出吉林省能源生产结构调整力度正在逐步加大，鉴于风电光电水电等大多数位于乡村地区，在一定程度上也意味着农业农村现代化的提升为能源安全、新能源产业的发展发挥了重要作用。同时，20年来，在农业农村大力推进泥草房改造、探索推广建设节能型住宅、研发推广节能型农业机械、在农田水利中联动应用新能源技术等方面，也都显著降低了能源消耗水平。吉林省统计数据显示，农业（第一产业）综合能源消费当量值从2015年的174.82万吨标准煤下降到2020年的146.29万吨标准煤，乡村生活综合能源消费从2015年的176.45万吨标准煤增长到2020年的206.02万吨标准煤。但从能源结构来看，农业能源消费中煤炭占比从2015年的18.30%下降到2020年的14.59%，乡村生活消费中煤炭占比从2015年的50.34%下降到2020年的28.04%。乡村生活能源消费的增长体现了农业农村发展对能源的依赖度在增强，煤炭消费比重的下降体现了农业农村发展中能源结构的变化以及应对能源安全客观能力的提升，体现了吉林省农业农村现代化服务能源安全的总体导向。必须看到，极端气候变化、国际形势变化、"碳达峰碳减排"战略深化等均将加剧对能源领域的冲击。吉林省农业农村现代化工作只有持续以能源安全为任务部署的重要因素，兼顾常态能源需求与应急能源需求综合需要，兼顾需求量变化和能源价格变化，兼顾碳基能源和非碳能源的结构优化，兼顾能源消费与储备，才能在能源形势不确定性日益强化的时期把乡村振兴工作做好，同时也才能把碳减排、保卫能源安全的战略任务做实做好做优。

（五）产业安全更可自立

保障产业安全。产业兴旺是乡村振兴的重要基础，是解决农村一切问题的前提，是农业农村现代化各项工作的核心，是生产力决定生产关系原理的重要体现。同样，通过产业振兴，提升初级产品供给能力，不仅对于乡村产业安全，而且对于全社会产业安全都具有重要意义。2021年的中央经济工作会议、中央农村工作会议都进一步强调初级产品供给保障的重大意义：中国基本国情和中国经济在全球经济中的位势决定了保障初级产品供给是国家长期战略任务，同时这一工作主要还要靠自立自强予以解决。吉林省农业农村现代化有利于保障国家产业安全的原料供给。吉林省作为全国的农业大省，逾800亿斤的粮食产量为全国多个行业提供初级产品，从农产品加工业到医药制造业、生物化工产业甚至于能源行业，在一定程度上都与农林牧渔业等大农业产品有关。吉林省农业农村现代化有利于保障省内产业结构调整、转型升级和战略性新兴产业发展，农业农村现代化推动更多农业劳动力向第二产业、第三产业转移，为产业安全提供了劳动力保障；粮食生产能够较好保障区域内生产生活基本条件，有利于二、三产业持续稳定扩大规模；粮食产品尤其是林药人参等特产产品，能够为新兴产业发展奠定良好基础。吉林省农业农村现代化能够为其他地区产业发展提供相当可观的市场需求、农业机械、交通设备、通信设备、新能源等，能够为国家产业安全提供循环网络和市场需求。当然，吉林省农业农村现代化自身推进过程中所包括的农民工返乡创业基地等工程项目，也能提高全省保障产业安全的基础设施水平和劳动力熟练程度，提高保障产业安全的战略纵深性。从更开放、更未来的视角看，吉林省农业农村现代化水平的提升还能为构建未来产业发展场景、打造开放循环产业系统等领域为产业安全提高保障能力。整合闲置宅基地等资源，融入数字经济等新技术，发展特色健康文旅产业，强调软环境、软文化对产业的赋能作用，依托城市郊区乡村或者生态良好乡村构建基于数字信息技术的未来产业发展场景，并不遥远。立足吉林区位特点，融入"一带一路"大局，应用良好农业生态条件，针对俄日韩等国市场需求，开发特色农业产品、生态产品、林特产品，联合开发应对气候变化等方面的产业项目和生态产品，打造更加开放循环的农业产业系统，亦存在重大机遇。

当前需要从更高战略层次、更宽战略视野、更大战略格局出发，全面增强吉林省农业农村现代化与"五个安全"之间的关联度、契合度，以更大的气魄在"五个安全"格局下寻找突破机遇，并以此为前提谋项目、育人才，吉林省农业农村现代化工作一定能够提升更高水平。

二、融入新发展格局的战略部署

东北振兴战略实施以来，吉林省农业农村现代化步伐全面加速，农业农村商品、服务、劳动力、生产资料等融入新发展格局进程进一步加快，显示出服务新发展格局能力的进一步增强。

（一）农产品供应加速融入"双循环"

吉林省农业农村产品加速"双循环"进程，既有外部拉力，又有内部动力。在全国基础设施、信息网络加速完善健全的情况下，吉林省农业产品、特色食品和农村手工艺品的国内外市场网络不断拓展，形成了以国内大循环为主导的农业"双循环"新发展格局，对全国新发展格局形成具有一定支撑作用。

强化农产品供应国内循环。从农业农村主要产品外循环看，2003年吉林省农产品出口额为11.77亿美元，占全省出口总值的54.44%；到2010年出口额下降为5.37亿美元，占比为12.00%；再到2020年出口额下降为4.94亿美元，占比为11.76%。特别是粮食出口从2010年的27万吨下降到2020年的7万吨，蔬菜出口从2010年的3.8万吨下降到2020年的不足0.7万吨。尽管受国际政治经济贸易形势以及汇率变化等影响，但这也说明吉林省农产品正在降低对国外市场的依赖性，全面强化国内循环，加速和全国统一大市场体系建设进程。以吉林大米为例，2021年通过在北京、成都、海口、上海、宁波、福州、合肥、博鳌等地举行品牌推广宣传活动，主动融入国内大循环进程，以"好吃、营养、更安全"为品质追求和品牌价值，实现品牌做强、品质做优、农民增收、企业增效的目标。从2020年统计数据看，吉林省城乡居民主要农产品消费量为谷物327.78万吨、薯类10.39万吨、豆类29.52万吨、食用油26.82万吨、蔬菜食用菌253.80万吨、猪肉34.59万吨、牛肉7.12万吨、羊肉2.03万吨、蛋类33.97万吨，吉林省上述农产品产量依次为3698.55万吨、31.8万吨、72.82万吨、51.86万吨、464.87万吨、105.03万吨、38.70万吨、5.19万吨、121.95万吨。相比之下，吉林省农产品本地消费量大都不足本地产量的一半，在出口量额下降的基础上，更多的吉林省农业农村产品在国内市场流通，不仅强化了国内农业农村产品的"内循环"网络，也进一步夯实了全国"双循环"新发展格局的基础。

电子商务加速"双循环"格局形成。农村电信基础设施的升级和农村电商网络的加速发展，密切了吉林农业农村产品与"双循环"之间的联系。2020年，吉林省手机上网用户达到2412.9万户，比全省常住人口还多；移动互联网接入流量达到28.21亿GB。"十三五"期间，吉林省支持28个县（市）开展电子商务进农村综合示范，34个县（市、区）开展省级县域农村电商试点，40个乡（镇）、400个村开展电商镇、电商村建设，建设改造县、乡电商服务中心268个、农村电商服务站5316个、县域物流集配仓储中心31个、乡镇物流分拨中心341个、农村物流网点2575个。截至2020年，吉林省培育孵化农村电商企业8980户、网店5.66万个、网商12.09万人，网络直播电商企业993户、网络主播5112人、直播产品3806款。吉林省在主流电商平台活跃的农产品网店有近6万个，累计带动创业就业13.2万人。"网络直播促销季""农村电商精准扶贫展销会""吉林名品全国行"等线上线下促销活动、"吉林名优特产品展示展销中心"等跨省销售渠道发挥了重大作用。截至2020年，吉林省农产品网络买入卖出比实现1∶1.14的顺差，农村网络零售额连续3年保持30%以上增长，已经接近300亿元水平。

（二）农业农村服务加速融入新格局

在农业农村产品不断服务"双循环"新发展格局的进程中，吉林省农业农村服务业也得到了较快发展。农业农村旅游、农业农村物流、农业农村创业服务等领域亮点频出，让农业农村服务业成为发挥农业农村宜居优势、生态优势、特色优势的重要平台。

农业农村旅游业。2016年吉林省把发展乡村旅游作为打造吉林省旅游业重要组成部分以来，初步形成了以冰雪旅游为代表的"白色"、以农耕文化为依托的"黑色"、以生态旅游为基调的"绿色"、以丰收时节为特征的"金色"、以弘扬抗联精神为主要文化内涵的"红色"等"五色"产品体系。2019年统计数据显示，全省乡村旅游接待人次占旅游接待总人次的24.77%，旅游收入同比增长35.65%。吉林省在全省乡村旅游发展布局上，正在着力培育"环城、沿路、依江、邻景"乡村旅游产业集群，力争形成"一环双线三带十区多点"的空间发展新格局，围绕农业、文化、旅游"三位一体"模式，促进乡村旅游规模做大、产品做精、特色做足、品牌做强，从而全面提升乡村旅游发展质量和服务水平。

农业农村物流业。在电商网络深度服务农业农村产品生产流通的同时，农业农村物流基础设施不断提升，物流支撑能力不断增强。2021年，多个县市在农村公路建设上得到国家肯定，长春市双阳区、双辽市、通化县、辉南县、扶余市、通榆县入选"四好农村路"全国示范县，通化市、白城市入选"四好农村路"市域示范创建突出单位。2021年，吉林省有关部门出台了《关于深入推进农村物流高质量发展的实施意见》，在优化节点服务功能，构建完善农村物流基础设施网络，整合优化农村运输资源，促进农村物流降本增效，创新农村物流运营模式，打造农村物流服务品牌，加强信息化建设，提高农村物流运营效率等方面布局了重点任务，提出了到2025年实现县（市、区）客运站100%完成"客货邮融合"升级改造、乡镇100%建成乡镇运输服务站、具备条件的建制村100%建成农村物流服务点等3个100%的发展目标。这一文件以及有关任务的具体推进，能够加速农业农村领域物流服务业的快速发展，有利于引进全国服务的物流服务企业，有利于推动农业农村产品和服务更好地融入"双循环"新发展格局。

农业农村创业服务。吉林省很早就大力推进农民工返乡创业服务等工作，鼓励和支持了很多在韩、日务工的农民工返乡创业。有关数据显示，截至2020年底，吉林省已经建成149个农民工返乡创业基地，还有24个县被认定为省级农民工返乡创业示范县，累计发放农民工返乡创业担保贷款超过10亿元；农民工返乡创业累计达到近10万人，直接带动就业40余万人。很多农民工通过在城市的发展经历，带着创业思路回到家乡，把务工赚到的"第一桶金"用于创业，在创新创业服务的支撑下成为当地的致富带头人。从实际看，农业农村领域创业人员也体现了"双循环"的思维，既有韩日等国返回人员，也有"北漂"等在国内沿海发达地区工作过的人员，电商、民宿、特产等成为创新创业服务的重要领域。当然，在其他农业农村服务领域，"双循环"新发展格局也都发挥了重要作用。实践证明，吉林省农业农村现代化在农业农村服务能力、服务质量、服务体系建设等多个方面都积极契合"双循环"新发展格局并加速融入"双循环"进程，提升了农业农村高质量发展的能力和水平。

（三）农村劳动力加速融入新格局

农业农村现代化进程，既是产品服务的现代化进程和"双循环"进程，更是这些产品服务的提供者——劳动者或者说是劳动力——深度融入"双循环"的进程。

农村劳动力转移就业。从2011年到2020年，吉林省乡村人口减少了374

万人，乡村就业减少了299万人，乡村劳动力减少了152万人。减少的数量中除部分是自然减员外，更多的是随着新型城镇化和交通基础设施建设步伐，农业农村劳动力转移到城镇和其他地区。城镇人口和城镇就业年均增幅都在3万—5万人左右，但是乡村就业年均减少30万人左右，可见乡村劳动力除了流动到本省城镇外，还有很大一部分流入到其他省份，在城乡循环与融合中、在融入国内"双循环"进程中发挥了重大作用。《吉林省统计年鉴》显示，"十三五"期间，乡村劳动力每年减少的数量依次是8.36万人、10.4万人、12.04万人、13.65万人、19.49万人，呈现出加速趋势。从表面上看，这是农村劳动力和人口的流失，但从长远来看，这也会带来城市信息、技术、知识乃至生产力向农业农村领域的流动。随着经济社会发展水平的提升，劳动力充分流动是一个合理现象，劳动力充分流动有助于最大程度地释放劳动力潜能，通过市场化机制改善收入分配结构，提升各行业劳动生产率，体现社会主义制度的活力和优越性。决不能站在一个区域的视角来看待甚至阻碍农业农村劳动力的加速流动，必须站在全国发展一盘棋的角度、站在"双循环"新发展格局的视角去认识、服务和促进农村劳动力流动趋势，用更加市场化的就业方式、更加网络化的社会保障等促进农村劳动力在"双循环"新发展格局中动起来、富起来、学起来，充分提高创业就业技能，发挥劳动者的主观能动作用，带动吉林省农特产品生产流通走向更高层次。只有让劳动力流动起来，人民群众才能主动地学习起来，才能发挥主观能动作用，才能更加深刻地感受到社会主义制度的优越性。

吉林省农业农村劳动力加速融入"双循环"进程，还体现在对农业农村人才工作的重视上。2021年5月，吉林省出台了《关于激发人才活力支持人才服务乡村振兴的政策措施》，围绕保障国家粮食安全，打造农业十大产业集群，实施乡村建设行动，推动乡村治理等乡村振兴的重点工作，聚焦加快培养农业生产经营人才、农村二三产业发展人才、乡村公共服务人才、乡村治理人才、乡村科技人才等五大类人才，加大政策决策力度，创新推出了乡村人才系列职称评审政策和补贴发放政策、乡村工匠补贴政策、乡村振兴人才技能大赛补贴发放政策、乡村人才招录招聘及补贴发放政策、村干部报酬晋升政策、农科生"订单式"培养政策等18项具有创新性、突破性的举措，将新增投入近2亿元，有望推动省内外各类涉农人才服务农业农村发展和农业农村现代化进程。

吉林省农业农村现代化正在加速这一进程，正在大力推动农业农村劳动力融入"双循环"新发展格局，为农业农村劳动力"走出去"提供良好的服务，为将来农业农村劳动力"返回来""带回来"奠定更加坚实的基础。

（四）农业生产资料供需融入全国统一大市场

2020年3月出台的《中共中央 国务院关于构建更加完善的要素市场化配置体制机制的意见》对农业农村要素市场化配置进行了部署，从农业农村现代化本身看，这一部署在很大程度上可以理解为要提升农业农村生产资料流通能力，更好支撑农业农村现代化。

在土地方面，建立健全城乡统一的建设用地市场，制定出台农村集体经营性建设用地入市指导意见，全面推动农村土地征收制度改革，深化农村宅基地制度改革试点，完善城乡建设用地增减挂钩政策，为乡村振兴和城乡融合发展提供土地要素保障，城乡建设用地指标使用应更多由省级政府负责，在国土空间规划编制、农村房地一体不动产登记基本完成的前提下，建立健全城乡建设用地供应三年滚动计划，实施城乡土地统一调查、统一规划、统一整治、统一登记。在资本方面，建立县域银行业金融机构服务"三农"的激励约束机制，推进绿色金融创新。在数据信息要素方面，促进交通运输、气象等公共数据开放和数据资源有效流动的制度规范，培育数字经济新产业、新业态和新模式，支持构建农业等领域规范化数据开发利用的场景。这些举措，从国家层面确定了未来一段时期农业农村生产要素和生产资料流动的趋势。实践证明，只有劳动和生产资料有机组合，才能创造出产品和服务。吉林省农业农村现代化推进过程，是农业农村产品、服务、劳动力不断融入"双循环"新发展格局的过程，更是农业农村生产资料加速融入"双循环"新发展格局的过程。

同时还应看到吉林省农业农村生产资料的生产能力满足不了自身需要。2020年统计数据显示，吉林省农业机械拥有量总动力为3896.9万千瓦，比2019年增加了240万千瓦；其中大中型、小型拖拉机分别为38.5万（混合）台和87.9万台。大中型拖拉机总量比上年增加了近4.4万台。但2019—2010两年吉林省工业产品中拖拉机产品产量为零；2020年吉林省化肥施用量为408万吨，但吉林省当年产量还不足22万吨；2020年吉林省饲料产量551万吨，远远满足不了当年全省2000万头猪和500万头牛以及其他畜牧品种养殖的饲料用量。这些数据表明，吉林省农业农村现代化发展在生产资料方面需要完善流通体系，加速融入"双循环"新发展格局，从国内其他省区调入农机、化肥、饲料等必要生产资料。从时代需要和未来趋势看，中国作为世界上产业门类最齐全的国家，可以生产和提供大多数农业农村生产生活资料，但这些种类纷繁的生产生活资料不可能局限在一个省内。吉林省农业农村现代化进程，需要在"双循环"新发展格局框架下用好全国各地生产生活资料，也需要为全国其他地区提供具有特色的生产资料。充分利用全国其他地区生产资料是促进吉林省农业农村现代化的重要路径，这些生产资料既包括农机、化肥等传统生产资料，也包括数据、资本、管理等新型生产资料。相对而言，吉林省农业农村现代化需要在为全国其他地区提供特色生产资料方面下更大力气，充分发挥机械工业基础、光电工业基础、化学工业基础、农业文化基础，开发具有特色的农用机械、资料，以此培育新的产业增长点，在助力全国农业农村现代化的同时，形成生产资料与产品服务之间的良性循环。

三、区域高质量发展的重大选择

高质量发展是创新、协调、绿色、开放、共享发展的综合体现。20年来，中国经济社会发展经历了深刻的质量变革过程，主要体现在要素贡献、产业结构、绿色持续、开放发展等方面。吉林省农业农村现代化的推进，充分体现了高质量发展理念，也为全国高质量发展的推进提供了支撑。

农业产业结构调整扎实推进。国家统计局数据显示，"十三五"以来，吉林省农林牧渔业中牧业已经成为规模最大的细分行业，且其比重已经从2015年的43.2%上升到2020年52.0%。在2020年2976亿元的吉林省农林牧渔业总产值中，牧业产值达到1547.38亿元，农业产值达到1231.84亿元，林业和渔业总产值达到113.35亿元。2021年12月发布的《吉林省"十四五"推进农业农村现代化规划》显示，吉林省园艺特产业和畜牧业总产值均超过1300亿元，渔业总产值150亿元，休闲农业和乡村旅游年接待游客4500万人次，营业收入突破100亿元。总体看来，吉林省农业产业结构调整正在扎实推进。

农业科技水平不断提升。近年来的农业农村现代化建设进程，也加快了黑土地保护、良种研发、气象科技等有关领域的创新发展步伐。《吉林省"十四五"推进农业农村现代化规划》显示，截止到"十三五"末，建成高标准农田3530万亩，实施保护性耕作面积由2015年的450万亩增加至1852万亩，规模全国最大，保护性耕作"梨树模式"得到社会各界认可。良种普及率达到100%。农作物耕种收综合机械化率达到91%，超过全国平均水平20个百分点。农业科技进步贡献率达到60%。农业卫星数据云平台实现县域全覆盖，益农信息社行政村覆盖率达到84.8%，农村电商、手机信息化服务基本实现全覆盖。

农村发展活力不断提升。《吉林省"十四五"推进农业农村现代化规划》显示，吉林省家庭农场和农民合作社分别发展到14.6万户和8.4万个，国家级示范合作社146个。国家级龙头企业54户，省级龙头企业651户，带动农户190万户以上。成立767个土地流转服务中心，流转土地面积达到3068万亩，占家庭承包面积的48.7%，比2015年提高21个百分点。

累计培训农民14.13万人次。全省农村居民人均可支配收入达16067元，"十三五"期间，年均增长7.2%，高于GDP和城镇居民人均可支配收入年均增速。城乡居民收入差距持续缩小，城乡居民收入比从2015年的2.20∶1缩小到2020年的2.08∶1，农民获得感、幸福感、安全感进一步增强。

区域经济发展质量提升。吉林省农业农村现代化战略的实施，有力支撑了全省经济社会发展质量的提升。吉林省三次产业结构由2000年的23∶39∶39调整为2020年的13∶35∶52，非农产业比重从2000年的79%达到2020年的87%；人均GDP水平从2000年的6646元增长到50800元，城镇化水平从2000年不足52%提升到2020年的62.7%。同时，规模以上工业企业中农副产品加工业和食品制造业的主营业务收入从2003年的164亿元增长到2020年的1027亿元，在规模以上工业中的比重从6.2%提升到7.8%。吉林省农作物和粮食总播种面积从2000年的4542千公顷和3834千公顷分别增长到2020年的6151千公顷和5682千公顷，这在很大程度上弥补了经济发达地区占用耕地的缺口。统计数据显示，吉林省农作物播种面积增加量超过了浙江省的减少量，相当于广东省和河北省面积减少量的总和；吉林省粮食播种面积增加量，相当于浙江省和河北省面积减少量的总和或者福建省和广西壮族自治区面积减少量的总和，或者广东省和重庆市面积减少量的总和。农业人口向第三产业转移，农村人口向城镇转移，有力支撑了工业化进程和城镇化进程，进而支撑了整个经济社会发展的现代化进程。此外，农业农村人口跨区域的产业转移和城乡转移，也对全国的工业化进程和城镇化进程发挥了一定的作用。总体而言，吉林省农业农村现代化对东北地区、对全国经济社会发展质量提升都起到了一定作用。

区域经济发展效率提升。效率变革是高质量发展的重要外在表现。从时间上来看，经济社会发展效率变革主要体现在人均水平、地均水平的提升上。吉林省农业农村现代化进程，也表现为劳动生产效率和土地生产效率的提升。劳动生产效率提升。以吉林省统计年鉴提供的2000—2005年乡村人口户籍数据和国家统计局提供的2005—2020年乡村人口普查调整数据为基础，可以得到吉林省农村人均可支配收入、人均生活消费支出、人均农业产值、人均粮食产量等数据，反映出吉林省农业农村发展人均指标持续提升。2000—2020年，吉林省农村人均可支配收入从2023元增长到16067元，人均生活消费支出从1553元增长到11864元，人均收支盈余从469元增长到4203元，人均农业产值从4454元增长到33214元，人均粮食产量从1197公斤增长到4245公斤。土地生产效率提升。吉林省农业农村发展的地均指标持续提升。根据乡村人口和农作物播种面积的关系换算可以得到地均可支配收入、地均消费支出、地均农业产值、地均粮食产量等指标。从2000—2020年，地均可支配收入从6091元增长到2019年的27420元，后受疫情影响，回落到23404元，地均生活消费支出从4678元增长到2019年的21033元，后受疫情影响，回落到17281元，地均收支盈余从1413元增长到2019年的6388元，后受疫情影响回落到6123元，地均农业产值从13416元增长到48382元，地均粮食产量从3606公斤最高增长到2016年的6846公斤，后回落到6183公斤。

区域经济发展动能提升。吉林省每万人乡村常住人口中第一产业法人主体数，从2010年的3.31户增加到2020年的29.35户，说明通过乡村创业精神的注入，乡村主体的市场参与活力大大提升。2010—2020年间，吉林省农业农村发展，劳动力要素减少了约30%，耕地面积增加了约17%，但是农业产值增加了76%，农民可支配收入增加了158%，粮食产量增加了36.3%。可以说，除了劳动力和耕地面积外，资本要素、科技要素在这段时期发挥了重要作用。2010—2020年间，吉林省财政农业支出从238.9亿元增长到577.8亿元，年均增速达到9.2%。这一增速体现了政府对农业农村发展的重视程度和政策支持力度，其间每增加1元的财政农业支出，能够实现1.84元的第一产业增加值，亦即市场动力、政府动力和要素动力的协调统一推动了吉林省的农业农村发展。

| 第二章 |

吉林农业农村现代化成就和经验

2003年以来,伴随着东北振兴战略的逐步深化,吉林省农业农村现代化经历了从"大力发展现代农业""用现代物质条件装备农业,用现代科学技术改造农业,用现代产业体系提升农业""建设国家现代农业示范区"到"构建现代农业产业体系、生产体系、经营体系""积极发展现代化大农业"到"推进农业农村现代化"的过程,展现了鲜明的特色。

第一节 吉林农业农村现代化的主要成就

在东北振兴战略推进下,吉林省积极推进农业农村现代化和乡村振兴战略实施,发挥生态资源优势和农业基础优势,兼顾粮食安全和富民兴边,强化科技支撑和治理支撑,农业农村现代化取得了全面进步。

一、现代化水平居全国上游

农业现代化水平不断提升,保护性耕作面积居全国第一,5年增长4.8

倍，主要农作物耕种收综合机械化率达到92%，高于全国平均水平20个百分点，粮食总产量跨上800亿斤台阶，农产品及其深加工和食品细加工产业加快壮大，2021年超过1200亿元，长春国家农业高新技术产业示范区获批建设，农业现代化第一方阵地位更加稳固。农村现代化水平基础良好，现行标准下70多万农村贫困人口全部脱贫，1489个贫困村全部出列，15个贫困县全部摘帽。脱贫攻坚及后评估工作连续三年在国家考核中位列"好"的档次，秸秆全域禁烧、黑土地保护成效显著。现代化水平提升，促进了农民生活不断改善，农村居民人均可支配收入增速显著高于城镇居民人均可支配收入。新农科建设处于全国第一方阵。基层医疗服务能力显著增强，农村自来水普及率达到95.3%，高出全国平均水平11.3个百分点。

二、农业经济质量稳中有进

2021年，吉林省实现农林牧渔业总产值2972.3亿元，在全国31个省级行政区（不包括港、澳、台地区）中居于第21位，与2002年相比增长4.38倍。按2002年可比价格计算，2021年吉林省实现农林牧渔业总产值1678.0亿元，与2002年相比增长2.47倍，增长倍数居全国第14位。在农业经济规模壮大的同时，农业经济结构不断优化，体现出高质量发展特征。从2002年到2021年，种植业比重下降了近20个百分点，畜牧业比重上升了15个百分点，且在2008、2009、2011和2016年以后畜牧业比重都超过了种植业比重。与全国平均水平相比，吉林省现价种植业产值降幅高于全国近17个百分点；现价畜牧业产值比重吉林省上升显著，全国则是下降态势，这些特征充分体现了吉林省农业经济量质双增的特征。（详见表2-1）

三、农业经济效益不断提升

将农业效益水平分两个方面予以呈现。一是农业财政支出带来的第一产业增加值情况。吉林省每单位财政农业支出带来的第一产业增加值从2002年的17.1元下降到2020年的2.7元，全国则从16.3元下降到3.3元，东北三省平均水平从12.7元下降到3.6元。2008年之前,吉林省每单位财政农业支出带来的第一产业增加值高于全国平均水平、东北平均水平或与之相当,但2008年到2016年期间不仅低于全国平均水平,且与东北平均水平相比的劣势亦有所扩大,2016年至今,这一差距呈现缩小态势。这体现了农业投入到农业产出之间的关系。二是从农业增加值到农民收入之间的关系。从全国平均水平看,农业增加值增加和农民收入之间形成基本呈线性关系,每增加1亿元的第一产业增加值,全国农民总收入能增加0.34亿元左右;从吉林省看,两者间的关系呈非线性关系,目前处于加速上升态势,当前每增加1亿元的第一产业增加值,全省农民总收入能增加1.16亿—1.20亿元左右。

表2-1 吉林省农业内部结构调整比较表

年份	吉林省情况（%）			全国情况（%）		
	农业	牧业	林渔业	农业	牧业	林渔业
2002	61.9	35.2	2.9	54.5	30.9	14.6
2003	55.3	37.7	7.0	50.1	32.1	17.8
2004	51.7	42.4	5.9	50.1	33.6	16.4
2005	49.3	44.5	6.2	49.7	33.7	16.5
2006	52.8	40.4	6.8	52.7	29.6	17.7
2007	47.2	46.7	6.1	50.2	33.0	16.7
2008	46.4	47.7	5.9	48.2	35.4	16.3
2009	44.8	47.6	7.6	50.6	32.3	17.1
2010	46.9	44.9	8.2	53.0	30.2	16.8
2011	44.9	47.2	7.9	51.2	32.0	16.9
2012	46.6	45.2	8.2	51.9	30.7	17.4
2013	47.2	44.9	7.9	52.5	29.6	17.9

续表

年份	吉林省情况（%）			全国情况（%）		
	农业	牧业	林渔业	农业	牧业	林渔业
2014	48.6	43.3	8.2	53.0	28.6	18.4
2015	48.6	43.2	8.2	53.2	28.1	18.7
2016	43.8	47.7	8.6	52.3	28.6	19.1
2017	43.4	47.6	9.0	53.1	26.9	20.0
2018	45.5	45.9	8.7	54.1	25.3	20.6
2019	41.5	50.7	7.7	53.3	26.7	20.0
2020	41.4	52.0	6.6	52.1	29.2	18.7
2021	43.8	48.9	7.2	53.3	27.1	19.6

资料来源：《吉林统计年鉴》。

四、粮食生产始终高位运行

根据国家统计局关于2021年粮食产量数据的公告，2021年吉林省粮食产量达到4039.2万吨的历史最高水平，与2001年粮食产量相比翻了一番。吉林省通过增加粮食播种面积，实施黑土地保护措施，建设高标准农田，强化农业防灾抗灾，推广高产稳产技术等，持续提高粮食产能。2021年，吉林省粮食总量超过800亿斤，储备调出量居全国第3位，单产居全国第4位，总产量居全国第5位，粮食总产量仅低于黑龙江省、河南省、山东省和安徽省。粮食单位面积产量从730斤/亩最高提升到1000斤/亩左右，持续保持显著高于全国平均生产率的水平。吉林省人均粮食产量一直维持在高水平，从700公斤水平提升到1600公斤水平以上，显著高于全国人均粮食产量，特别是2011—2016年间，吉林省粮食人均产量几乎一年增长100公斤。吉林省百万吨粮食产量以上的县（市、区）从8个增加到14个，其中

200万吨以上粮食产量的县（市、区）从1个增加到4个。

五、县域农业发展能力提升

农业发展主要集中在县域经济。从20年来不同县域经济的农业现代化水平变化可以看出，吉林省农业生产力布局处于不断调整优化的过程中。《吉林统计年鉴》中直接反映农业现代化水平的主要指标有6项，包括机耕面积、机播面积、农村用电量、有效灌溉面积、配套机电井、化肥施用量等，鉴于其中配套机电井指标具有特殊性，采用每单位土地上平均的其他五项指标值对实现市区及市县的农业现代化情况分两个9年（2002—2011—2020）进行比较。从全省看，机耕面积比重从37%上升到78%后下降到76%；机播面积比重从49%上升到72%后继续上升到91%，每公顷播种面积的农村用电量从566.7千瓦时上升到735.7千瓦时后继续上升到919.4千瓦时；有效灌溉面积比重从36%下降到32%后又降到31%；每公顷化肥施用量从0.67吨上升至0.68吨又下降到0.66吨。从39个县（县级市、自治县）情况看，2002、2011、2020年依次有19、20、15个县（县级市、自治县）高于全省县域加总水平的。2020年高于全省平均水平的县（县级市、自治县）按照综合得分从高到低依次是延吉市、舒兰市、桦甸市、镇赉县、梅河口市、乾安县、大安市、前郭尔罗斯蒙古族自治县、蛟河市、扶余市、东丰县、龙井市、图们市、长岭县和辉南县。其中2011年至今，延吉市、舒兰市、桦甸市、乾安县、前郭尔罗斯蒙古族自治县、梅河口、扶余市总体表现较好。

表2-2　2002—2020年吉林省县域经济农业现代化情况

	2020年	2011年	2002年	2020年排序		2020年	2011年	2002年	2020年排序
县域加总	0.484	0.489	0.444	—	东辽县	0.467	0.529	0.341	20
延吉市	0.670	0.630	0.470	1	榆树市	0.464	0.495	0.454	21

续表

	2020年	2011年	2002年	2020年排序		2020年	2011年	2002年	2020年排序
舒兰市	0.623	0.620	0.571	2	柳河县	0.464	0.465	0.367	22
桦甸市	0.615	0.611	0.514	3	德惠市	0.455	0.517	0.424	23
镇赉县	0.600	0.500	0.464	4	农安县	0.450	0.419	0.448	24
梅河口市	0.586	0.597	0.572	5	磐石市	0.447	0.414	0.419	25
乾安县	0.583	0.631	0.443	6	伊通县	0.446	0.502	0.301	26
大安市	0.559	0.408	0.499	7	梨树县	0.443	0.555	0.423	27
前郭县	0.557	0.641	0.450	8	集安市	0.441	0.338	0.341	28
蛟河市	0.533	0.516	0.523	9	汪清县	0.439	0.512	0.530	29
扶余市	0.525	0.573	0.481	10	永吉县	0.417	0.380	0.466	30
东丰县	0.524	0.444	0.444	11	双辽市	0.413	0.404	0.403	31
龙井市	0.508	0.521	0.357	12	通榆县	0.413	0.305	0.460	32
图们市	0.505	0.539	0.412	13	敦化市	0.376	0.422	0.536	33
长岭县	0.503	0.587	0.465	14	安图县	0.353	0.423	0.343	34
辉南县	0.498	0.491	0.511	15	通化县	0.330	0.334	0.321	35
和龙市	0.477	0.518	0.459	16	抚松县	0.252	0.244	0.132	36
公主岭市	0.476	0.540	0.387	17	长白县	0.219	0.213	0.318	37
珲春市	0.475	0.483	0.406	18	临江市	0.201	0.211	0.191	38
洮南市	0.468	0.403	0.500	19	靖宇县	0.167	0.260	0.275	39

资料来源：《吉林统计年鉴》。

六、农村人口结构显著变化

从2002年到2021年，吉林省农村常住人口从1326万人下降到870万人。在此基础上，通过第五次、第六次、第七次全国人口普查数据进行分析。第五次全国人口普查数据显示，2000年吉林省乡村人口1349万人，65岁及以上人口79.75万人，占比只有5.91%，少儿抚养比和老年抚养比分别是28.96%和8.10%；婚姻情况方面，在15岁及以上人口中，未婚比例为17.97%，离婚后未再婚和丧偶比例为6.29%；总和生育率为0.92；受教育方面，受过高中以上教育比例低于全国平均水平。从与全国对比来看，20年间，全国乡村人口降幅达到35%，吉林省乡村人口数降幅33.33%；65岁以上人口比重从低于全国约1.6个百分点变化为高于全国0.56个百分点；少儿抚养比下降了13.6个百分点，同期全国仅下降了7.5个百分点；老年抚养比全国都上升了约17个百分点；吉林省未婚比例低于全国4.15个百分点，但离婚后未婚或丧偶的比例吉林省高于全国3.4个百分点；总和生育率方面，吉林省显著低于全国平均水平且有继续下降趋势；受高中以上教育的乡村人口比重与全国的差距有所缩小，从第六次人口普查时的相差2.17个百分点收缩到1.21个百分点。

表2-3　吉林省农村人口结构变化情况

		乡村人口数（万人）	65岁及以上人口占比（%）	少儿抚养比（%）	老年抚养比（%）	未婚比例（%）	离婚未再婚和丧偶比例（%）	总和生育率	高中以上受教育比例（%）
第五次人口普查	全国	78384.12	7.50	38.10	11.20	18.77	7.17	1.430	6.25
	吉林省	1349.16	5.91	28.96	8.10	17.97	6.29	0.920	无数据
第六次人口普查	全国	66280.53	10.06	27.07	14.21	21.60	7.07	1.438	11.13
	吉林省	1280.46	7.77	17.31	9.88	19.45	8.39	0.897	8.96
第七次人口普查	全国	50978.76	17.72	30.58	28.13	19.21	8.12	1.543	16.23
	吉林省	899.44	18.28	15.38	25.81	15.07	11.51	0.838	15.02

资料来源：《吉林统计年鉴》《全国人口普查资料》。

七、农村公共服务水平显著提升

农村公共服务包括医疗卫生、文化教育、社会保障等内容。吉林省通过推动教育、医疗、养老等公共资源优化配置，提升了公共服务设施建设，提高了农村居民享受公共服务的可获得性和便利性。

教育方面。首先是改善农村义务教育学校的办学条件。包括加强乡镇寄宿制学校各项教学设备和生活设施，如学生宿舍、食堂、厕所、运动场地建设，以及洗浴、饮水、取暖等生活必需设施；完善保留乡村小规模学校的多功能教室、优质数字教育资源等教学设施。完善课程体系，利用信息技术推进优质教学资源的共享，提升农村义务教育教学质量。针对农村学前教育存在的资源总量不足，师资力量短缺且专业性、稳定性弱等问题，采取了有效措施。将财政性学前教育投入向农村地区倾斜，在每个乡镇办好一所公办幼儿园。通过政府购买服务、综合奖补、减免租金、派驻公办教师、培训教师、教研指导等方式，支持普惠性民办幼儿园发展。同时着力保障幼师待遇，稳定师资队伍，加强师资培训，提高教学质量。加强高中教育与职业教育，重视提高农村高中教育以及中等职业学校的覆盖率。同时，加强农村职业教育，鼓励社会各界力量举办、参与农村职业教育，加强农科教结合。利用农业大专院校、科研院所的人力资源，加强吉林省种植业、农产品加工业、特产经济、电商物流等相关领域的职业教育与培训，教育内容与技术需求紧密结合，形成新型职业农民教育体系，为乡村振兴事业服务。

医疗方面。创新县域医疗卫生服务体系，在农村医疗卫生资源人均占有量较为紧缺的情况下，建设县域医疗卫生服务共同体，促进床位、号源、设备等医疗卫生资源的协同利用，建立开放共享的影像、心电、病理诊断和医学检验中心等医疗设施资源。充分利用便捷高效的互联网信息，通过开展远程专家门诊、线上健康咨询、线上开具处方、网络化配送药品、健康资讯发布信息共享等服务，实现诊疗服务的快捷智能化。提升县域医疗卫生服务能力。引导医疗资源向县域倾斜，加强医疗服务的软件和硬件建设。通过开展基本公共卫生服务项目，如定期开展居民健康体检，完善电子健康档案；加强慢性病、多发病的健康建档管理，做到防治并重，让县域、村屯的居民都能享受周到的公共卫生医疗服务。

社保方面。完善农村社会救助体系，通过建立低收入人口动态监测机制，实施常态化救助帮扶机制与监测预警机制，实现早发现，早帮扶。合理提高农村低保和特困人员的补助金，逐步缩小区域差距，并形成与物价上涨挂钩的联动机制，及时足额发放。对农村"三留守"人员、残疾人员等特殊群体，进行人文关怀，加强巡视探访，提升服务质量。形成完善以县市社会福利院、乡镇福利中心、村级养老大院和互助养老站点相结合的县、乡、村三级农村养老服务体系，实施互助养老服务、居家养老服务多模式并举的措施。探索符合农村老年人意愿的互助养老形式，开展养老服务大院建设试点。同时，对于居家老年人，依靠村集体，动员各界力量对独居、空巢、留守、特困、高龄、失能、重残和计划生育特殊家庭等八类老人，提高巡防频率，解决实际生活困难。同时，加强乡风文明建设，弘扬传统美德，形成积极赡养老人，敬老养老助老的社会风尚。

八、农村综合设施显著改善

吉林省的农业农村现代化建设，在农村综合设施方面，也有显著的改善和提升，具体包括交通设施、供水供电、村级综合服务设施等方面。

交通设施方面。2018年，柳河县、东辽县、大安市，2019年，临江市、梅河口市、磐石市，2021年，长春市双阳区、双辽市、通化县、辉南县、扶余市、通榆县共计12个县市入选"四好农村路"全国示范县。随着"四好农村路"的高质量发展，农村交通设施显著改善，道路硬化比例大幅度提高，为经济发展、物流覆盖、农超对接打下了基础。

供水供电方面。2021年，吉林省农村自来水普及率达到95.3%，居全国第五位。2022年吉林省能源局印发了《2022年度推进新能源乡村振兴工程工作方案》，在全省3000个行政村建设100千瓦风电项目或者200千瓦光伏发电项目。

村级综合服务设施方面。各地整合利用现有设施和场地，完善村级综合服务站点，为居民提供"一站式"便民服务。服务内容包括便民超市、快递邮寄代办等便民服务设施，健身场地、图书阅览室等文体活动设施，农业技术培训与信息咨询等农业服务设施，卫生室等医疗服务设施，以及档案室、党员活动中心、村民会议室等党建服务设施等。各种服务项目优先选择从农村居民切身利益密切相关的服务项目展开，逐步形成党务服务引领，市场化服务补充，志愿互助服务衔接的农村综合服务体系。

九、农村环境面貌显著提升

吉林省2021年在全国率先实施乡村建设行动12个专项工作方案和10条推进举措，2022年对乡村建设行动进行创新升级，出台《乡村建设行动"千村示范"创建工作方案》，推动农业农村现代化和乡村全面振兴。农村人居环境整治是吉林省乡村建设行动的重要一环，通过合理规划组织，已经取得了新的突破。从2021年开始，吉林省计划用5年时间，每年打造1000个左右的宜居宜业美丽乡村示范村，围绕村容村貌改善，重点在生活垃圾处理、污水处理、厕所改造，实现村容村貌干净整洁。2019—2021年，吉林省东丰县、永吉县、集安市、双辽市、抚松县、梅河口市、磐石市、东辽县等县（市）被授予全国村庄清洁行动先进县称号。2021年6月，吉林省编制全国首个地方性农村户用卫生旱厕建设技术规范，为全国其他高寒缺水地区推进农村户用无害化卫生旱厕改造提供了可资借鉴的实施路径。

十、农民收入得到显著增加

吉林省把增加农民收入一直作为推进农业农村现代化的重中之重，在乡村振兴战略实施过程中，农民收入水平有了明显增长，2020年达到16067.03元，2002年以来保持了正增长趋势，年均增长率大都在10%以上，收入增长明显高于地区生产总值增速。在收入增长的同时，收入结构也有了新的变化，推动收入呈现高质量增长局面。从"十三五"期间看，吉林省农民人均可支配收入中经营净收入占比重最大，说明三次产业经营净收入是吉林省农村居民的主要收入来源，三次产业中第一产业经营净收入占经营净收入的最大比重，同时也占人均可支配总收入的最大比重。其次是工资性收入与转移净收入，占比重最小的是财产净收入。

表2-4 吉林省农村居民人均可支配收入

单位：元

	2016	2017	2018	2019	2020
人均可支配收入	12122.94	12950.44	13748.17	14936.05	16067.03
一、工资性收入	2363.14	3018.33	3521.49	3933.16	4018.81
二、经营净收入	7558.94	7399.82	7756.24	8264.27	9141.07
（一）第一产业经营净收入	7017.12	6656.95	7043.4	7611.4	8477.88
1.农业	5981.21	5563.1	5973.71	6640.99	7308.04
2.林业	380.11	318.3	346.69	247.06	224.18
3.牧业	651.31	770.73	726.85	721.58	945.63
4.渔业	4.49	4.82	-3.84	1.77	0.03
（二）第二产业经营净收入	98.43	137.94	83.9	41.84	41.38
（三）第三产业经营净收入	443.39	604.92	628.94	611.03	621.81
三、财产净收入	231.76	289.07	256.55	307.18	364.53
四、转移净收入	1969.1	2243.21	2213.89	2431.44	2542.62

资料来源：《吉林统计年鉴》。

第二节 吉林农业农村现代化的典型特征

吉林省农业农村现代化发生在长白山下、黑土地上、松花江畔，具有其他地方很难共同具有的、极为典型的"吉林特征"。从实践看，吉林省农业农村现代化是服务国家粮食安全的农业农村现代化、保护黑土地为重心的农业农村现代化、兼容规模化精细化的农业农村现代化、融合新技术面向未来的农业农村现代化、应对老龄化以人为主的农业农村现代化、突出"三个融合"态势的农业农村现代化。

一、全力维护国家粮食安全

吉林省作为黑土区重要省份，千方百计落实"藏粮于地、藏粮于技"战略，在育种、黑土地保护、耕作方式等方面加强科技创新和应用推广，在高标准农田建设、农田水利基础设施等方面超前行动，统筹种粮、卖粮、节粮、转化粮等诸多环节，试验和总结了"梨树模式""大安模式""桦甸模式"等生产方式，在维护国家粮食安全方面作出了重大探索和重大贡献，粮食单产、商品化率等连续多年居于全国前列，近年来探索的设施增产、科技增产、活力增产、绿色增值、改革增值等"五增模式"正在推动"藏粮于地、藏粮于技"战略向"藏粮于地、藏粮于技、藏粮于民"战略加速转变，在全力维护国家粮食安全方面打造了"吉林样板"，作出了吉林贡献。

二、突出黑土地的绿色发展

在过去的20多年里，吉林省坚持推进以保护黑土地为中心的绿色发展进程，不仅试验和总结了"梨树模式""大安模式"等，而且率先出台黑土地相关法规，在打击土壤违法等方面走在全国前列，着力推进大农业和大生态的融合发展，在西部盐碱地治理等方面努力探索并形成了自己的模式。吉林省在保护好黑土地的同时，对于长白山区、松辽流域治理、秸秆禁烧、化肥减施、三物循环、绿色有机农产品等方面也都做了一系列卓有成效的工作。积极推进农业绿色发展，加强农村生态文明建设，加快形成绿色低碳生产生活方式，在牢固树立和落实"绿水青山就是金山银山"理念上也都取得了较好的经验和实践，在率先实现农业农村现代化的道路上稳步前行。吉林省正在全方位推进绿色发展，统筹打造绿色农业、绿色农村，着力培育绿色农民和绿色场景，让绿色发展在农业农村现代化中不断发挥出更加巨大的作用。

三、兼容规模化精细化发展

过去20年是中国经济从低质量发展向高质量发展加速转变的时期，更是从粗放式增长向集约式增长、从规模化增长向精细化增长转变的时期。吉林省几乎和全国同步处于这种转变时期，其农业农村现代化进程也遵循这一特征，从规模上看，农业总产值、农村GDP不断增长，在规模上实现了稳步扩张；从效益上看，农业增加值、农民收入以及农村经济效益不断提升；从精细化上看，新的农业生产方式、农村生活方式、生态发展理念等，与农业农村发展的融合度越来越深，从表现方式上看，民宿以及乡村旅游、电商等新业态助力了更多的专业村、特色村的打造。这种兼容规模化和精细化发展的模式，已经成为农业农村现代化的重要特征。从吉林省看，特别是精细化方向的发展还大有可为，未来仍需在做精做细方面下功夫，农业农村现代化的潜力才能不断被挖掘出来。

四、坚持技术融入发展模式

农业农村现代化本身就是技术从城市、工商业向农业农村领域的流动和融入的过程，吉林省农业农村现代化也遵循这一规律，其农业农村产业发展的方向也体现了技术向农业农村领域流动的特征，从大农业向精准农业、从全口径农业向主题农业的转换，也都体现了技术流动、技术融入的过程，如近年来着力打造的农业十大产业集群、千万头肉牛工程、食用菌产业、乡村治理提升等，同时还必须看到数字技术和数字平台的运用、手机普及以及APP的应用、农业科技园区的建设等，都成为吉林省农业农村产业结构优化的重要支撑。总体而言，可见的技术融入和不可见的技术融入共同作用，产品产业层面的科学技术和党建、乡村治理等方面技术融入共同作用，推动了农业农村领域生产力和生产关系在互动中实现了协调发展，为农业农村现代化进程的加速推进、社会主义现代化农业强国的加快建设和全面实现乡村振兴目标等夯实了基础。

五、应对老龄化的积极探索

吉林省是老龄化程度比较高的地区，农村老龄化程度则更甚之。近年来，吉林省应对这一情况，统筹农业农村、人力资源、民政、卫生健康等多个部门进行了有效探索，如全面加强乡村人才队伍建设、加快培育高素质农民、鼓励农民勇于创新创业、完善乡村人才政策体系等，在保障人民群众生命健康的基础上不断提升创新创业和发展活力。总的来看，吉林省正在将人才引领作用和人民普遍需求结合起来，将人才队伍建设和农民素质提升结合起来，将人的能力发展和老龄化、数字化、智能化等发展趋势结合起来。可以说，全力激发人的活力、创造力，吉林省农业农村现代化必将战胜老龄化的挑战，拥有广阔前景。

六、突出"三个融合"态势

自东北振兴战略实施以来，特别是近10年来，高速交通设施不断普及、数字经济技术全面深化，农业农村发展在全社会融合发展态势的带领下也体现出了深层次的融合发展态势，深度融入到城乡发展融合、三次产业融合、业态模式融合等体系中，呈现出全国性大平台推动农业农村领域被动融合、农业农村带头人、合作社带动农业农村领域主动融合等多种模式，数字农业、数字农村等工作得到了快速发展，农业农村农民的数字化素质不断提升，智慧智能无时无刻、无处不在地展现着吉林省农业农村发展的新形象和新特征。可以预见，拓宽数字经济、数字技术的应用领域，推进农业农村的全域全时数字化工作，吉林省农业农村现代化必将展现出更加磅礴的力量。

第三节　吉林农业农村现代化的主要经验

总体看来，经过20余年的发展，吉林省农业现代化方面成就显著，农业综合产能更加稳固，物质装备稳步提升，科技创新能力显著增强，经营体系加速变革，金融服务保障有力，绿色发展优势凸显。具体而言，有八个方面的经验可以为下一步的农业农村现代化进程提供助力。

一、全面凸显人民至上

坚持以人民为中心和人民至上，以生产力为核心，以生产关系为重心的推进策略，有效统筹了农业、农村、农民三者现代化进程。从实践上看，充分发挥生产力发展的示范带动作用，提升现代化进程对农村经济主体——农民的吸引力，进而增强农民自身运用先进技术、先进模式的能力和积极性，促进人与技术的融合，最后再把技术应用到乡村治理、文化发展等领域，涵养农业农村领域的中长期发展，推动吉林省农村现代化的内生动力的生成。换个视角看，治理现代化、民生服务现代化、生态环保现代化、文化及旅游现代化等都非常重要，生产、分配、交换、消费都有现代化思维的深度融入，生产资料、生活资料两大部类现代化进程都在推进。决策部门、实践部门都已经看到，现代化进程向经济社会发展是全方位渗透，农业农村领域也必然是全方位的现代化进程。只有坚持人民至上理念和稳中求进思路，才能防范现代化可能带来的各种不确定性，促进现代化与乡村发展更好融合。

二、统筹发挥综合优势

统筹发挥自然条件好、黑土地资源丰富、人均耕地多、技术基础扎实的显著优势，发挥玉米、水稻两个"黄金带"优势，激发人的主观能动性，形成农业现代化的内在动能。强化重农抓粮、稳粮保供这根弦任何时候都不能放松，这个目标任何时候都不能动摇，这个底线任何时候都不能突破。统筹产业链和产业体系建设，畜产品、果蔬和谷物生产统筹抓，形成产业链优势，形成了东部、中部、西部三条特色农业产业带，增强农业发展韧性。推动农村一二三产业融合发展，发挥粮食大省优势，延长农业农村相关产业链、提升价值链、完善利益链，加快推动农村产业融合发展，重视特色产业集群项目建设，形成集群抓面、园区抓链、企业抓点的经验做法。

三、着力夯实农业基础

坚持把建设现代农业生产体系的根本点，打在"藏粮于地、藏粮于技"上。推进高标准农田建设甚至吨粮田建设，开展"百乡千万"高标准农田建设行动，着力实现所有高标准农田统一上图入库，形成完善的管护监督和考核机制。持续抓好农业科技创新，在良种、良法上下功夫，建立科技特派员制度，推进农作物品种更新换代，主要农作物良种普及率达到100％。提高农业机械化水平，综合机械化率达到90％，位居粮食主产省第二位，谋划建设"农机产业园"，提高农机装备生产能力。突出农业信息化引领，重点推进玉米（水稻）全产业链大数据平台、梅花鹿人参食用菌单品大数据、农村经营主体管理平台推广应用，推进土地流转交易、农资管理服务、美丽乡村管理服务、数字化合作社应用服务、农民健康服务、农产品质量安全溯源等建设。着力推动农业传统基础和数字化基础实现同步提升、协调支撑。

四、强化产业链式推进

谋划并依托"农头工尾""粮头食尾""畜头肉尾",推动农业农村经济链条式发展。围绕产业链抓项目建设,用好用足地方政府专项债、融资信贷、用地用电、减税降费等扶持政策,实施一批、储备一批、谋划一批重点项目,突出国家优势特色产业集群等集聚带动效应,谋划和推进一批百亿级、千亿级产业集群建设。围绕产业链抓主体培育,加大"专精特新"中小企业和农业产业化联合体等的扶持力度,推动本土企业做大做强,形成松原玉米园区全产业链招商经验,开展"百户企业进吉林"活动,着力培育产值超10亿元、超百亿元大企业。围绕产业链抓市场开发,实施农产品品牌建设工程,办好长春农博会、吉林优质特色农产品(浙江)展销周等活动,组织参加中国农交会及域外农产品品牌宣传推介等大型展会,持续办好吉林网上农博会等网上展示平台,全面开拓市场。围绕产业链抓组织推动,健全完善省市县三级"群长制",将农产品加工业发展纳入市县党委和政府乡村振兴实绩考核内容,开展农产品加工业发展贡献奖评比活动,形成比学赶超良好氛围。深入落实省里稳定经济增长一揽子政策措施,推动政策叠加、集成发力。

五、坚持市场主体引领

坚持突出市场机制,强化市场主体作用,加快转变农业经营方式。在全国率先出台实施《吉林省农民合作社条例》,抓好示范社创建,支持发展联合社。开展家庭农场示范县创建试点,组织建立家庭农场协会或联盟,构建紧密利益联结机制。完善教育培训、规范管理和政策扶持"三位一体"的新型职业农民教育培训体系,鼓励引导农民工和农业职业院校毕业生等人员返乡创业。推进农业社会化服务体系建设,推行"龙头企业+合作社+基地"等产业化经营模式，推广土地托管、土地入股、代耕代种等规模经营模式，促进小农户与现代农业发展有机衔接，加强农业主体智能化服务，引导和支持发展新产业、新模式、新业态。

六、推进绿色农业发展

统筹山水林田湖草系统治理，实施好西部河湖连通、东部天然林保护、中部黑土地保护等重大生态工程，强化"绿水青山就是金山银山"理念。加强黑土地保护利用，将黑土地保护、治理和利用纳入法制化轨道，示范引导各地综合施策，组织开展秸秆还田、增施有机肥、土壤养分调控、深翻深松、坡耕地治理等综合治理与保护工作。保障农产品质量安全，加强源头治理和产地认证，强化执法监管和追溯力度，农产品例行监测合格率97％以上。积极培育农产品品牌，加强高端策划，发挥生态资源和农产品良好品质优势，聚焦"安全、营养、健康"实施品牌提升行动。推进农业绿色转型，统筹抓好绿色技术防控、病虫害监测预报、重点流域治理等工作。

七、释放农业潜在动能

积极稳健推进农村改革，盘活沉睡的涉农资源资产，释放农业潜在动能。推进土地制度改革，激活"土地要素"。农村承包地、宅基地和集体建设用地"三块地"改革深入推进。推进农村集体产权制度改革，激活"资产要素"。推进农村金融改革，激活"资本要素"。把握土地资产资本三大要素关系。形成集中力量办大事的整合投入机制，打造14个率先县，建立年度跟踪评估机制，为基层提供科学指导；形成省部联动共建推进机制，与农业农村部签订共同推进农业现代化合作备忘录，与水利部联合批复《吉林省水利现代化规划》，与国家林业和草原局签订国有林场管理现代化战略合作协议，与中国气象局深化共同推进气象服务农业现代化合作机制等，统筹挖掘自身要素、引进外力激活两方面力量，充分释放全省农业农村现代化方面的潜在动能。

八、试点示范加快探索

统筹政策引导和活力发挥，依托市场和社会力量，是农村现代化的重要手段。"试点示范先行，总结经验推广"是中国改革开放的重要经验，注意域外经验和本地实际相结合是各地发展的重要途径。吉林省农业农村现代化建设的历史和未来，都将遵循这一经验，在试验、实践、借鉴中不断创新和提升。同时，农业农村现代化是一个从点到面的发展过程，必须统筹推进从节点到网络、从人员到产品的现代化过程，关键是要有相应的基础设施进行支撑。基础设施要强化自主自立自强导向，要依托科学规划建设区域性的农村现代化主干网络、支线网络，要围绕区域性网络科学布局各类服务站点、维护站点，推动相关站点、节点周边的产品和服务的现代化进程，构建打造农村现代化的新场景。从未来看，乡村基础设施不断升级是一个长期演进和变化的动态过程，必须把基础设施建设的相应规划做好，把试点示范工作谋划好，才能有效提高农业农村现代化发展水平。

九、开放包容提升活力

积极借鉴推广其他省区先进经验，并结合本省省情进行推广和创新。当今时代最大的特征就是开放包容，依托各类平台力量，让每个主体平等地发挥力量并体现责任，让区域内外的各类主体享有同等待遇地参与区域内的乡村建设，让区域内的主体没有差别地融入现代化进程。当今的农业农村现代化进程同样也是个性乡村、特色乡村打造和强化的进程，必须也必然要依托信息网络在更广阔的空间展示乡村的特质。农村现代化不仅需要开放包容外在的各类因素，更要具有开放包容的心态和精神，努力让自己的乡村走出去、走上去，才更能在开放包容的体系里让农业农村现代化自信发展、自强发展、自主发展。

第三章

吉林农业农村现代化面临的机遇挑战

在百年未有之大变局下，吉林省农业农村现代化工作机遇和挑战并存。只有尽可能地深入系统分析和综合研判，才能将机遇最大化，才能把挑战的不确定性降到最低，才能制定出最有效的战略和政策，满足国家战略和人民对吉林省农业农村现代化的要求。

第一节　吉林农业农村现代化面临的重大机遇

百年未有之大变局深度演进，世界银行、联合国粮农组织等机构为应对农业农村领域的新挑战，重点关注了国际合作、科技进步、绿色发展等带来的重大机遇。如FAO（联合国粮食及农业组织）总干事屈冬玉2022年下半年来相继表示"政策、科学、技术、创新和投资以多种方式融合在一起，激发了我们创造更美好未来所需的行动""农业食品部门的数字技术使农民能够及时获得有关价格、天气和其他因素的信息，帮助追踪商品，弥合消费者和生产者之间的差距，并有助于解决仓储物流问题"等。联合国粮农组织、国际货币基金组织、世界银行集团、世界粮食计划署和世贸组织《关于全球粮食安全和营养危机的第二份联合声明》中指出了取得了相当大的进展的四个关键领域，即：向弱势群体提供即时支持、促进贸易和国际粮食供应、促进生产以及投资气候适应型农业，在未来也是农业农村现代化发展的机遇之一；这份声明中还指出了要支持高效的生产和贸易，提高透明度，加快创新和联合规划，并投资粮食系统转型等。此外，联合国粮农组织等国际组织的系列文件和研究报告也都对全球农业农村发展的机遇进行了分析，如《粮食和农业的未来（2050）》、联合国粮农组织《2022—31年战略框架》、《经合组织-粮农组织2022—2031年农业展望》等。从国内发展来看，政策导向更加鲜明，市场驱动更加强劲，科技支撑更加有力，城乡融合更加深入，成为全国农业农村现代化的重大机遇。从吉林省来看，新时代东北振兴战略、新发展格局、新一轮科技革命等成为农业农村现代化的重大机遇和重要基础。综合世界经济形势、全国战略导向、吉林发展实际，吉林省农业农村现代化面临十个重大机遇。

一、新发展理念及重大理论创新的机遇

中国近年来的发展已经充分证明，不断更新的发展理念和不断深化的重大理论创新中蕴含着无穷机遇。创新、协调、绿色、开放、共享等新发展理念中蕴含着新的方法论体系，时时刻刻都孕育着经济社会和农业农村发展新机遇。总体看，农业农村现代化要把握几个方面：以人民为中心，坚持人民至上，就必须保障人民吃饱吃好，就更需要农业农村健康发展和粮食安全得到保障；激发乡村活力，坚持自信自立，就必须突出农业农村自主自立的发展路径，在粮食和农业这一"国之大者"上提高自信；突出稳中有进，坚持守正创新，就必须守住农业农村的"正"，再全面支撑城市和高科技产业的新；克服发展瓶颈，坚持问题导向，就必须突破农业农村发展的关键堵点，让"国之大者"的发展更加顺畅；直面未来发展，坚持系统观念，就必须城乡的事情、三产的事情统筹联动，让农业农村发展

更具系统性和韧性；配置资源要素，坚持胸怀天下，就必须让农业农村走出去、引进来、活起来，在人类命运共同体建设的大趋势下发挥出更大的作用。新发展理念及重大理论创新是吉林省农业农村现代化发展最强大的、最根本的机遇，吉林省从上到下只有深刻领会新发展理念内涵、坚定重大理论创新的方向，且不断增强自身提升理论修养的动能，才能切实抓住这一机遇，并把机遇转化为行动和实践。

二、高质量发展及重大实践创新的机遇

高质量发展是能够更好满足人民日益增长的美好生活需要的发展，是体现创新、协调、绿色、开放、共享的新发展理念的发展，也是生产要素投入少、资源配置效率高、资源环境成本低、经济社会效益好的发展。近20年来，中国已经在高质量发展的探索中积累了很多重大实践创新的经验，并将其转化为全面推进高质量发展的行动，吉林省也同样取得了很多实践创新成果。进一步推进已有创新成果的推广应用，包括物质文明创新成果和精神文明创新成果，进一步依托示范先行区域探索更加强大的实践创新，进一步遏制粗放式发展、低质量发展的潜在势头，进一步激发人的力量创造出更加巨大的价值，吉林省需要统筹人民和资源、政策和制度、当前和长远，需要领悟中国式现代化在不同区域地点的具体特征和表现，需要从根本上理解吉林省农业农村现代化弥补生产力差距这一核心问题。同时，必须注意农业高质量发展和农村高质量发展的区别联系，必须注意农业现代化和农村现代化一体化设计、一体化推进的根本制约因素，必须注意农业农村优先发展和城市产业支撑强化的内在逻辑。从实际看，吉林省不论整体的高质量发展，还是农业农村高质量发展与国家的要求和人民的期待都有很大差距，只有认识和承认这种差距，只有务实并勇于改变这种差距，着力改变从领导干部到人民群众对于高质量发展的根本认识，吉林省农业农村现代化才能在高质量发展的大潮中争得上游。

专栏　农业粮食体系和相关趋势的关键驱动因素

A.系统性（总体）驱动因素

1.人口增长和城市化，预计将增加和改变粮食需求

2.经济增长、结构转型和宏观经济展望，这些并不总是带来包容性社会经济转型的预期结果

3.跨国相互依存，将全球农业粮食体系联系在一起

4.大数据的生成、控制、使用和拥有，这使得实时创新技术和决策成为可能，在农业领域也是如此

5.地缘政治不稳定和冲突增加，包括基于资源和能源问题的冲突

6.不确定性，表现为在许多情况下无法预测的突发事件

B.直接影响粮食获取和生计的驱动因素

7.农村和城市贫困，很大一部分农村人口生活在贫困或极端贫困之中

8.不平等，其特点是收入高度不平衡，就业机会、性别、获得资产、基本服务不平等和不公平的财政负担

9.粮食价格，实际上比70年代低，但比80年代和90年代高，尽管事实上它们未能反映粮食的全部社会和环境成本

C.直接影响粮食和农业生产及销售过程的驱动因素

10.创新和科学，包括更多"创新性"技术（包括生物技术和数字技术）和系统性举措（尤其是生态农业、保护性和有机农业）

11.对农业粮食体系的公共投资，往往投入不足

12.生产的资本/信息密集度，由于生产的机械化和数字化，包括在粮食和农业生产中，这种密集度正在提高

13.粮食和农业投入和产出市场集中，这是对农业粮食体系的抵御能力和公平性的挑战

14.消费和营养模式，由消费者的行为变化导致，消费者越来越多地需要针对他们所食用食物的营养成分和安全性做出复杂的选择，其中将消费

者需求转向更健康的膳食模式是关键

D.影响环境系统的驱动因素

15.自然资源的稀缺和退化，包括土地、水、生物多样性、土壤

16.疫病和生态系统退化，由于跨境植物病虫害的上升趋势、农业侵入野生地区和森林、抗微生物药物耐药性、动物产品生产和消费的增加

17.气候变化，包括极端天气、气温变化以及降雨规律变化，已经影响到农业粮食体系和自然资源，预计将加剧农村地区的饥饿和贫困

18.在"蓝色经济"中，与渔业和水产养殖部门相关的经济活动的发展在全球范围内不断增加，而越来越多的权衡取舍需要健全的决策，将技术、社会和经济解决方案、生产系统的生态系统恢复原则以及跨部门利益相关方的参与在推动转型的农业粮食体系背景下予以整合。

资料来源：联合国粮农组织《2022—31年战略框架》。

三、供给侧改革及"放管服"的机遇

供给侧改革是事关中国经济社会长远发展大局的一项战略部署，是当前和今后一个时期经济发展和经济工作的主线。供给侧改革是中国经济进入新时代、面对新常态解决经济发展新问题的必然选择，即从提高供给质量出发，用改革的办法矫正要素配置扭曲，扩大有效供给，提高供给结构对需求变化的适应性和灵活性，为经济持续健康发展打造新引擎、构建新支撑。供给侧改革既有总量的改革也有结构的改革，既有要素的改革也有政策的改革，既有制度的改革也有文化的改革。在中国改革进入攻坚期和深水区之际，进一步、综合性深化供给侧改革已成为必然之举，也必然是优化营商环境的关键举措。对于吉林省而言，能否在供给侧方面进行先行先试，能否抢抓进一步深化改革的机遇，能否自我革命破除影响全省深层次发展的关键障碍，亦是吉林省全面现代化水平提升和农业农村现代化水

平提升的关键。从省级、市级、县级、乡镇级不同层级来看，坚持简政放权优化政策供给，坚持提升效能强化服务供给，坚持立足长远推动治理升级，都是影响区域性生产力提升以及生产关系优化的重大原则。吉林省各级政府部门必须把这些原则想清悟透，才能知道自己在供给侧改革上是什么定位和什么职能，才能知道自己在"放管服"中要放弃什么、管好什么、服务什么，才能在新时代新征程上处理好政府和市场主体之间的关系，处理好上层建筑与经济基础之间的关系，也才能在广阔的吉林大地上为农业农村现代化筑牢最为坚实的基础。

四、统一大市场及要素流动趋向的机遇

建设全国统一大市场是推动国内市场由大到强，突出市场赋能作用，充分发挥超大规模市场优势的必由之路。通过建设高效规范、公平竞争、充分开放的全国统一大市场，将推动形成供需互促、产销并进、畅通高效的国内大循环，为经济高质量发展奠定坚实基础。建设统一大市场需要统一的制度规则、流通体系、要素配置、商品和服务市场以及市场监管。这是吉林省农业农村现代化的重要背景，也是重要机遇。只有通过全国统一大市场，吉林省农产品以及农业生产资料才能体现出最好的价值，吉林省亟须的生产资料、农业科技、农业数据等新要素才能以最优价格和最快速度流动而来，吉林省农村面貌、农民素质才能按照统一的标准尽快地提升起来。同样，吉林省也要重点关注生产要素市场以及生产要素流动的趋向。在全国统一大市场背景下，营商环境、营商成本已经成关键因素，特别是城乡共同构筑的一体化营商环境是新型要素能否引入和留下并转化为商品和服务的关键。吉林省从上到下只有充分认清全国统一大市场的未来，只有切实理解生产要素流动规律的变化，只有充分认识到吉林省与发达地区乃至全国平均水平的差距，吉林省才能真正把握住这一发展机遇，让吉林的劳动力、特色农产品找到新的出路，让吉林省老龄化的农村、资源逐步贫瘠的农村找到新的活力，让吉林省农业农村打破路径依赖，真正

从项目带动转向全面现代化发展，真正让生态资源等转化为服务价值。

五、"共同富裕"及协调共享发展的机遇

共同富裕是社会主义的本质要求，是中国式现代化的重要特征，是全体人民共同富裕，是人民群众物质生活和精神生活都富裕，不是少数人的富裕，也不是整齐划一的平均主义。共同富裕是在打赢脱贫攻坚战、全面建成小康社会的基础上提出来的协调发展、包容发展的新目标，里面蕴含着未来几十年中国经济社会变迁的大逻辑、大思路，既蕴含着中国未来发展的大机遇，也包含着全世界对于农业农村发展的新要求和新探索。必须看到，共同富裕是在重大理论创新、高质量发展、供给侧改革、统一大市场建设等理论和实践发展基础上的新目标，吉林省农业农村现代化在共同富裕以及协调发展、包容发展新背景下，既要借助这一背景统筹国内各种资源实现生产力的大发展，又要借助这一背景积极加强合作，促进经验流动，转变发展思路实现生产关系的新突破，还要统筹政治、经济、社会、生态、文化"五位一体"发展实现乡村治理水平的更大提升。吉林省农业农村现代化必须在这一背景下激发城乡居民活力、降低财政依赖，必须在统筹城乡融合发展、把资源投入到关键的具有带动性的领域，必须抓住主要矛盾和矛盾的主要方面集中突破，必须进行更深层次的思考和更加务实的行动，必须统筹好为国家服务、为本省人民服务、为未来发展服务的关系。吉林省在农业农村现代化理论研究方面必须加大力度，在重大理论创新基础上总结吉林省新规律、发现吉林省新问题、推动吉林省自我革命，走出吉林路径、打造"吉林样板"，吉林省才能在"共同富裕"下实现更大发展、更快发展。

六、创新型省份及创新驱动发展的机遇

2021年12月，科技部正式发函支持吉林建设创新型省份，吉林省成为全国批复的第11个创新型省份和东北地区第一个创新型省份。创新型省份

建设将通过深化科技体制机制改革，营造创新创业良好生态，促进科技开放创新合作，激发人才创新创业创造活力，努力形成具有吉林特色的创新驱动发展模式，打造科技创新驱动经济高质量发展新样板，为东北全面振兴全方位振兴提供新经验新模式。在吉林省创新型省份建设实施方案中，农业农村现代化相关的创新任务得到了凸显，粮食安全、黑土地保护、畜牧业发展等技术创新成为重要创新方向，相关的创新平台建设进程亦得到部署，这将为吉林省农业农村现代化发展提供新的动能，让农业农村重大项目和乡村全面振兴得到更加充分的科技支撑，也能让农业农村创新创业人才、新型农民和市场主体的创新潜能得到充分的激发。在这一背景下，科技创新方面已经从供给侧改革做好了相关准备，需要农业农村领域从需求侧加强与科技创新方面的主动对接，需要在农业农村重大项目设计中强化科技创新元素的融入和全要素生产率的体现，需要在农业农村重大制度设计和政策安排中充分体现创新的元素、创新的理念。吉林省特别是农业农村部门要进一步认清和捋清创新驱动发展中劳动、资本、数据等各类要素的关系以及运动规律，要进一步突破城乡界限，用好城市农业科学创新的功能，要进一步打破省内创新、省外创新和国外创新的约束，加快引进国内外最先进实用的成果、最具引领能力的人才以及最具实践经验的创投资本，用市场化方式让创新驱动发展在农业农村领域落地生根。

七、大项目达效及持续升级改造的机遇

东北振兴战略实施以来，吉林省已经启动实施了一系列重大项目。进入"十四五"时期后，吉林省谋划设计并启动实施了"千万头肉牛工程""千亿斤粮食工程""大水网"等一系列大项目大工程，未来一段时间这些工程和项目将逐步发挥作用，成为吉林省农业农村现代化工作的重要支撑引领力量，将为吉林省农业农村现代化的全面推进带来更多的机遇和生命力。立足中长期发展，在看到这些工程项目发挥作用的同时，也要看到外部环境和科技创新可能发生的重大变化，要统筹推进大项目达产达

效和升级改造，只有不断地推进大项目升级改造，才能让这些大项目在不断变化的外部环境中持续注入新的动能和活力，持续抵御不确定性并稳步前行。同样立足中长期发展，还要在这些大项目达产达效之外，发挥这些大项目自身具有的培育孵化新项目新主体的能力，不断谋划新的重大工程项目，持续吸引和集聚全国农业农村领域各种人才和要素资源，切实发挥出吉林省生态优势、技术优势和资源优势，让长白山、松花江、查干湖、延边黄牛等特色资源不断品牌化、项目化，成为吉林省农业农村现代化的特色标志。为此，吉林省从上到下必须谦虚谨慎、戒骄戒躁，必须坚持问题导向、系统观念和创新精神，不能为暂时成就和项目的效益盲目乐观、骄傲自满，而要为中长期持续发展夯基筑底，并不断融入新的要素和理念。只有这样，吉林省农业农村现代化才能不断获得新的支撑和动能，农业农村领域人才要素净流出的趋势才能得到真正的遏止，农业农村面貌和格局才能不断更新、创新，并赋予农业农村领域中国式现代化新的内涵和内容。

八、产业链延拓及强化产业韧性的机遇

"十三五"特别是"十四五"时期以来，产业链和产业韧性问题得到高度重视，"加快建设现代化经济体系，着力提高全要素生产率，着力提升产业链供应链韧性和安全水平，着力推进城乡融合和区域协调发展，推动经济实现质的有效提升和量的合理增长"已经成为重要共识。强化产业链和产业韧性问题，与城乡融合和区域协调发展统一起来，将赋予吉林省农业农村现代化发展新的机遇。吉林省要把农业农村现代化工作和产业链、产业韧性紧密结合起来，在粮食产业、肉牛产业以及其他乡村产业等方面都要强化产业链思维，突出产业韧性提升，要围绕基础设施、种质资源、种养技术、产品加工、标准体系、市场营销、品牌提升、信息反馈等环节进行强化，力争做到农产品更有标准、更有价值，农业从业者更有信心、更有希望，农村发展更有支撑、更有活力。从吉林省农业农村发展

看，提升产业链现代化水平，强化产业韧性，要使产业链发展更好地契合产业空间布局，明确产业链建设与一个区域的劳动力、财政支撑能力、自然资源等方面的联系，建立不同区域间的重点产业之间的协同机制，要突出集聚高流动性生产要素，要强化新型基础设施支撑能力，要采取"主题化"工作方式。只有按照每个产业链的特点精准施策，务实推进，产业链和产业韧性的机遇才会逐渐体现出来，并惠及吉林省农业农村现代化的方方面面。

九、多重大融合及优势资源整合的机遇

国内外发展实践证明，科学技术进步、基础设施升级推动了大融合、快整合、强聚合时代的到来，城乡融合、三产融合、城市融合、学科融合、技术融合、军民融合、文化融合等词语以及平台经济形态等充斥这个时代的各个角落，这种融合以及基于融合理念推进的优势资源整合已经成为新发展格局的重要基础和底色。这种大融合是在全国统一大市场体系和新发展格局背景下推进的，赋予了大融合、快整合、强聚合时代新的含义，形成了吉林省农业农村现代化的新背景新机遇。吉林省农业农村现代化工作必须把握这一新机遇，让更多角色的人、企业在吉林大地上为农业农村发展添砖加瓦，让更多时代标志为吉林省产品、旅游、服务增效赋能，让更多的场景平台为农业农村现代化和乡村振兴服务助力，让更多开放包容成为吉林省新农业、新农村发展中最为鲜明和引领性的特征。如何抓住这种机会也是十分重要的。吉林省应充分发挥包括企业主体、公益组织、居民个人、域外机构等社会各界的力量，在地方性法规制定、政策制定中强化权力约束放松，让各种人（包括自然人、法人等）成为融合发展的主动力量，成为优势资源整合的能动力量。吉林省应强化吉浙合作等对口合作机制、国际友好城市机制以及长满欧等国际班列、跨境电商等新业态在推动大融合大整合中的作用，引入新的力量促进效能提升。吉林省亦应发挥数据、信息功能，健全相关体系，推动市场化力量形成自发自主的

融合机制。只有如此，吉林省才能在全国乃至世界人民抓大融合大整合的机遇中脱颖而出，才能为农业农村现代化进程加速注入新的资源和动力，才能在政策体系的自我升级中形成新的亮点和新的魅力。

十、生态再增值及健康赋能发展的机遇

中国著名"三农"专家温铁军先生指出，21世纪进入生态文明新时代，再用工业文明时代的观点、思路、政策来推进"三农"发展已经过时了。……现代都市人向往的乡村农业生活，导致阳光、空气、石头等千差万别的乡村资源环境都成为生态文明时代可被定价的要素。……21世纪生态文明时代与中产阶级崛起，意味着对有山水风光和有机农业资源潜力的地区，都将成为中小资本投资的重要领域。实践也在不断地验证着温铁军先生的这一判断，可以说生态再增值和健康赋能发展正在成为农业农村领域发展的新机遇，打好生态健康牌对于农业农村发展具有重要意义。吉林省农业农村领域具有较好的生态基础，农产品符合健康发展理念，在"绿水青山就是金山银山，冰天雪地也是金山银山"方面总结了很好的经验，抓住生态、健康这一发展机遇既有可能，又十分可行，关键是能不能抓出特色、抓出个性，能不能不用工业文明时代的思路推进生态文明时代的农业农村领域发展。这是一个理念思维转变的过程，也是一个稍纵即逝的过程，需要从政府部门到农业农村领域各类人员加速转变思维方式，加速抓住发展机遇，加速树立生态文明发展理念、形成生态文明发展方式，加速摆脱生态搞旅游、健康搞医药的传统理念制约。只有这样，吉林省才有希望抓住生态健康大时代的机遇，让生态、健康成为未来十余年发展中农业农村现代化的重要支撑，引导城市人、城市资本下乡，引导域外人、域外资本来乡，让农业农村发展充满新的生机，突显和加速吉林省以市场化方式实现农业农村现代化的能力。

第二节　吉林农业农村现代化面临的关键挑战

中国农业农村发展面临着农业基础仍然薄弱、农村发展存在短板弱项、促进农民持续增收面临较大压力、巩固拓展脱贫攻坚成果任务比较艰巨等挑战。吉林省农业农村现代化除面临全国共性问题外，还面临着资源要素约束强、科技支撑能力不足、农业质量效益和竞争力不强、农村基础设施建设滞后、城乡要素交换不平等、公共资源配置不均衡、农民持续增收缺乏新的支撑和动力等挑战。《中国农村经济形势分析与预测（2021~2022）》指出，"世界经济复苏动力总体不足且各经济体复苏极不平衡，世界进入新的动荡变革期，粮食等部分大宗农产品价格高位波动，气候变化加剧极端灾害天气风险上升，农业农村经济运行和发展所处的外部环境更趋复杂严峻和不确定"。[①]综合而言，百年未有之大变局、气候变化之大影响、技术竞赛之大推进等外部环境和吉林省的自身实际相结合，为吉林省农业农村现代化带来十个关键挑战。

一、农业农村发展基础的挑战

《国家"十四五"推进农业农村现代化规划》指出，"农业基础依然薄弱，耕地质量退化面积较大，育种科技创新能力不足，抗风险能力较弱。资源环境刚性约束趋紧，农业面源污染仍然突出。转变农业发展方式任务繁重，农村一二三产业融合发展水平不高，农业质量效益和竞争力不强"和"农村发展存在短板弱项。制约城乡要素双向流动和平等交换的障碍依然存在，人才服务乡村振兴保障机制仍不健全，防汛抗旱等防灾减灾

[①]魏后凯、黄秉信主编《中国农村经济形势分析与预测（2021~2022）》，社会科学文献出版社，2022，第38—39页。

体系还不完善，基础设施仍有明显薄弱环节，民生保障还存在不少弱项"两个问题，这些问题在吉林省也是客观存在的。吉林省农业农村发展领域存在着基础设施薄弱、基础服务滞后、基础治理不足等客观问题，还在一定程度上有"一空三边""五化五难"的基础薄弱村庄[①]，部分村庄生活生产方式与东北振兴战略实施之前相比并未发生根本性变化。长期耕种导致土地要素质量下降，尽管"梨树模式""大安模式"等正在竭力扭转土地要素下降的趋势，但这一工作仍任重道远。总体而言，吉林省农业农村现代化工作面临的基础薄弱问题仍然严峻，需要强化的内容和领域仍然很多，对于农业农村发展韧性和现代化水平提升构成了重大挑战。

二、科技创新支撑能力的挑战

尽管创新型省份建设是农业农村发展的重大机遇，但是也要看到农业农村领域科技创新支撑不足的现实挑战，科技人才队伍规模不大且具有流失倾向，科研基础设施特别是重大科技基础设施建设不足，科技研发投入规模不大且增长不稳定，农业方面的研发投入规模不大且增长并不稳定，农业领域高新技术企业较少且规模不大，农业科技园区、农业高新技术产业示范区建设处于发展的起步阶段。"农业科研投入总量不足，科研投入的强度和密度更是远低于全国平均水平，科研人员花费的精力'创收大于创新'""项目稳定性支持比例过低，科研人员忙于'揽活'""科研项目多头管理，造成课题重复、'一果多用'""农业科技组织方式主要是'小作坊''夫妻店'等，难以产生大成果"等农业科技创新领域的普遍

---

①赵光远：《东北边境地区乡村振兴的若干思考》，载魏后凯、宋亚平主编，崔红志、傅智能副主编《新型城镇化与乡村振兴——全国新型城镇化与乡村振兴高峰研讨会暨第17届全国社科农经协作网络大会论文集》，社会科学文献出版社，2022，第98—107页。

问题在吉林省也在一定程度上存在着，①科技创新喊得响、落实难、推不动的情况也是普遍现象。自2022年以来，国际粮食价格、化肥价格等变化的不确定性显著增强，也需要中国以及吉林省在相关领域加大科技投入以减少不确定性的冲击。此外，黑土地保护、农业碳排放治理、高标准农田建设、畜牧业发展、种质资源培育、植物工厂等设施农业发展、农业防灾减灾体系建设等也都需要科技创新的大力支撑，农村建设方面对于智慧乡村技术、特色康养技术、民生相关技术的需求也十分巨大。从吉林省农业农村现代化的现实情况看，科技创新支撑远远满足不了当前和未来一段时间内吉林省农业农村现代化的需要，加强省部合作，借助国家力量是应对科技创新支撑不足这一挑战的重要路径。

三、劳动力和人口结构的挑战

老龄化导致农村劳动力要素不足。第七次人口普查数据显示，在899.44万吉林省乡村人口中，60岁以上人口为242.49万人，占比26.96%；50岁以上人口为449.62万人，占比49.99%。伴随着全省乡村人口到2021年末下降到870万人，50岁、60岁以上人口比重将进一步增加，未来吉林省乡村劳动力总量减少态势依旧难以改变。同时农村老龄化带来关于社会保障、农村医疗等深层次问题。吉林省政府发展研究中心的报告显示，吉林省农村养老政策和财政支持能力较弱、社会化农村养老服务设施供给不足、未形成农村养老多元投入体系、尚不能满足农村老年人的服务需求。综合而言，农村老龄社会深入发展问题已经越来越突出，"空巢老人"、农业生产、农村和谐以及社会治理等问题与区域经济发展水平不高等问题相交织，已经成为影响农业农村现代化水平提升的重要制约因素。进一步看，老龄化社会深入发展，还会影响农村社会创新创业氛围，制约农业农村领域自信自立以及内生发展的进程，制约社会投资、工商资本向农业农

---

①陶立兴：《当前农业科技创新面临的问题与建议》，《吉林农业》2012年第8期．

村领域投入的进程，制约农业农村领域新知识接纳能力以及知识更新进程，制约城乡融合以及农业农村现代化的进程，制约区域性收入二次分配、三次分配的有效性。

四、气候变化不确定性的挑战

气候变化问题是世界银行、FAO等权威国际组织最为关注的重大问题。从中国实际看，农业生产季节中大风、洪涝、干旱等气候变化因素影响越来越频繁。气象部门数据显示，2022年6月1日—7月28日，吉林省降水量为397.6毫米，比常年偏多71%，且拉尼娜事件将持续并进一步导致吉林省继续出现强降水天气，有关统计数据显示，截至2022年7月6日时，吉林全省农田积水36.12万亩，受灾29.84万亩，其中玉米23.07万亩，水稻5.91万亩，其他作物0.86万亩。秋冬季节出现霜冻、暴雪等情况也将影响粮食收获以及牧业生产，2021年吉林省西部地区出现暴雪天气，导致秸秆发霉等情况，对肉牛养殖业产生了一定程度的间接影响。2022年在全省肉牛养殖大提速等情况下，冬季气候变化可能导致畜牧业饲草储备不足、养殖设施保暖、农业农村能源储备等问题。进一步拉长时间线看，气候变化会对吉林省已经建成的高标准农田产生影响，未来如何确保原有高标准农田生产能力不变，可能需要追加更多投资予以改造。如果从全国全球的农业农村产业链和价值链来看，气候变化带来的影响更加复杂，东非干旱带来蝗灾并导致全球粮食产业链发生变化，或者长江流域干旱造成的水稻等作物减产引起的粮食价格变化等，都将对吉林省农业农村发展产生影响，特别是影响具体农户种植品种、养殖品种的决策。可以说，气候变化从直接、间接两个方面影响着吉林省农业农村现代化的节奏，而且这种挑战是随机性的和不确定性的。

五、区域经济支撑能力的挑战

农业农村发展总体上还处于弱势地位，其能否加速发展，很大程度上还依赖于区域宏观经济的整体水平和发展质量，依赖于一定区域内城市经济以及非农产业的带动水平。一般而言，一个区域只有人均GDP达到10000美元以上，区域经济才能形成带动农业农村发展的能力，2021年吉林省人均GDP只有55720元，按当年平均汇率相当于8637美元，还没有进入到区域经济带动农业农村发展的阶段。同时，吉林省2021年常住人口城镇化水平达到63.37%，但城镇人口规模只有1505万人，城镇人均食物消费支出只有6618元，考虑到电商等因素，按城镇食品消费中本地产品占70%估计，吉林省城镇对农业产品的市场拉动力最多只有700亿元，其中由农业生产者直接生产的初级产品估计不足300亿元，占吉林省农林牧渔业产值比重只有10%。进一步估计，即便整个东北地区对吉林省农业生产的初级产品的市场需求量也很难超过500亿元。尽管2021年吉林省非农产业比重达到88.3%，但其增加值规模仅有1.17万亿元，其规模只是与发达地区个别城市相当；长春市外的其他城市二三产业比重仅有75%，规模只有0.50亿元左右，如只计算长春市外城区非农产业规模则不足0.30亿元，很难形成带动农业农村发展的能力。尤其是在东北地区经济增速不快、人口呈现流出趋势的情况下，依靠本地市场推动农业农村现代化进程更是难上加难。[①]

六、区域发展规律变化的挑战

随着经济社会总体发展水平的上升，农业农村经济发展规律也在发生一定的变化。通过分析2021年国内28个省域经济体（不含京津沪三个城市经济体及港、澳、台地区）的人均GDP与农业生产率水平、农村居民收入水平之间的关系，可以发现随着人均GDP超过1万美元，农业生产率出现下降态势，斜率从0.1618下降到0.0986；但农村居民收入水平出现上升态势，斜率从0.1426上升到0.1764。吉林省人均GDP为8637美元，目前处于更加有利于提升农业生产率的区间，尚未进入到更加有利于提高农村居民收入水平的发展阶段。吉林省应统筹考虑农业生产率提升和农民收入增加

---

① 王颖主编《2023年吉林经济社会形势分析与预测》，社会科学文献出版社，2023。

之间的相互关系，要推动农业生产率和农民收入之间形成互补效应而非替代效应。除此之外，坚持实事求是，总结、挖掘和阐释区域性农业农村领域生产力和生产关系的协调程度、区域性农业农村发展与全国统一大市场建设的融合程度、区域性农业农村现代化的跨部门、跨区域资源和市场整合、区域性农业农村现代化与全国同频不同效的深层机理变化等新规律，也是推进农业农村现代化的重要工作。

七、政策机制创新方面的挑战

如果说项目建设是农业农村现代化的硬支撑，那么机制政策优化升级就是配套的软支撑，两者只有有效结合起来，才能发挥出最大的效用，这是由生产力和生产关系协调发展的规律所决定的。机制政策优化升级在中长期发展中实际上也面临着边际效用下降的挑战，同时还面临着与项目建设运营不匹配的挑战，这是由机制设计者以及政策执行者的思维惯性以及机制政策受众的行为刚性等因素共同决定的。这种情况下，在生产力和生产关系之间、在运行机制和具体政策之间，存在不匹配或者相应的差距是一种常态，关键在于控制好这种差距的程度。回到现实看，机制政策日常监测、常态反馈、优化升级都是政府部门的责任，这本身就容易造成机制政策的优化升级缓慢以及制定中存在缺位、错位、越位等情况，部门之间的标准不一致、思维方式不一致等也在一定程度上强化了机制政策优化升级的挑战，很多好的机制政策设计因为缺少依据或者财力约束等被否决的情况屡屡发生，很多部门的机制政策设计仅能局限在自身资源或者职权范围内，基于大数据技术的跨部门跨区域协同推进和监管机制仍然缺乏，责任、权利、义务的边界以及免责、放权的具体政策落实都存在一定的不足。这些情况综合起来，就形成了更加严峻的机制政策优化升级方面的挑战。而应对这些挑战，则必须深化全面系统改革，强化数据技术运用，完善免责放权机制，才能让机制政策优化升级成为项目建设和农业农村现代化的有力支撑。

第三节　吉林农业农村现代化形势总体研判

"中国发展进入战略机遇和风险挑战并存、不确定难预料因素增多的时期"，吉林省农业农村现代化亦然。为此，必须进一步强化人的主体性作用，对吉林省农业农村现代化工作抓机遇、迎挑战进行综合研判。

一、吉林省农业农村现代化总体形势

前面的分析表明，新发展理念及重大理论创新、高质量发展及重大实践创新、供给侧改革及进一步"放管服"、统一大市场及要素流动趋向、"共同富裕"及协调共享发展、创新型省份及创新驱动发展、大项目达效及持续升级改造、产业链延拓及强化产业韧性、多重重大融合及优势资源整合、生态再增值及健康赋能发展构成了吉林省农业农村现代化的机遇体系；农业农村发展基础薄弱、科技创新支撑不足、劳动力和人口结构挑战、气候变化不确定性、区域经济支撑能力弱化、区域发展规律变化、政策机制创新较慢等构成了吉林省农业农村现代化的挑战。从实际情况看，发展机遇越来越多，但是区域竞争也越来越激烈，这种机遇也越来越难抓到；困难挑战也随着全球政治经济格局变化越来越复杂、越来越叠加，不确定性越来越强。在这种情况下，吉林省农业农村现代化总体形势要基于基本经济规律、国家总体需要和宏观经济状况进行判断。

一是基本经济规律决定吉林省农业农村现代化总体趋势。第一产业比重下降、农村常住人口比重下降是经济发展的基本规律，吉林省第一产业比重在10%以上，农村常住人口比重在30%以上，这两个比重均有显著下降的空间，同时这两个比重下降也伴随着农业农村生产率和现代化水平的提升。未来5至10年，随着第一个"十五年"目标的实现，吉林省第一产业比重有望降到8%左右，农业农村常住人口比重有望降到15%左右，农业农村的机械化、智能化、数字化水平会大幅提升，农业农村人均劳动生产率也会有显著提升。

二是国家总体需要强化吉林省农业农村现代化总体趋势。国家对于农业生产特别是初级产品的需要，将成为吉林省农业农村现代化的重要拉动力量，全国的城镇化水平和人均消费水平"双提升"将成为全国和吉林省农业农村现代化的市场化拉动力量。未来5至10年，全国城镇化水平每提升1个百分点，考虑到资源的稀缺性、收入的增长性、价格的刚性等，对农业农村相关产品和服务的需求可能会增长1个百分点以上。这些新需求将推动农业农村现代化水平的提升。

三是宏观经济状况影响吉林省农业农村现代化总体趋势。宏观经济发展情况将从两个方面影响农业农村现代化进程，一方面，宏观经济将为农业农村产品和服务提供市场，以市场为主动力，宏观经济发展越好越有利于农业农村现代化进程；另一方面，从大国经济看宏观经济形势不利的情况下亦会加大对农业农村的投入力度，以政府调控为重要力量，发挥农业的"压舱石"作用，发挥农业农村基础投资的带动作用。也就是说，中国宏观经济发展将保障吉林省农业农村发展现代化水平的提升。

为此，对吉林省农业农村现代化形势的总判断是：发展机遇与发展挑战处于紧平衡状态，外部拉力和内在动力处于紧平衡状态。未来5至10年，要紧紧抓住国内统一大市场建设机遇，充分发挥人民群众的创造力，化挑战为机遇，深化农村领域相关改革，让农业现代化和农村现代化协调发展，闯出吉林省农业农村现代化的新路子。

二、吉林省推进农业农村现代化的重要原则

为应对未来的不确定性，吉林省推进农业农村现代化应把握如下原则。

一是农业农村现代化的关键在人。当前对于乡村振兴或者农业农村现

代化的关键点众说纷纭，有的认为是科技创新，有的认为是生态宜居，有的认为是人才振兴等。引用农业农村领域著名学者刘守英教授的观点，"农业现代化是要效率，乡村现代化是要体面。这两个合起来的局面是什么？一切在乡村从事很高效率、很高农业回报的人，在一个很体面的村庄生活。"不论是从事产业发展，还是在村庄生活，其实农业农村现代化的关键都在于人，而且是普遍意义的人，也可以包括法律意义上的人，不能是少数的、具有范围约束或者具体指向的人。从"必须坚持人民至上"出发，在农业农村现代化工作中"关键在人"有两个层面的意义，一是要把农业农村领域的人作为一个整体去解放思想、解放生产力，让具有引领力的企业家、科学家等人才和其他人形成更具网络性和韧性的整体，通过共同体理念实现全面发展；二是要在全体人民群众这个大概念里去解放思想、解放生产力，通过人的融合促进城乡融合、工农融合，让更多的城市生产力带动农业农村领域发展，也让农业农村领域好的理念、文化影响城市居民的生活和生产。在农业农村现代化推进过程中也要如此，不能把人的作用归结为科技创新、人才振兴或者生态宜居等单一方面，而是要把人作为"包含丰富内容的统一体"予以重视，具体而言，则要把人的政治属性、经济属性、社会属性等多方面统一起来，要把人的主动性、革命性、创造性统一起来看，特别是站在多属性统一的立场上激发人的主动性、革命性、创造性的问题，将成为农业农村现代化的最根本的力量。而如果在未来发展中，政策和制度本身仍然脱离"人的本质"去设计，按照主观思维去设计、考虑人的部分属性去设计，结果是显而易见的：只是追求短期效果，没有持续现代化的动力。总而言之，农业农村现代化的关键是人，要把握住人的本质和整体意义，要统筹好人的效率和体面两个因素，要从人类命运共同体层面去尊重人、改变人、激发人，让个体的命运和群体的命运更紧密地联系起来，只有这样，才能把农业和农村的两个现代化结合好融合好，成就人民群众所期盼的中国特色的农业农村现代化模式。

二是强化历史现状和未来态势的有机结合。当代人往往习惯于在历史的发展中思考经验和问题，尤其是决策者执行者在这种情况下习惯于当"消防员"，哪里出现问题就去解决问题，哪里出现漏洞就去堵修漏洞，在系统观念方面存在重大不足，以至于很多时候拆了西墙补东墙，最后发生系统性危机。农业农村现代化属于经济发展相对脆弱的领域，同时也属于系统关联较强的领域，如果仅仅做查缺补漏式的分析和研究，则解决不了实际问题和潜在矛盾的。吉林省农业农村现代化属于全国推进农业农村现代化工作的一部分，在历史和现实中自身存在的问题和全国存在的问题是交织在一起的，同样吉林省农业农村现代化的未来发展趋势和全国尽管会有所差异，但也是交织在一起的。全国农业农村现代化的历史和现状中的经验会对吉林省有所裨益，其问题也会对吉林省未来有所影响，这是必然的；吉林省自身存在的特殊问题和特色发展经验则不会对全国农业农村现代化进程产生过大的影响，这是整体和局部的关系，也是主系统和从系统之间的关系。从现实约束看，吉林省农业农村现代化的未来会和全国农业农村现代化的趋势具有一致性，但是受制于生产力生产关系等因素，这种一致性又会表现为相对较弱的特征；吉林省农业农村现代化历史和现实中存在的问题会在未来发展中得到缓解或者消除，但不可避免地又会产生新的矛盾或新问题，甚至于一些矛盾和问题现在已经有一定苗头。当前更加需要系统研究吉林省农业农村现代化历史、现状和特征，更加需要深刻把握吉林省农业农村发展的特色规律，更加需要把握粮食生产、黑土地保护、群众增收以及共同富裕的深层次逻辑，并在上述的研究和思考中汲取智慧、反思成长、走向未来。

三是强化多个发展空间层次的有机结合。农业农村现代化推进当前还面临着从平面思维向立体思维甚至向多个空间思维转换的问题，因为农业农村现代化是一个由农户空间、村庄空间、城乡空间、数字孪生空间等多个层次发展空间构成的组合体，而且由于数字技术、元宇宙等技术的进步，这一跨空间组合特征将越来越显著，可能的结果是空间层次越来越多，每个空间的核心主体都有差别，甚至于同层次空间的碰撞融合实践也会越来越多、越来越频繁，这是由客观的技术进步和知识积累所决定的，甚至是不可逆转的。从现实看，农业农村现代化追求个性化发展、主题化发展，也是这种多层次空间发展的一种反映：我的空间我做主，我用我的空间吸引你，同质空间形成群落后又会变成主题化空间，或者因为空间主体在客观世界的距离而形成村庄空间等，同时因电商平台、抖音平台等形成群体空间的趋势也已显现。除了受技术进步、知识积累因素影响外，相关空间的形成也是农业农村领域中人的社会性的异化体现，是由数字空间、虚拟空间的规则（也是现实世界里没有的规则）与人际的信任约束等共同促成的。这种多空间层次发展的特征，已经给农业农村治理、政策制定、社会伦理等带来了新的机遇或者挑战，农业农村相关立法工作需要进一步完善、现实世界与虚拟空间的接口需要进一步融通、主体人与虚拟人的决策需要直接或者间接对应等。吉林省农业农村现代化进程处于这一大背景下，尽管当前仍相对滞后，但是未来也将面临这些机遇或者挑战。吉林省农业农村现代化不能硬性地要求各个空间直接融通，必须尊重农业农村领域多层次空间差异化存在的必然性，必须在政策、机制上探索促进多重发展空间结合的弹性和灵活性；吉林省农业农村现代化不能放任多重空间自行发展，必须围绕人的本质强化在文化、伦理等方面的软约束；吉林省农业农村现代化不能不抢抓多重发展空间的新机遇，必须看到谁先尊重多重发展空间的存在，谁就在未来的坚持人民至上方面赢得先机，谁也就能在农业农村现代化未来大路上赢得先机。总而言之，未来的农业农村现代化在不同空间甚至是不同位面都会有所存在，看到趋势、提前布局、抢抓先机、赢得未来，吉林省"新农业""新农村"需要在"新赛道"上先行发力，需要结合未来产业超前探索，需要在新征程上开创新篇。

四是强化三个基层治理体系的有机结合。"乡村治理要以自治为基础，以法治为根本，以德治为引领，建立健全党委领导、政府负责、社会协同、公众参与、法治保障、科技支撑的现代乡村社会治理体制。自治以增活力，法治以强保障，德治以扬正气。"从国内外推进农业农村发展看，自治是提升创造性，法治是提升持续性，德治是提升包容性，只有"三治"有机结合、融合发力，乡村振兴以及农业农村现代化才能不断提升其内生性。也有学者指出，"自治是基础，法治是根本，德治是先导。自治、法治、德治有机结合，构成乡村治理的完整体系，是乡村社会充满活力、和谐有序的重要保证"。这揭示了自治以重人、德治以守心、法治以循矩的特征。有的实践和研究也已指出"三种治理方式在一定的条件下各自可以实现善治，两两组合、三者组合也可以实现善治。只是善治的质量和水平不同，"单一治理式善治"小于"两两组合式善治"，后者又小于"三者组合式善治"。可见要根据不同文化背景和地域特征，采取因地制宜因时制宜的策略来推进"三治"融合。从吉林省农业农村现代化进程看，在老龄化进程不断加快的背景下，推动不同地方采取不同模式促进"三治"不同程度的组合融合，也是十分必要的治理推进过程。另外，吉林省东部朝鲜族聚居区、西部蒙古族聚居区等显然不能按照同样的模式进行推进，在探索"三治"融合进程中仍有很多工作要深入探讨。进一步与前面提及的三个结合（生产力和生产关系、历史现状和未来态势、多重发展空间层次），三个治理体系的有机结合也涉及在不同视域下的差异化推进，发展生产力层面和优化生产关系层面如何区分和推进，现实空间和孪生空间里面如何区分和推进，现实需要和未来需要背景下如何区分和推进等重大问题，都需要在未来的发展中予以明确。吉林省农业农村现代化工作只有超前考虑和谋划这些问题，才能在未来的工作推进中让治理为经济社会发展作出更加有益贡献，而不是成为阻碍。

三、吉林省推进农业农村现代化的核心任务

从全国来看，"加快建设农业强国"的目标已经正式提出。吉林省农业农村现代化的核心任务要转到努力建设农业强国的大战略、大方向上来。

一是实施"千亿斤粮食"产能建设工程，提高粮食综合生产能力。主

动承接好国家新一轮"千亿斤粮食"产能提升任务,推进吉林省"千亿斤粮食"产能建设工程,努力实现再增加粮食产量200亿斤的目标。粮食播种面积达到9000万亩,新增大豆油料播种面积25万亩,确保正常年景下粮食总产量稳定在800亿斤以上。抓好良田建设。按照整县推进、集中连片,编制把永久基本农田全部建成高标准农田的实施方案,健全长效管护机制,确保干一块成一块。推动"梨树模式"等黑土地保护十大模式提质扩面,支持各类新型农业经营主体应用黑土地保护成熟技术,保护性耕作面积要不断扩大规模。深入实施"黑土粮仓"科技会战和盐碱地等耕地后备资源综合利用工程,高质量办好黑土地保护国际论坛。抓好种业发展。统筹推进国家现代种业产业园、制种大县、国家南繁科研育种基地等基础建设,筹划建设耐盐碱水稻良种示范基地。强化作物育种联盟合作创新,开展玉米、水稻、大豆等优势品种关键核心技术联合攻关和突破性新品种联合选育。抓好生物育种产业化种植试点。大力推进育繁推一体化,打造具有竞争力的种业龙头企业。抓好农机装备升级。推进大马力拖拉机产业化项目产能提升,支持农机装备技术创新中心、重点实验室建设。推进国家农机研发制造推广应用一体化试点,落实好农机购置与应用补贴政策,加大智能高端农机具补贴。抓好科技支撑。通过揭榜挂帅、择优委托、科企联合等形式,推进一批高产玉米、优质水稻、优质肉牛等关键核心技术攻关,启动实施玉米单产提升工程,支持长春农高区开展"首创性"试验。推广水肥一体化技术,因地制宜细化技术标准。推动农业数字化改造,持续完善"吉农云"平台功能,扩大"吉农码"应用范围,加快推进智慧农业示范基地和"数字村"建设。

二是加快发展生态低碳农业,增加绿色优质农产品供给。牢固树立绿水青山就是金山银山理念,落实生态强省建设要求,推进生态产业化、产业生态化,加快形成绿色低碳生产生活方式。提高农业资源利用效率。集成推广测土配方施肥、增施有机肥、生物防治、物理防治等技术,实现农业投入品减量增效。分区域规模化推进高效节水灌溉,发展节水型设施农业。加强农业面源污染防治。推广使用生物农药、高效低毒无毒农药，扩大统防统治面积。加强灌溉水质在线监测，通过源头控制、过程拦截、末端治理等强化农村小流域污染联合防控。加强畜禽粪污"收储运"体系建设和资源化利用，推进农业绿色发展先行区建设。提升农业废弃物回收利用水平。推进秸秆全量化处理和"五化"利用，抓好秸秆综合化利用试点县的全链条发展，促进黑土地保护与秸秆利用有机衔接。开展农膜回收和"绿色农资"行动，大力推广生物可降解地膜。增加绿色优质农产品供给。以两个"三品一标"为抓手，开展农业标准化示范基地创建，供给更多绿色、有机和名特优新产品。加大绿色、有机、地理标志农产品认证力度，推行食用农产品承诺达标合格证制度，基本实现规模化农产品生产主体全覆盖。

三是打造"万亿级产业"，提升全产业链发展水平。做好"农头工尾""粮头食尾""畜头肉尾"大文章，聚焦把农产品及其深加工和食品细加工打造成万亿级规模大产业，推动"十大产业"集群建设取得更大突破。补链条。谋划设计包装一批玉米、肉牛、人参、杂粮杂豆等强链补链延链项目，加大国内外500强企业引进力度。发挥现代农业产业园、农业产业强镇、优势特色产业集群等平台作用，引导农产品加工企业向县域布局、向产地下沉、向园区集中。推动"十大产业"集群的每个集群加快培育一批规模大、带动力强、后劲足的骨干企业，加大对农业领域"专精特新"中小企业扶持力度。全力推动"秸秆变肉"暨千万头肉牛建设工程上规模上水平。建设一批"特色产业+休闲采摘、观光体验、农事研学、医疗康养"基地。发展网红经济和直播带货，让吉林好米、好菜、好肉更多出现在网络平台、摆上全国人民餐桌。推进预制菜产业发展，加快引进头部企业，提升产业标准化和规范化水平。树品牌。坚持区域公用品牌、企业品牌、产品品牌联动，办好长春农博会等活动，推广"农产品+宾馆、景区、交通枢纽"等模式，提升"吉字号"市场影响力和竞争力。促增收。加强返乡入乡创业园、农村创业孵化实训基地建设和农民职业教育、技能培训，培育特色劳务品牌，带动农民就地就近就业。将龙头企业、农民合作社、家庭农场联农带农业绩作为享受扶持政策的重要条件，让农民分享产业增值收益。

四是深入推进乡村建设行动，打造宜居宜业和美乡村。瞄准农村基本具备现代生活条件的目标，大力实施乡村建设行动，实现乡村由表及里、形神兼备的全面提升。提升村庄整体风貌。坚持规划引领，合理优化乡村生产生活生态空间，加强村风村貌整体管控，留住乡风乡韵乡愁。统筹推进基础设施建设，提升公共服务水平。加快补齐农村道路、供水、通信等公共基础设施短板，扎实推进农产品仓储保鲜和冷链物流等设施建设。在卫生、养老、教育、文化等农民关心领域，集中力量优先抓好普惠性、基础性、兜底性民生建设。持续改善农村人居环境。持续开展"千村示范"创建和"百村提升"行动，打造一批高水平的宜居宜业和美乡村。深入开展厕所革命，统筹推进农村生活垃圾、污水、粪污等综合治理，完善收集、运输和处置体系，持续开展农村黑臭水体整治和村庄绿化美化行动。

五是持续深化农村改革，以体制机制创新赋能农业农村现代化。坚持处理好农民和土地关系这条主线，加强改革系统集成，依靠改革增动力添活力。深化农村土地制度改革。抓好第二轮土地承包到期后再延长30年相关试点工作，探索可复制可推广延包模式。稳慎推进宅基地改革试点。推动国家级试点县市探索、总结宅基地"三权分置"有效经验做法，扩大农村集体经营性建设用地入市试点范围。深入推进农村"三变"改革。加快农村产权交易市场服务体系建设，推广典型经验，鼓励村级组织通过发展特色产业、租赁发包、股份合作等多种形式增加集体收入，发展壮大农村集体经济。大力培育新型农业经营主体和服务主体。加快培育多元化服务主体，大力发展农业生产托管服务，完善服务标准和技术规程，推动现代农业服务中心提档升级，推进农业社会化服务平台建设，加大对全国社会化服务创新试点县市的支持力度。

第四章

发达国家农业农村现代化经验启示

农业农村现代化是一个全球化现象，也是随着经济社会发展而形成的必然现象，从杜能的农业区位论到马克思的地租和农业相关理论，再到发展经济学对于全球农业农村发展的深度研究，以及农业资本家以及产业资本、金融资本对农业的渗透，发达资本主义国家在这方面的经验和教训值得中国农业农村现代化借鉴。

第一节 发达国家农业农村现代化的最新进展

美国、日本、荷兰、新西兰、澳大利亚等发达国家紧密结合自身实际，以资本主义市场经济为基础，以资本主义价值实现为目的，在农业农村现代化方面走出了自己的独特模式。

一、美国的农业农村现代化

美国是农业农村发展现代化程度最高的国家之一。2021年，美国第一产业增加值为2065.68亿美元，占比为0.9%，美国农村人口5684万人，在总人口中占比为17%。从历史发展来看，美国农业农村现代化体现了重市场、重科技、重主体、重补贴四大特征。

一是重市场。美国是市场经济最发达的国家之一，二三产业的高度发达为农业发展带来巨大的市场需求；美国也是最开放的国家之一，拓展国外市场也是根植在美国国民骨子里的精神。随着电子商务等技术的引入，美国农业农村发展的市场化程度进一步得到了提升。20世纪80年代美国已经出现了基于农业电子数据交换（EDI）技术的电子商务业务，2007年前后美国农业电子商务已发展至成熟阶段，目前各类农场对接互联网的比例已经超过了65%，农场经营者、农产品电商企业和农资电商合作建立了从原料采购、农产品生产到销售的合作关系，基于B2C（企业对消费者）模式更是颠覆了美国传统的农产品流通体系。电子商务领域的"私人订制"模式逐步被引入农产品电商领域，电商平台牵头，消费者可在附近中小农场进行个性化定制团购，Farmigo平台等已经发挥了重要作用。

二是重科技。二战之后，美国是世界上科技最发达的国家，也是站在农业科技最前沿的国家，生物技术、智能技术、化学技术等在农业方面应用十分发达。2020年有关数据显示，在全球前20大农业科技企业之中，美国独占10家，前5名中占有3家；全球四大粮商有3家美国企业，即ADM（阿彻丹尼尔斯米德兰公司）、邦吉与嘉吉，也都是科技巨头。全球一半以上的谷物与蔬菜种子，由美国孟山都、杜邦两大企业掌握，全球最大磷肥生产销售商、第三大钾肥与氮肥供应商均为美国企业。在美国传统农业向现代农业转型的过程中，物联网、云计算、智能化等前沿技术也起到了非常重要的作用。如通过RFID（无线射频识别）技术搭建的物联网系统可对农作物生长进行智能化管控，推动农业智能化程度大幅提升，农产品溯源变得可行，促进农业经济效益和生态效益得到提升等。

三是重主体。除传统的农业产业巨头外，大量农业大数据公司不断涌现，通过提供强大的数据库以及农业科技应用，这些公司为美国农业发展提供了强大的技术支持和数据保障。如FarmLogs成立于2011年，是通过云服务提供生产管理服务的农业科技公司，农场主可通过由FarmLogs（农场日志）提供的电脑终端或移动终端来管理农业生产，获得差异化、高精度的优化和预测服务，进行天气预警、安排生产、农产品价格监测等活动。再如Cropx（作物数据）同样是一家代表性的高科技农业公司，开发了一种用于农业生产的土壤探测技术，为农场主提供农业智能化灌溉和生产解决方案服务，其业务已拓展至耕种、施肥、防灾以及收割等环节。

四是重补贴。美国从1933年开始使用农产品补贴工具，80多年来，农业补贴政策不断演化，兼顾世界贸易组织规则和平衡国内外价格关系，保证美国农产品在国际贸易中的价格优势最大化。美国农业补贴政策主要分为贷款差额补贴、直接收入补贴、反周期补贴、资源保育补贴和农产品贸易补贴五大类。从补贴方式看，1996年之前主要采取贷款差额补贴政策，1996—2002年间以直接收入补贴为主，2002年之后反周期补贴大行其道，总体看，越来越符合市场机制要求。从补贴内容看，资源保育补贴主要用于自然灾害发生后的土地资源保护，实现可持续发展，这在美国农产品价格补贴中占据较为重要的地位。政府还对农业进行贸易补贴，包括国内补贴和出口补贴，国内补贴是为了扶持本国的农民，出口补贴则是帮助农民出口农产品，主要是让农产品价格低于其他国家的相应产品。2014年之后，又调整设计了价格损失保障和农业风险保障等补贴机制，在坚持市场化的基础上加大对农业的补贴力度。

二、日本的农业农村现代化

日本是精准农业和乡村振兴发展较好的发达国家。根据世界银行统计数据，2020年日本第一产业增加值占比为1.0%左右，约为526亿美元；2021年日本农村人口1022万人，在总人口中占比为8%。从历史发展来看，日本农业农村现代化走出了自己独特的道路。

一是立法先行，明确中长期发展目标。1961年，日本颁布《农业基本法》，旨在缩小城乡居民收入差距、发展现代农业，之后相继修订和制定

《离岛振兴法》《山村振兴法》《促进特定农村地区农林业发展基础整备法》等"地区振兴五法"。1999年出台《食品·农业·农村基本法》，强调农业的多功能性和乡村振兴，把改善农村生活环境作为政策的主要目标，强化了5年农业发展规划的作用。

二是规划配套，完善机制化运作模式。成立乡村振兴联席会议机制，由日本农林水产省牵头，国土交通省、厚生劳动省、环境省、经济产业省作为成员单位，统筹指导地方编制乡村振兴规划工作，确保地方与国家规划的有效衔接与配合。设立乡村振兴专门机构，对农林水产省内设机构进行重大调整，增设乡村振兴局，主要负责研究制定乡村振兴的综合性政策和规划，组织实施有关乡村振兴项目，指导和协调地方政府、团体和农民组织参与乡村振兴计划的制订和实施工作。

三是农地改革，促进农业规模化生产。战后日本采取严格的农地管制措施，严禁农地流转，制约了农业规模化发展。《食品·农业·农村基本法》进一步强调了农地的公共属性，明确了农地所有人及承租人不得改变农地使用用途，有责任提升农地使用效率，将土地流转期限由20年修改为50年以内。《结构改革特别区域法》允许工商资本在特区内以租地形式，单独从事农业经营。2008年修订的《农地法》全面放开，允许工商资本租地务农。

四是三产融合，挖掘农业多功能潜力。实施《本地区采用地产地销区域、高龄、小规模农户等支援项目》《推动地产地销设施建设项目》等项目，推行"地产地销"，鼓励当地生产的农产品在当地销售并消费，提高生产者收入。加强观光农业基础设施建设。2008年日本出台"关于促进定居和地域间交流，增加农山渔村活力"的法律，鼓励城乡居民交流，增进相互理解，让更多的城镇居民了解农村，定居农村。

五是服务配套，发挥农协综合性功能。扶持农协理事长兼任"农业委员会"等地方农业农村自治机构的重要职务，使其能够代表小农参与当地农业生产和生活基础设施的规划与建设。将农协作为落实大米收储、农业自然灾害保险定损、政策资金发放的重要抓手，提高乡村扶持的精准度，也有助于防止数据造假、冒领补贴等情况的发生。对农协购置农机具、加工设施等给予高额补贴。支持农协开展培训活动，日本政府每年给予农协中央会、联合会（中央和地方层级的农协）一定的补贴，用于农协开展技术推广、人员培训等活动。

六是资金保障，完善政策性支农体系。为弥补商业金融的不足，日本构建了合作金融与政策金融相融合的农村金融体系，为农村发展提供低成本资金支持。日本设立了"农林渔业金融公库"（2008年改制为"日本政策金融公库"），为农村基本农田改造、新型农业经营主体的农地流转、设备购买及其改造等提供中长期大规模低利率贷款。《农业现代化资金助成法》等规定由中央及地方政府向符合政府融资条件的农民提供中长期贷款贴息。

七是人才培养，提升农村劳动力素质。《食品·农业·农村基本法》特别强调，要培养能够承担高效稳定农业生产的人才，加强对准备从事农业生产的个人进行农业技术、农业经营管理方面的教育。日本农林水产省为不同人群提供针对性的实习、培训机会。日本还利用各地农业大学、私人农业教育机构以及"农业者大学"提供学习机会；对无法脱产学习的人员，通过全国农村青年教育振兴会等建立了夜校制度，开设了远程教育平台，通过网络、电视传授农业技术讲座。对于经济困难、无法支付学费的个人，设立了无息贷款制度。

八是基建完善，创造良好的宜居环境。实施"造村"运动，发动农民通过自身努力实现农村的自我完善和发展，进而"推动农业生产和农村生活环境综合治理，在提高农业生产率的同时，保证生活环境和定居环境的舒适性，建立有个性、有魅力的新农村"。实施低碳村落示范支援项目，建设环保型农村。对于在自然资源、能源资源丰富的农村地区修建绿色能源供给设施（小型水力发电设施，太阳能发电设施等）以及使用减排CO_2设施的项目提供财政扶持，补助金额按建设数量确定。此外还大力实施农村振兴综合整备项目和信息化基础设施建设项目。

三、荷兰的农业农村现代化

荷兰以集约化、专业化、设施化农业著称。根据世界银行统计数据，2021年荷兰第一产业增加值占比为1.6%左右，约为160亿美元；2021年荷兰农村人口130万人，在总人口中占比为7%。从地理特点看，荷兰农业农村现代化注意提高土地的利用率，特点十分鲜明。

一是农业生产高度集约化、规模化、专业化。荷兰农业的集约化具体表现在高效益的产业结构、高生产力水平及高附加值的农副产品上。荷兰减少了大田作物生产而大力发展畜牧业、蔬菜花卉和园艺业，在农业结构中种植业、畜牧业和园艺业分别占40%、54%和6%，其创造荷兰的农产品产值比例分别为10%、55%和35%。在荷兰，畜牧业是最重要的农业部门。荷兰得天独厚的自然环境很适宜于牧草生长，牧场的面积比耕地的面积大。同时由于采用了现代化科学技术，广泛应用机械化、人工授精育种和优质饲料，乳牛奶以及奶制品等产量在全球占有重要地位。同时荷兰还是世界上最大的花卉出口国。

二是规范有序的市场经营模式。荷兰农业的出口率高居世界第一，其人均创汇率也很高。自20世纪90年代以来，荷兰每年农产品净出口值约占世界农产品贸易市场份额的10%，在美国、法国之后居世界第三位。荷兰既是世界农产品的重要进口国，又是重要的出口国。从进口来看，荷兰是美国农产品在欧盟的最大市场，同时，还是德国、法国、比利时、卢森堡、英国等国农产品的重要进口国，荷兰也是美洲其他不少国家的大市场。从出口来看，荷兰是世界上农产品第二大出口国，欧盟其他各国是其农产品的主要市场。荷兰外向型农业以农产品加工出口创汇增值为突出特点，围绕农产品加工增值进行大进大出，即大量进口用于食品加工的初级农产品，而大量出口高附加值的加工食品，从而大幅度提高创汇能力。

三是集成化的工业技术在设施农业中被广泛应用。荷兰在农业生产中高度重视农业科研和采用先进科学技术，包括机械技术、工程技术、电子技术、计算机管理技术、生物技术等。为了节省耕地，荷兰大力推行温室农业工厂化生产，室内温度、湿度、光照、施肥、用水、病虫害防治等都用计算机监控，作物产量很高。荷兰大力开发土地资源，积极围海造田，制定了正确的农业发展战略和政策，重视发展农业教育及农业科技的研究和应用，通过几十年持续向农业的大量投入和大规模的农业基础设施建设，在国际上形成了巨大的农业产业竞争优势。

四是网络化的农业科研、教育和推广体系。荷兰具有相当发达的农业科研、教育和推广系统，这三项被誉为荷兰农业发展和一体化经营的三个支柱。政府对农业科研、教育和推广非常重视，把促进其发展作为政府的重要职责。以农民为核心，建立全国性的农业科技创新体系和网络，是荷兰农业取得巨大成就的一条基本经验。荷兰农业部门特别注重遗传工程的投资，采取优选本国或适合于本国环境的世界各地的家畜家禽、农作物良种，依靠遗传工程进行改良，生物防病和遗传防病并举，替代对人体有害的各种化学药剂的使用，不仅取得了显著的经济效益，而且有效地保护了自然生态环境。

五是农业合作组织发挥了重要作用。荷兰的农业以家庭农场为主要经营方式，但农场彼此间视为具有共同利益的集体。农业生产、供销、农机、加工、保险、金融等方面的民间组织，以及农业合作社都为农户的农业生产提供了各种周到的社会化服务。各种服务组织上为议会、政府制定农业政策提供建议，下连千家万户农民反映农民的要求。这些组织帮助农民减少了生产、加工、销售过程中的成本，增加了收入。农民入股创业的农业合作社为农民提供饲料、化肥、农机等农资，农民把农产品卖给合作社，再由合作社进行加工和销售。合作社销售后，将其中大部分利润按农民提供原材料的份额进行返还，从而增加了农民的收入。正是这些合作社发挥了相应的作用，使得荷兰农民利益能够得到保护和提高。同时各种协会把农民联合起来，目的是加强农民的政治地位和社会地位，有利于从根本上保护农民利益。

四、新西兰的农业农村现代化

新西兰也是农业农村现代化特点十分鲜明的国家。根据世界银行统计数据，2019年新西兰第一产业增加值占比为5.7%左右，约为120亿美元；2021年新西兰农村人口68万人，在总人口中占比为13%。从地理特点看，新西兰农业农村现代化在绿色农业和高品质农业发展方面特点鲜明。

一是以先进理念为引导，着力建设宜居农村。从20世纪80年代开始，新西兰对资源利用实行有效管制，逐步建立起一整套生态文明建设与绿色发展的治理体系。1991年《资源管理法》成为新西兰资源环境管理的根本大法。国家环境部和保护部、国会环境委员会、国家环境法庭等，构成了保护生态环境的法治制度基础，为建设宜居农村提供了有效保障。在这种理念指导下，新西兰全国83%的河流适宜游泳，80%的电力供应来自可再生能源，PM2.5浓度近乎为0，计划到2050年碳排放降到零，到处呈现出人与自然和谐共生的景象。

二是以科学规划为引领，提升发展水平。新西兰高度重视规划的前瞻性、科学性、可持续性，所有城市和乡村土地均实现了地理信息系统数字化管理，每10年编制一次区域规划、城市总体规划和土地区划，每5年进行一次评估，信息全部公开。新西兰不仅重视规划，更重要的是严格执行规划，规划一旦制订完成，就会成为指导经济社会发展的行动纲领。

三是以科技创新为支撑，发展现代农业。新西兰发展现代农业高度依赖科技支撑，投入大量资金研发运用新技术，强调对资源的"最佳"利用，而非"最大化"利用。发展尊重自然、顺应自然，不竭泽而渔、不一味索取，讲科学、重科技，保护自然和地力。通过促进农业科学技术水平不断提升，走出了一条资本密集型、科技密集型的现代农业发展道路。

四是以市场运作为手段，激发活力动力。新西兰特别善于运用市场这只"看不见的手"解决相关问题，如新西兰国家公园和自然保护区纳入国家层面预算，其中基础设施和服务设施作为公共产品向公众免费提供，但是对于景区旅游项目的经营则完全交给市场。在海洋渔业管理方面，新西兰实行捕捞配额管理，通过运用市场机制和价格杠杆，控制和限定捕捞鱼类和总量，在对海洋渔业资源有效保护的基础上，提高了渔业综合经济效益。

五是以共治共享为目标，发动全民参与。新西兰政府将"自上而下"的管理与社区公众"自下而上"的行动相结合，基层社区公众及非政府组织在生态环境保护、污染治理方面的诉求和自发行动对政府形成"倒逼效应"。例如，瑞格兰小镇"极端零废物"非政府组织倡导餐厨垃圾有机堆肥和其他垃圾分类回收、减量利用，获得许多企业响应和捐款，倒逼政府安排专门预算予以补贴。

专栏 新西兰农业科技产业转型计划以及主要农业科技企业

新西兰政府农业科技战略即"农业科技产业转型计划（ITP）"于2020年启动，包括七个政府部门机构组成农业技术工作组，并专门成立行业集团 Agritech New Zealand。转型计划发出的行动计划和倡议是通过发展农业科技生态系统，解决面临的挑战，包括：获得更多投资，扩大业务范围，确保有效商业化，减少农民使用科技的障碍，加强协作，促进技术和数据更大的开放性和互操作性，并改善熟练劳动力的供应。

2021年相关调研显示，新西兰初创类农业科技企业包括高科技制造企业39户，生物科技企业22户、信息通讯企业49户和其他企业1户。

五、澳大利亚的农业农村现代化

澳大利亚由于国土面积等因素，是大农业、规模农业比较典型的国家。根据世界银行统计数据，2021年澳大利亚第一产业增加值占比为2.3%

左右，约为350亿美元；2021年澳大利亚农村人口351万人，在总人口中占比为14%。澳大利亚农业产业发展的特点是，以国内外市场为导向，发展本国农业生产，鼓励农产品出口等。澳大利亚的农业农村现代化特点如下。

一是农业区域化分工程度高。澳大利亚农业生产呈现明显的区域化布局特点。澳大利亚根据全国降水、气温变化、地形地貌和土壤肥沃情况，划分为三个明显的农业生产区域：一是集约农业带，即高降水量农业带，从昆士兰州北部海岸延伸到南澳大利亚州的东南角，以及西澳大利亚州的西南部和塔斯马尼亚州，这里降水充沛，种植业和奶牛业十分发达。二是农牧混合带，从昆士兰州中部向南延伸，经过新南威尔士州坡地至维多利亚州北部和南澳大利亚州农业区，是半干旱到湿润气候的过渡区，以旱作农业为主，小麦生产、养羊和肉牛业发达。三是牧业带，包括西澳大利亚州、南澳大利亚州大部分地区以及新南威尔士州西部、昆士兰州南部，气候干燥，植被稀少，以养羊、养牛业为主。在每个区域内，又出现了不同作物品种的农业生产优势区域带，如昆士兰州的甘蔗带，塔斯马尼亚州的苹果产区，澳东南部的小麦带等。

二是农业机械化程度高。早在20世纪60年代，澳大利亚已经实现了农业机械化。进入21世纪以来，计算机自动控制技术在农业机械装备和乳业生产等方面得到广泛应用，农用航空技术和保护性耕作技术也已得到普及。在畜牧业生产中，草场翻耕、牧草播种、施肥撒药、收割打捆、挤奶剪毛等各个环节全程实现了机械化。在大田作物中，小麦、水稻、大麦、燕麦等作物，从耕种到收获实现了全程机械化，一个具有较大规模的农场，一般只需要2—3个工人，很多农作物的机械化程度都超过90%。在农产品流通销售环节，建立了全程完备的冷链体系，全国75%以上鲜活农产品都通过冷链体系运送和销售。

三是农业规模化程度高。20世纪70年代中期到80年代中后期，农场数量平均每年减少6.3%，但农场平均产出以每年2.6%的速度增长。2013—

2014年度农场数量减少为12.85万个，但平均规模继续扩大到3200公顷。澳大利亚不同类型、不同区域的农场规模差异巨大。2011年澳大利亚以养羊为主的牧场约1.8万家，平均规模约6000公顷；以肉牛为主的牧场约2万家，平均规模约3万公顷；以奶牛为主的牧场约1.4万家，平均规模约180公顷。澳大利亚高降水量农区农场平均规模约3971公顷，而牧区牧场平均规模高达47376公顷。澳大利亚平均每个农民经营土地超过2000公顷。据统计，澳大利亚20%的大农场生产了全国65%的农产品，其中20%的种植业大农场生产了全国80%的粮食。

四是农业专业化程度高。澳大利亚积极推进农业生产的专业化分工和社会化服务，建立和发展了各种类型的专业化服务机构、公司、组织，农业生产分工日益精细化、专业化、高级化。肉牛生产过程中，有些企业或组织专门从事育种、育肥、饲料、防疫、销售等某一个环节的生产和服务；羊毛生产过程中有专门的育种、饲养、防疫、剪毛等服务组织或公司。政府在科技、教育等许多方面为农业发展提供强有力的服务，各种农民合作组织也为农业发展提供各种社会化服务。农业协会十分普及且相互渗透，形成了多层次、多行业纵横交错的网络式的协会体系。协会和各类服务组织在为农场提供信息服务、维护农民合法权益、推广普及新品种新技术、开拓国内外农产品市场、维护市场竞争秩序等方面发挥了重要作用。

五是农业信息化水平高。澳大利亚农业信息化起步较早，目前计算机和互联网、信息技术在农业生产中得到广泛应用，电脑和互联网已成为大部分澳大利亚农业从业者的基本工具。农户普遍利用网络获取天气、价格、产品、设备和技术等各种农业信息，进行网络交易，买卖农产品，通过网络进行各种社交沟通等。为进一步提升农业现代化水平，当前澳大利亚正充分利用信息技术迅猛发展的新机遇，加快实施国家宽带网络基础设施建设计划，为农业提供更稳定的宽带卫星接入和地面无线网络服务，并启动实施了传感塔斯马尼亚等项目，促进物联网等信息技术在农业的广泛应用，以此革命性地提升农业生产能力，促进农业资源的节约使用、高效使用和可持续利用。信息技术的应用和科学种田知识的普及，弥补了澳大利亚农业自然条件不理想的劣势。

六是农业国际化程度高。澳大利亚国内农业生产一直高度依赖国际市场，主要根据国际市场农产品需要和价格变化确定生产品种和规模。每年生产的农产品出口率平均在75%以上，其中羊毛、牛肉、小麦、蔗糖、奶制品等产品在国际市场上占据较大份额，是世界第一大羊毛出口国、第二大牛肉和蔗糖出口国、第三大小麦和乳品出口国。其羊毛、奶粉、棉花的90%以上，小麦、大麦、糖料的70%以上，大米、牛肉、羊肉的60%以上出口到国际市场。亚洲市场对于澳大利亚农业发展的影响越来越大。

七是农民综合素质高。澳大利亚农场中94%是家庭农场，以企业形式登记注册和开展生产经营活动。农场主不仅需要掌握农业生产的各种专业知识和技术，如育种、栽培、植保、耕种、收获、饲养、防疫、管护等农业技能，而且需要具有市场意识、企业经营策略和管理经验，以及新技术、新知识接受和应用能力。因此，澳大利亚农民是典型的懂技术、会经营、有文化的"新型职业农民"。澳大利亚农村劳动力中有1/3达到大学文化水平，其中有些农场主还是从国外留学回国的。高素质、国际化的职业化农民，推动了澳大利亚现代农业的持续健康发展。

第二节　发达国家的农业农村现代化政策特征

发达国家推进农业农村现代化进程较长，而且在这一过程中内外部环境、经济社会以及科学技术发展都发生了显著变化。各国政府在这一进程中突出因地制宜、因时制宜、因业制宜，不断调整政策支持方式和政策支持力度，很多共性政策值得认真总结和借鉴参考。

一、强化法律保障

现当代发达国家农业农村现代化进程有一个共同特征，就是法律保障，美国、日本、澳大利亚等都通过法律法规对农业农村现代化进程进行约束、促进和保障，这是农业的基本特征、基础地位和生产形式所决定的，也是现代资本主义国家治理体系所决定的。从普遍情况看，农业的基本特征是回报率低，受气候变化影响较大，如果没有法律保障是不会有人愿意去投入的；农业的基础地位是国家存在的基础、国民生活的基础，如果没有法律保障，这种基础地位是不牢固的；农业的基本形式在资本主义国家是农场制，是私人所有制，没有法律保障，任凭资本无限购并，农业农村发展是混乱和无序的。同时，农业农村发展与工业和城市相比，涉及生产要素多、技术范围广，没有法律保障，很多要素和技术是不可能向农业农村领域主动投入的。回到现实政策中，日本的"地区振兴五法"和《食品·农业·农村基本法》，美国的《农业调整法》《赠地学院法》《荒地法》《新地开垦法》《联邦土地管理法》《联邦农作物保险法》《农作物保险改革法》《农业贸易发展和援助法》以及和现在实施的公平行动计划，新西兰《资源管理法》等，从土地、人才、安全、生态、科技、市场等多个领域、国家、州等多个层级对农业农村发展进行了规范或者激励，也对资本投入行为进行了约束，成为发达资本主义国家农业农村现代化的根本保障。从历史发展看，这种强化法律保障、依靠法治推动的模式与这些发达资本主义国家近现代历史发展特别是生产力率先发展、现代化水平率先起步、公民意识率先觉醒、现代化法治体系率先成熟等是分不开的，这一点需要中国和吉林省在借鉴相关经验的时候予以特别考虑。从中国实践看，也已经借鉴法律保障这一工具，结合中国实际制定了《中华人民共和国乡村振兴促进法》《中华人民共和国农产品质量安全法》《中华人民共和国黑土地保护法》《中华人民共和国湿地保护法》《中华人民共和国种子法》《中华人民共和国食品安全法》《中华人民共和国反食品浪费法》等法律，构成了较为健全的法律体系，但是应该结合中国南北差异、东西差异较大等现实情况，进一步制定不同地区落实有关法律的规章制度，以精准推进和严格落实，方能达到法律制定的初心和最佳效果。

二、强化社会组织

现当代发达国家农业现代化过程中社会组织的作用是突出的，这些社会组织弥补了政府、企业和农户之间的机制性缺失和渠道性不足的缺陷。如日本的"农协"，是日本政府通过《农业团体法》《农业协同组合法》《农业基本法》《农协合并助成法》等逐步确立的、在农村经济中具有领导地位的社会组织，如今，日本农协已成为本国第一大企业集团、第一大银行集团、第一大保险集团、第一大供销集团和第一大医疗集团，并为农业农村发展提供全面综合的服务，包括为农民提供产前、产中、产后全方位的服务，改善农村生产生活条件的服务，与政府关系密切的决策咨询和政策制定服务等，从制度到政策再到农业农村服务提供了全方位的社会服务。再如美国农民自发组织创办的农业合作社，成为政府和农民之间沟通的纽带，在协助政府推广农业新技术、普及优良品种、共享科技信息、实行机械化作业方面起到了重要的沟通作用，同时还在经营领域为农民提供了切实可行的服务和技术支持，使农场单位面积产量增加，农民获得了更大的经济利润，除此之外还帮助农民得到政府的政策倾斜，如豁免待遇、税收优惠、信贷支持、保险服务等。此外，以色列的"基布兹""莫沙夫""莫沙瓦"三种社会组织分别创造了农业总产值的32%、46%和22%，这三种体制长期并存且各有所长可以互补，使得以色列的农业非常发达，农民人均年收入1.8万美元。从历史发展看，包括农业合作组织、非营利机构等在内的农业农村社会组织建设，能够充分体现农业生产者的自治意识、农村市场经济的特殊规律，能够有效解决市场经济在农业领域和农村区域的失灵问题，在政府和农户间、企业和农户间建立有效的纽带，提高农户和农业生产者在市场上的话语权。从中国实践看，21世纪以来农业农村社会组织快速发展，截至2020年底，全国农业社会化服务组织数量超过90万个，农业生产托管服务面积超过16亿亩次，其中服务粮食作物面积超过9亿亩次，服务带动小农户7000多万户。有关案例表明，合作社能够有效节省农资成本，一亩地可节省种子、肥料费用15元；能够有效节省人工成本，广泛采用机播方式，日均可完成40多亩。在未来发展中，中国和吉林省要进一步强化法律对社会组织的规范作用、政策对社会组织的引导作用，也要进一步提升合作社等社会组织的规模、能级和标准化程度，为农业农村现代化提供更加有利的支持。

三、突出市场主体

发达资本主义国家农业农村现代化尤其注意市场主体的培育和壮大，并依靠这些市场主体进行垄断或者拓展国内外市场。这是由资本主义民主制度以及资本控制下的市场经济所决定的。只有规模足够大，才能将成本控制得足够低，才能在世界市场上具有话语权，才能形成垄断击败竞争对手。从2022年《财富》世界500强排行榜食品领域上榜的9家企业看，其中美国企业有ADM、邦吉、泰森食品、CHS公司，荷兰企业路易达孚集团、阿霍德德尔海兹集团；此外和农业相关的企业还有日本丸红株式会社，澳大利亚的伍尔沃斯、科尔斯迈尔等企业。此外从不参加世界500强排名的嘉吉、孟山都等企业也都是农业领域巨头，约翰迪尔、久保田在全世界农机领域占有重要位置。这些全球顶级企业通过技术壁垒、资本扩张、渠道控制等手段，对全球农业具有至关重要的影响。有资料显示，ADM、邦吉、路易达孚、嘉吉四大粮商控制全球70%粮食市场，掌控着从农田到餐桌的全产业链，左右了全球70多亿人的日常生活，凭借其资本与经验的优势，在收储、物流、海运、金融、贸易等多领域形成对国际粮食贸易的垄断性控制，甚至于有人说："只要你活着，就无法逃脱全球四大巨头"。从历史发展看，在资本主义世界从殖民资本主义到工业资本主义再到金融资本主义发展的过程中，其控制农业的手段也从直接掠夺转向间接掠夺甚至于让人感受不到的市场化掠夺，披着你情我愿的外衣而行间接掠夺之实，用种子、化肥、技术、贸易渠道以及金融保险等进行更加可怕的控制，表面上是市场经济手段，背后操纵的则是产业资本和金融资本。从实践看，中国也在推动中粮、中化等企业扩大规模、积极参与竞争，力争在全球农业、农贸、农资领域占据一席之地，如中化收购先正达就是一个明显的例证，同时中国也在大力推进新希望集团等农业企业发挥重要作用，2022年12月9日收盘后A股上市公司中农牧饲渔板块总市值达到10851.15亿元、农药兽药板块总市值达到3870.23亿元、食品饮料板块总市值达到20127.97亿元、化肥行业板块总市值达到4563.50亿元，四个板块涉及上市公司255家，这些数据充分显示了中国在农业农村市场主体培育方面所付出的努力。总而言之，坚持特大型国有企业的主导地位，坚持激发市场和资本的活力，中国正在形成一种具有社会主义特色市场经济本质的农业农村主体培养模式。

四、突出绿色发展

发达资本主义国家农业农村现代化进程特别注重绿色发展，并且不断宣扬绿色发展使之为农业农村现代化赋能。这不仅是法律框架下的要求，更是市场经济条件下用品质征服市场的要求，还是与这些国家其他战略相配合的手段。如美国作为农业技术最发达的国家，也一直致力于绿色农业发展，包括《自然资源保护和恢复法》等法律对美国土壤保护、限制用水和防止水资源污染以及控制农药等化学物质的使用以保护自然资源进行了约束，此外还制定了一系列贸易标准对农业发展进行约束；日本的"造村"运动创造了良好宜居环境且不断"推动农业生产和农村生活环境综合治理，在提高农业生产率的同时，保证生活环境和定居环境的舒适性，建立有个性、有魅力的新农村"，并实施低碳村落示范支援项目；新西兰的《资源管理法》和国民的绿色发展意识也都值得学习和借鉴；欧盟正在大力推动"绿色协议"下实施欧洲农业的环境改革，并指出到2023年环境和气候目标将主导欧盟共同农业政策，绿色农业将成为27个欧盟成员国的农民必须遵循的方向，具体包括将农药使用量减少50%，化肥使用量至少减少20%，以及1/4农业区转变为有机生产；德国大力发展环境友好型农业，农业生产全过程坚持绿色、循环、生态，采用轮作和间作、无抗饲养、限制单位面积畜禽饲养数量等举措，实现了人与自然、人与人、人与社会的和谐共生。农业生态补偿体系十分完善，涉及从有机化肥、有机农业病虫害防治，到生态农产品的加工、运输各个方面。从历史发展看，绿色农业以及健康食品等，是生态环境保护和追求生活品质的紧密融合，是全人类在生产力不断提升、知识经验不断积累后的客观需要，是追求可持续发展、高质量发展的必然追求，这是常态情况下的一种不可逆转的趋势。从中国实践看，《"十四五"全国农业绿色发展规划》进行了高度总结和全面部署；《中国农业绿色发展报告2021》显示，2020—2021年中国农业克服世纪疫情和极端天气等重大不利因素的影响，农业绿色转型成效明显，农业绿色发展持续向好，农业绿色发展水平稳步提升达到新高，全国绿色食品原料标准化生产基地总面积超过1.7亿亩，为保障国家粮食安全、生态安全和乡村振兴提供了重要基础支撑。这些措施都表明，中国正在借鉴、吸收并形成具有中国特色的农业绿色发展政策体系、技术体系、标准体系和发展模式。总而言之，在未来发展中，我国以及各省区仍需要不断借鉴发达国家的经验教训，把绿色发展放在突出位置，兼顾生产环境保护和绿色食品质量，统筹农业技术进步和标准体系提升，为农业农村现代化提供更有力的支撑。

五、突出补贴机制

发达资本主义国家在农业农村现代化进程中建立了一系列符合市场经济规则和世界贸易组织规则的补贴机制，为保障农业农村发展提供了支持。如美国的财政补贴方式以"黄箱"政策为主，补贴比重超过了55%，通过销售贷款补贴、固定直接补贴、反周期补贴三种政策工具，对种植小麦、玉米、大米、棉花和油料的农场主提供收入补贴。农产品贸易（出口）补贴也占有重要地位，补贴范围覆盖了几乎所有农产品，水果、蔬菜、乳制品、食糖等农产品也被纳入了补贴和保护的范围，补贴主要集中在大农场主和主要农产品上，财政补贴占美国农民家庭收入的近1/4。有分析显示，未来美国农业补贴将进一步强化，补贴方式由价格支持为主转向以收入支持为主，补贴环节逐渐由流通领域转向农业综合开发领域，补贴工具正在由"黄箱"政策向"绿箱"政策转变。除农业补贴外，美国还为农业生产提供税收减免支持，包括延期纳税、减税、免税等。欧盟也在不断减少价格支持补贴力度和转变农业直接补贴方式，并要求在环境保护、动物福利等方面达到一定标准，把挂钩的直接补贴改为脱钩的直接补贴，实现了由"黄箱"向"绿箱"政策的转变，还增加了对青年农民和小农户的补贴支持力度。日本农业补贴包括收入补贴、生产资料购置补贴和一般政府服务以及灾害补贴、农业保险补贴、贷款优惠等农业补贴政策，据WTO（世界贸易组织）公布的数据，日本对农业的补贴已经超过了农业的收入，农业补贴强度是世界最高的国家之一。从历史发展看，农业是经济韧性最弱的行业，是平均收益最低的行业，当然也是一个国家特别是大国最为基础的行业，从国家的角度看，稳住农业农民是最为基础的工作，这也就决定了农业农村领域需要有科学的、符合国际关系准则的补贴机制，发达资本主义国家开发出来的各种各样的财税补贴工具值得借鉴。从中国的实践看，也应该借助乡村振兴和建设农业强国的机遇；加快调整补贴方式，实施更加精准的补贴，包括但不限于将农业补贴从流通领域转向生产领域，统筹实施全过程、全要素补贴；将农业补贴从"黄箱"支持转为"绿箱"支持，提升绿色农业发展能力和农村可持续发展能力；将农业补贴从"普惠制"转向"差别制"，实现对农业农村领域更加精准有效的政策调控；加快农业补贴立法进程，完善农业补贴的法律制度，探索农村补贴的有关做法，强化省级法规的精准度，形成依法补贴的新兴模式。从吉林省看亦要如此。总而言之，就是要坚持在市场机制和贸易规则范围内不断创新补贴工具，让农业农村现代化进程更有活力、更有底气。

第三节　发达国家农业农村现代化的经验启示

发达国家农业农村现代化的典型特征以及政府支持政策有很多值得吉林省参考借鉴之处。有关学者已经指出，"研究我国农业农村现代化问题时，既要重视国际比较和国际经验借鉴，更要强调中国特色和自身竞争优势的培育，避免轻视中国特色导致对先行模式'照搬照抄'、对发达国家农业农村现代化'东施效颦'的问题"。这就需要因地制宜、因时制宜、因业制宜。

一、农业农村现代化要与经济社会发展水平相适应

发达资本主义国家在不同的历史阶段不断调整农业农村相关法律和政策，不断适应整个资本主义市场经济发展的新趋势。吉林省推进农业农村现代化工作，在借鉴国外先进做法和相关政策的同时，必须看到，吉林省农业农村领域发展水平与发达资本主义国家的差距，吉林省人均GDP刚刚超过8500美元，吉林省农业劳动生产率刚刚超过5000美元/人；5个发达资本主义国家人均GDP在39000美元以上，其农业劳动生产率平均为77000美元/人，是吉林省的15倍以上；吉林省乡村化程度仍然较高，乡村人口占比仍超过30%，发达资本主义国家一般低于15%，很多国家低于10%；吉林省每年的本级财政收入不足200亿美元，农业财政支出尚不足100亿美元；吉林省只是省级行政区域，很多政策没有制定权限，与国家级政策制定者之间具有本质差别等。我们必须清楚自己和发达资本主义国家之间存在的巨大差距，并根据这些差距科学吸收其有关政策做法，才能达到最好效果。

为此，吉林省需要看到发达资本主义国家的政策和做法，但更应该借鉴这些国家在人均GDP只有8000—10000美元那段时期的做法，或者借鉴当前人均GDP在8000—10000美元左右的有关国家或地区的做法；更应该借鉴这些国家乡村人口比重在30%左右时的做法，或者借鉴当前乡村人口比重在25%—30%左右的国家的相关做法。

表4-1　中国及吉林省与发达国家经济社会以及农业发展水平差距

区域名	人均GDP（美元）	耕地面积（万公顷）	农业增加值（亿美元）	农业就业人数（万人）	农业耕地生产率（美元/公顷）	农业劳动生产率（美元/人）	人均耕地数（公顷/人）
美国	69287.50	15773.7	2214.20	158	1404	139724	99.54
日本	39285.20	410.4	526.32	202	12825	26045	2.03
荷兰	58061.00	100.48	159.93	19	15917	83254	5.23
新西兰	48801.70	52.7	120.66	17	22896	70487	3.08
澳大利亚	59934.10	3064.4	349.82	41	1142	85627	75.01
五国平均	60762.77	——		438	1737	77009	44.32
中国	12556.30	11947	12883.47	17715	10784	7273	0.67
吉林省	8598.19	703	240.94	472	3427	5105	1.49

数据来源：世界银行数据库、中国国家统计局数据库以及就业人数－国家列表（tradingeconomics.com）。

二、农业农村现代化要与国情国史文化底蕴相适应

从发达资本主义国家的经验看，农业农村现代化紧密地和自身实际相结合，如日本、以色列的精准农业、新西兰的绿色农业、荷兰的高附加值农业、美国、澳大利亚的大农场农业等。吉林省在推进农业农村现代化工

作中，要进一步分析东北文化、黑土地文化与农业农村现代化的融合问题，老龄化、少子化对农业农村现代化的影响问题，少数民族文化与农业农村现代化的互动问题，近现代农业文化遗产保护与农业农村现代化的结合问题，创新创业文化对农业农村现代化的带动问题等。只有坚持从实际出发，充分发挥国情国史文化的蕴养功能，把农业和乡村产业融合起来，才能把物质文明和精神文明统一起来，乡村文化才能得到发扬，乡村活力才能得到激发，农业农村现代化建设才会更具生命力。

三、农业农村现代化要与人民群众需要期待相适应

农业农村现代化的重要目标是乡村振兴和共同富裕，根本目标是满足人民群众日益增长的对美好生活的期待。"人民生活更加幸福美好，居民人均可支配收入再上新台阶，中等收入群体比重明显提高，基本公共服务实现均等化，农村基本具备现代生活条件，社会保持长期稳定，人的全面发展、全体人民共同富裕取得更为明显的实质性进展"以及"广泛形成绿色生产生活方式"等目标，更是人民群众对美好生活的期待，都与农业农村现代化密切相关。吉林省作为老龄化、少子化比较突出的地区，作为少数民族较多且农业占比较大的边境省份，要结合实际情况明确人民群众的真实需要和合理期待，加强对人民群众需要期待的常态性调查，并围绕这些需要和期待出台制定政策、向国家争取政策、勇于探索和示范有关政策。特别是在实际调研和政策制定过程中，要把握好人民群众的范围，要统筹城乡和各区域人民群众的需要，要统筹各行业人民群众的需要，要统筹投资者、从业者、失业者、退休者等不同群体的需要，也要统筹农业企业、农产品加工业以及其他行业相关主体的需要。只有从战略层面和实施层面坚持好"系统观念"，才能让农业农村现代化为人民群众的生活水平提升和福祉增加作出最大的贡献。

四、农业农村现代化要与未来技术发展趋势相适应

科学技术是农业农村现代化的主要支撑和核心引领力量，农业农村现代化在路径选择方面一定要符合未来技术发展趋势。发达资本主义国家为了保持技术领先，一直致力于技术预测并通过预测结果影响全球的技术进步。多个知名咨询机构发布了未来技术发展趋势，如全球最大的专业技术组织IEEE（电气电子工程师学会）发布了《IEEE全球调研：科技在2023年及未来的影响》指出，云计算、5G（第五代移动通信技术）、元宇宙、电动汽车、工业物联网将成为影响2023年最重要的技术；Gartner在《2023年顶级战略技术趋势》报告中指出数字免疫系统、应用可观测性、AI信任、风险和安全管理、业云平台、平台工程、无线价值实现、超级应用、自适应人工智能、元宇宙、可持续的技术将成为重要的技术趋势；在农业科技方面，智慧设计育种、智慧农业和气候智能型农业将成为重要的方向。从技术发展特征看，促进服务精准化、过程生态化、联系紧密化、操作简易化已经成为关键，更智能、更高效、更生态、更安全已经成为科技界的共识。吉林省推进农业农村现代化工作，必须站在这些技术趋势预测结果的基础之上，广泛融入与农业农村现代化相关联的智能技术、生物技术、生态技术、机械技术、卫生技术等，以全球技术最前沿为发展方向，同时也要谨防技术不确定性，逐步夯实基础，加快发展步伐，推进农业农村现代化进程。

五、农业农村现代化要与治理能力现代化有机结合

农业农村现代化需要治理能力现代化的支撑，不仅仅是乡村治理能力现代化的支撑，也需要全社会治理能力现代化的支撑，只有这样才能形成城乡共同推进农业农村现代化的动力，才能形成各行各业参与和推进农业农村现代化的动力。发达资本主义国家工商业发达，农业农村人口较少，全社会治理模式已经经过近百年的发展深入到农业农村各个方面，而且其

社会组织在发展中发挥了重要的治理作用。而中国则具有显著差异，城乡二元结构较为显著，不同地区文化风俗和发展水平差异巨大，不可能用一套刚性的治理方式解决所有问题。吉林省推进农业农村现代化工作，也要注意确立与地方生产力水平相适应的治理能力现代化模式及路径，与地方人民群众知识素质水平相适应的治理能力现代化模式及路径，与特色民族文化、特色区域文化相适应的治理能力特色化水平，并在相关方面进行特色试点示范。总体而言，只有不断优化调整治理模式和路径，不断提升治理现代化水平，不断探索试验新做法新举措，吉林省农业农村现代化进程才能在生产力和生产关系协调的基础上快速前进。

六、农业农村现代化要稳字当头，借鉴国外经验

农业农村现代化事关国家大局，必须强化稳字当头的原则，借鉴国外经验更需如此。诚如国内知名"三农"专家姜长云所言：像我国这样的农业农村现代化后发型国家，往往更多地需要把先发型国家推进农业农村现代化的阶段继起过程，转化为我国推进农业农村现代化的空间并存和过程叠加特征，这也是农业农村现代化的中国特色所在。因此，在像我国这样的后发型农业农村现代化国家，推进农业农村现代化往往更多带有产业融合，经济、社会、文化、生态融合，工业化、信息化、城镇化、农业现代化融合发展特征，更多需要将农业现代化和农村现代化一起设计、一并推进，推动其耦合共生、协调互动，协同促进农业高质高效、乡村宜居宜业、农民富裕富足。吉林省农业农村现代化过程亦要如此，要从人、地、财、生态等多方面考虑，批判性地借鉴发达资本主义国家有关经验，在稳字当头、稳中求进的总基调下稳妥有序地推进农业农村现代化工作。

第五章

农业农村现代化与粮食安全

农业生产特别是粮食生产是农业农村现代化的核心工作，保障区域性粮食安全和国家粮食安全是农业农村现代化的首要任务。不论是东北振兴战略实施之初，还是站在社会主义现代化强国以及农业强国建设的新征程上，抑或探索在百年未有之大变局下提升自信自立之需要中，粮食安全都是最基础也是最重要的因素。"手中有粮，心中不慌""把中国人的饭碗牢牢端在自己手中"等永远是粮食生产大省——吉林省农业农村现代化的使命担当和工作重心。

第一节　吉林粮食生产基本情况

吉林省是中国重要粮食主产区和商品粮生产基地，一直致力于抓好粮食生产，增加粮食产量，为国家粮食安全作出更大贡献。

一、粮食产量整体呈上升趋势

根据国家统计局关于2021年粮食产量数据的公告，2021年吉林省粮食产量达到4039.2万吨的历史最高水平，与2001年粮食产量相比翻了一番。吉林省通过增加粮食播种面积，实施黑土地保护措施，建设高标准农田，强化农业防灾抗灾，推广高产稳产技术等，持续提高粮食产能。2021年，吉林省粮食总产量超过800亿斤，储备调出量居全国第3位，单产居全国第4位，总产量居全国第5位，粮食总产量仅低于黑龙江省、河南省、山东省和安徽省。从20年周期看，吉林省粮食产量呈现出了明显的两个波动周期。第一个周期是2006—2010年，粮食产量在连续6年稳步增长后出现了显著波动；第二个周期是2017—2021年，吉林省粮食产量连续9年实现了正增长后出现了显著波动。同时，玉米和水稻的单产水平均未恢复到20年间的最高水平。

二、粮食结构调整成效明显

吉林省得天独厚的土地资源优势和自然条件优势，使得农产品品质优良，被誉为"黄金玉米带"和"黄金水稻带"，因此玉米和水稻品质优势显著，营养成分丰富，鲜食玉米与大米口味香浓，深受消费者喜爱。20余年来，吉林省玉米产量从300亿斤水平提高到640亿斤水平，且品质优良，有90%玉米达到一等品标准。吉林省玉米产量占粮食总产量的2/3以上，甚至一度接近80%的水平。在玉米产业中，鲜食玉米发展迅猛，以吉林省农嫂玉米有限公司等为代表的鲜食玉米企业已经占据了较大的市场份额。2020年，吉林省印发《关于加强鲜食玉米品牌建设加快鲜食玉米产业发展的实施意见》，2022年3月，"吉林鲜食玉米"入选新华社民族品牌工程，标志着吉林鲜食玉米区域公用品牌、企业品牌、产品品牌"三位一体"的发展格局已经初步形成。特色农产品产量发展较快。人参、食用菌、中药材、林蛙、山野菜、鹿茸等产品在全国所占比重都比较大，林下参、蜂产品、菌菇类、坚果等许多产品都已经获准使用地理标志保护产品专用标志。人参方面，吉林省是人参种植、生产加工大省，是世界人参主产区，吉林省人参种植面积和产量都占全国的80%以上，约占全球产量的70%。梅花鹿方面，吉林省鹿茸产量从100吨水平增长到近500吨水平，《梅花鹿茸分等质量》《马鹿茸分等质量》《鹿茸加工技术规程》《鹿营养需要量》等4项国家标准获国家市场监督管理总局（国家标准委）批准发布。蜜蜂产品方面，20年间吉林省蜂蜜产量从5000吨水平最高增长到1.5万吨水平后回落至当前的1.2万吨水平左右。

三、粮食生产效率显著提升

土地生产率显著提升。20余年来，吉林省粮食单位面积产量从730斤/亩最高提升到1000斤/亩左右，2021年受新冠疫情和气象灾害影响，仍然达到了940斤/亩，持续保持显著高于全国平均生产率的水平。劳动生产率显著提升。吉林省人均粮食产量一直维持在高水平，从700公斤水平提升到1600公斤水平以上，显著高于全国人均粮食产量，特别是2011—2016年间，吉林省粮食人均产量几乎一年增长100公斤。

四、良种支撑能力更加有力

从"十三五"以来相关品种的试验数据看，在玉米品种中，吉林大学的吉大101在2008年区域试验平均公顷产量11883.2公斤，2009年区域试验平均公顷产量11497.3公斤，2009年生产试验平均公顷产量11109.5公斤，生产试验折算为亩产数据为740.63公斤。吉林农业大学的吉农玉1801在2018～2019年参加联合体试验，两年区域试验平均公顷产量12783.1公斤，2019年生产试验平均公顷产量12922.7公斤，生产试验折算为亩产数据为861.51公斤；吉农大778在2014～2015年参加东华北春玉米品种区域试验，两年平均亩产910.8公斤，2016年生产试验平均亩产799.1公斤。吉林农业科技学院鸿基536在2017～2018年参加联合体试验，两年区域试验平均公顷产量12055.7公斤，2018年生产试验平均公顷产量13537.0公斤，生产试验折算为亩产数据为902.47公斤；瑞康1501在2017～2018年参加联合体试验，两年区域试验平均公顷产量12204.7公斤，2018年生产试验平均公顷产量13115.2公斤，生产试验折算为亩产数据为874.35公斤。联合国粮农组织数据显示，美国玉米平均亩产量也只有750公斤，吉林省良种创制在单位产量方面已经超越了美国玉米亩产量。在水稻品种中，吉大718、吉大7、吉大898、吉农大505、吉农大511、吉农大878、吉隆868、吉农大809、吉农大815共9个品种，区域试验和生产试验亩产量均在590公斤左右，也都处于全国领先水平。总体而言，吉林省的玉米、水稻等主粮作物良种方面具有较强的支撑能力。

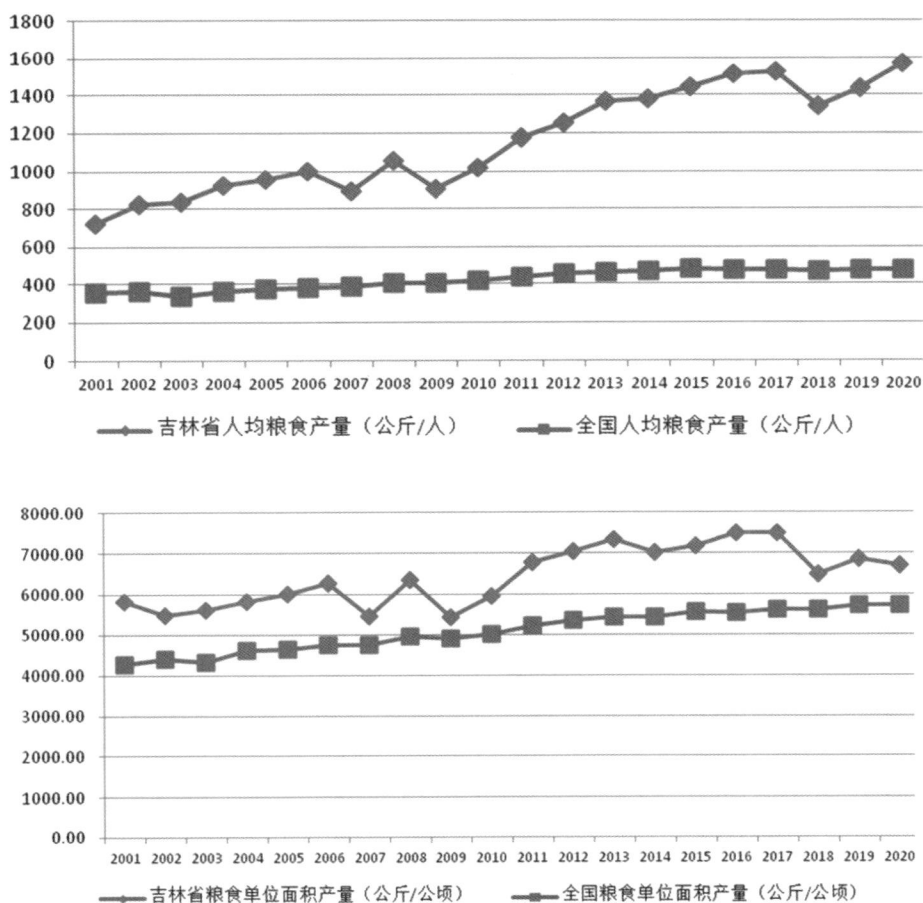

图5-1 吉林省粮食单产和人均产量与全国比较

五、市县粮食生产稳步提升

20年来，吉林省各县域粮食生产水平稳步提升。统计数据显示，从2002年到2020年，吉林省百万吨粮食产量以上的县（市、区）从8个增加到14个，其中200万吨以上粮食产量的县（市、区）从1个增加到4个，2020年居于前15位的县（市、区）粮食产能均达到了100万吨级别（详见表5-1）。从播种面积看，吉林省10万公顷以上播种面积的县市从9个增加到23个（除表中所列15个县市外，还有通榆、敦化、大安、东丰、桦甸、磐石、蛟河、梅河口），其中20万公顷以上播种面积的县市从2个增加到10个（除表中所列县市外还有通榆县，其播种面积26.17万公顷，总产量为89.98万吨）。表中所列15个产粮大县2020年粮食产量达到2485万吨，占全部县域的71.59%；播种面积343.13万公顷，占全部县域比重达到65.98%。前15位产粮大县的变化还反映出粮食生产区域布局的优化以及盐碱地治理的成效，双辽、洮南、镇赉、乾安等西部县（市、区）粮食生产和播种面积都进入到15位产粮大县名单中，特别是双辽市已经进入到粮食产量前10位之中。

表5-1 吉林省主要产粮大县粮食生产情况

县域名称	2002年		县域名称	2020年	
	总产量（吨）	播种面积（公顷）		总产量（吨）	播种面积（公顷）
农安	2027000	228138	榆树	2965746	378069
榆树	1976337	264832	农安	2638372	371291
公主岭	1697811	168500	公主岭	2503623	307388
梨树	1603461	162560	梨树	2000204	247919
德惠	1348309	175945	前郭	1944849	249666

续表

县域名称	2002年		县域名称	2020年	
	总产量（吨）	播种面积（公顷）		总产量（吨）	播种面积（公顷）
扶余	1300272	171065	扶余	1786241	244103
长岭	1230140	141135	长岭	1736893	278546
前郭	1200309	151325	德惠	1422494	208720
九台	928132	134753	双辽	1203440	173697
乾安	650000	80632	九台	1197508	167769
伊通	641800	82190	洮南	1161520	201189
舒兰	551946	77070	镇赉	1160504	170455
东丰	502343	67295	乾安	1101002	162898
磐石	491711	63392	伊通	1041992	131706
梅河口	473525	58319	舒兰	987587	137888
41个县域加总	21286018	2908274	41个县域加总	34713037	5200269
15个产粮大县加总	16623096	2027151	15个产粮大县加总	24851975	3431304
15个产粮大县比重（%）	78.0939676	69.7028891	15个产粮大县比重（%）	71.59262671	65.98320202

第二节　吉林耕地利用特色探索

黑土地是国家重要的战略资源，吉林省黑土区是中国重要的商品粮基地，提高以黑土地为基础的资源集合和综合生产能力，对保障国家和吉林省的粮食安全、生态安全具有重要意义。近年来，保护黑土地的政策、立法问题越来越多地受到关注。[①]吉林省从本省实际出发，已经探索了"梨树模式""大安模式""桦甸模式"等一系列符合区域特点的黑土地保护模式。

一、"梨树模式"

吉林松辽平原素有"黄金玉米带"的美誉，是国家粮食主产区之一，通过数十年实践形成的"梨树模式"得到了全社会认可，对黑土地资源开发与保护具有重要价值。

"梨树模式"的内涵。吉林省四平市梨树县地处松辽平原腹地，是东北重要的黑土区。梨树县从2007年起，与中国科学院沈阳应用生态研究所、中国农业大学等14所高校、科研机构加强合作，根据东北地温低的特点，研究出"秸秆覆盖、条带休耕"保护黑土地的新型模式，称之为"梨树模式"。这种模式不仅可以增加土壤有机质，还可以预防风蚀、水蚀，是一种保护利用黑土地的绿色种植技术，可以融合农业与科技，推进"藏粮于地、藏粮于技"的实施。"梨树模式"的方式是多样化的，其中有秸秆覆盖免耕种植方式、秸秆覆盖条带旋耕种植方式、秸秆覆盖垄作种植方式、高留茬垄侧栽培种植方式。通过"梨树模式"能够实现玉米秸秆还田覆盖技术的实施，减少田间生产环节的耕作次数，降低成本并促进机械化

---

①周宏春：《新时代东北振兴的绿色发展路径探讨》，《经济纵横》2018年第9期。

栽培的全面实施。从成本来看，"梨树模式"在实施过程中不需要燃烧秸秆，每公顷田地通过机械化作业能够节约上千元成本；从产量来看，与传统农业种植方式相比，一般年份能够提升产量约8%。以"梨树模式"为基础，吉林省越来越重视保护性耕作对耕地质量的影响，正在以玉米秸秆全覆盖为核心，通过保护性耕作技术试验示范全面推广该项技术体系。

"梨树模式"的基本经验。"梨树模式"采取了因地制宜的有效耕作方式，在保护中利用、在利用中保护，提升黑土地质量和数量，才能实现粮食安全与资源环境持续利用。梨树县首创秸秆全覆盖保护性耕作的"梨树模式"，为全国乃至全世界黑土地保护提供可借鉴、可复制、可推广的宝贵经验。

吉林省农业科研院所和高校积极加入到黑土地保护的行列中，研制出一种秸秆的低温发酵技术，实现肥料化。通过保护性耕作技术和装备的推广应用，对国家粮食安全进行了卓有成效的探索。秸秆还田后不但能节省20%的化肥使用量，同时可以促进地区土壤更加肥沃、有机质含量更加丰富，农作物的长势也将变得更好。2000年以后保护性耕作技术开始在东北地区试验、示范和推广，已经遍及黑龙江省、吉林省、辽宁省、内蒙古自治区，覆盖了黑土、黑钙土、风沙土、盐碱土等土壤类型。在进行保护性耕作的同时，吉林省下大力气探索多种综合治理技术模式。如结合高标准农田建设叠加应用黑土地保护技术措施，统筹实施国家黑土地保护利用各类项目360万亩，形成吉林省东部固土保肥、中部提质增肥、西部改良培肥技术路径，总结推广秸秆深翻还田、水肥一体化等10大黑土地保护模式。2021年吉林省在共46个县（市、区）全面推广了这一模式，实现适宜区域全面实施。总体上看，试验地块土壤含水量增加20%—40%，耕层0—20厘米有机质含量增加12.9%；每平方米蚯蚓数量增加到120多条，是常规垄作的6倍；保护性耕作每年减少秸秆焚烧100万吨以上，每年减少化肥使用量3000吨，可有效降低农业面源污染。

专栏　吉林黑土地保护与利用示范建设

1.薄层退化黑土保育与粮食产能提升长春示范区。长春示范区核心区位于吉林省梨树县、农安县、公主岭市和东辽县，示范建设面积2.3万亩，辐射吉林省玉米种植区。示范区针对土壤耕层变薄、有机质含量下降等退化问题，组装集成保护性耕作、秸秆还田、生态修复、种养循环等关键技术，在吉林省玉米产区示范推广，打造以薄层退化黑土区地力提升、粮食稳产高产、农业可持续发展三大技术体系为核心的农业创新发展模式。示范区辐射推广范围包括吉林省玉米产区。2021年示范区主推保护性耕作"梨树模式"四大主体技术体系，即秸秆覆盖宽窄行免耕技术、秸秆覆盖垄作少免耕技术、秸秆覆盖宽窄行条耕技术、秸秆覆盖少免耕滴灌技术。通过技术应用示范，示范区土壤抗旱保水性增强，典型地块耕层厚度和土壤有机质保持稳定，梨树县高家村多年秸秆全量覆盖还田地块创造了连续4年超吨粮的纪录，在双辽、东丰、舒兰等县（市）示范玉米增产达6%～10%。相关技术适宜于干旱半干旱、风蚀严重、土壤有机质含量低、黑土层薄的区域。作为东北四省区适宜区域主推的耕作方式，2021年吉林省实施保护性耕作超过2800万亩，发挥了很好的示范带动作用，梨树县、双辽市成为保护性耕作的典型。

2.盐碱地生态治理与高效利用大安示范区。坐落在吉林省西部的白城和松原地区，核心示范区建设面积2.4万亩，辐射吉林西部和内蒙古东部的苏打盐碱地集中分布区。该区域是黑土区重要的商品粮基地和畜产品生产基地和黑土带的重要生态屏障区，同时也是黑土区增产潜力最大区域。示范区重点针对盐碱地高效利用问题，打造盐碱地以稻治碱改土增粮模式、盐碱旱田改良及其高效利用模式、盐碱草地生产力提升与生态屏障构建模式、盐碱湿地资源利用与生态功能提升模式。2021年示范区集成酸性磷石膏施用、覆沙压碱、有机物料还田等关键技术，消减降低土壤盐碱障碍，培肥地力，取得明显成效。以稻治碱改土增粮模式应用示范，重度盐碱地水稻产量达417.0公斤

/亩，而对照仅为65.4公斤/亩；轻度盐碱地水田水稻实现625.6公斤/亩的高产。耐盐碱粳稻新品种"东稻122"入选2021年吉林省农业主导品种，"东稻862"获得全国优良食味粳稻品评一等奖。同时，盐碱地以稻治碱改土增粮关键技术等四项技术被列入吉林省农业主推技术。此外，重度盐碱地旱田玉米产量达到338～428公斤/亩，土壤PH值平均下降0.5个单位。喷淋洗盐＋"小麦—燕麦草"一年两季创新种植模式，两季作物累计经济效益较传统玉米和杂粮杂豆提高35%～40%，该模式2021年已在吉林西部风沙盐碱地辐射示范近万亩。以上相关技术模式已在吉林省西部推广300余万亩。

（资料来源：东北黑土地保护与利用报告（2021年），中国科学院网站，www.cas.cn/sygz/202210/W020221002621059353314.pdf9353314.pdf）。

二、"大安模式"

针对吉林省西部的特殊土地环境，大安市积极推动黑土地保护培肥地力、盐碱地治理等工作，重点是坚持以水定地、技术为先，联合中国科学院、吉林农业大学、清华大学等院校和科研单位，探索突破苏打盐碱地改土增粮关键技术，依托吉林省西部土地开发整理重大项目和重大工程，先后引进12家企业参与盐碱地综合治理，新增耕地12.73万亩，年增产粮食1.55亿斤，逐渐形成了良田改土、良种适地、良法增产、良营保障的苏打盐碱地综合利用的"大安模式"。

坚持以水定地。苏打盐碱地治理，水是关键，降碱排盐养地都大量用水。大安市坚持"水利先行"，从2009年开始累计投资18.91亿元，依托引嫩入白、哈达山水利枢纽等工程，实施了吉林省西部项目大安灌区水利骨干工程、河湖连通工程，将嫩江水、松花江水和洮儿河水引入大安境内，每年从嫩江取水2.45亿立方米保障现有水田灌溉；正在建设的"松原灌区龙海灌片"可保障37.2万亩盐碱地治理用水；规划建设的"大安灌区二期""幸福灌片""新安灌片"等水利工程，预计可保障16.3万亩盐碱地治理用水。届时大安市将有90%以上的农田实现用地表水灌溉，彻底变"水瓶颈"为"水支撑"，为盐碱地开发利用提供充足保障。

坚持适地改土。中国盐碱地主要分为东北地区的苏打盐碱地，东部滨海的氯化物盐碱地，西北地区的硫酸盐—氯化物盐碱地三种类型，大安盐碱地是最难治理的典型苏打盐碱地。经过20多年全景式试验，针对苏打盐碱地特性推广使用的5种主要技术路线都是世界公认的成熟治理技术。用酸性改良剂置换土壤中的钠离子，用水冲走盐分，降低土壤的盐碱度，增施有机肥和微生物，改善苏打盐碱地理化性能指标，适合作物生长。改良剂原料多数来自发电厂、化肥厂等废弃物或工业试剂，成本多可控制在每亩2000元以内，最低500元。一般情况下，治理当年pH值9.5以上均可降至8.5以下，水稻亩均可增产450公斤以上，高的可达600公斤左右，三年耕地质量等别可达国家10等地水平。

坚持良种适地。在改良后的苏打盐碱地上选种适宜的优良品种，才能实现高产稳产。大安根据当地土壤和气候等种植环境特点，对比水稻耐盐碱性、生长周期、抗倒伏性、产量等指标，筛选出适合苏打盐碱地改良后种植的水稻品种20多个，按照治理后年份选种不同品种，三年后可增产20%以上；培育出适合苏打盐碱地种植的"东稻""白粳""海水稻"三大水稻系列品种，从种源上保障了盐碱土壤改良后种植水稻稳产高产，比传统品种增产10%—30%。

坚持精耕细作。盐碱地治理改造在良田改土、良种适地的基础上，还需要良法配套，农艺、农技、农机等集成创新。大安经过多年试验，针对盐碱地改良初期易返碱、产量低、有机质少等特点，选用密植壮苗、精准施肥等引领性农业技术，可减少化肥用量10%—15%，水稻穗数、穗粒数、粒重均较常规方法提高30%以上，较常规稀植增产25%，保证改良后的盐碱地增产稳产。未来将进一步探索5G全过程自动化技术应用，将盐碱地治理与智慧农业建设统筹实施，打造现代农业样板。

坚持协同共治。盐碱地综合利用，市场化是方向，运行机制是保障。

盐碱地治理是一项系统工程，投资规模大，涉及主体多，仅靠政府、企业、科研机构单打独斗难以完成，必须运用市场化手段，建立协同共治合作机制，政府搭台，企研金农合唱，以新增耕地指标跨省交易收益为杠杆，激发社会资本和各方力量广泛参与，形成农、牧、种、养、加、生态旅游等盐碱地综合开发利用新格局，让"盐疙瘩"变为"米粮川""聚宝盆"。

三、"桦甸模式"

桦甸模式即桦甸市在水库生态修复与综合治理工作中，创建的"淤泥还田"模式——将水库淤泥干化，用于水毁土地回填平整、低洼劣质耕地改良和中低产田改造。这一模式既提高了资源利用率，又实现了除隐患、保生态、肥耕地、惠民生的多重效益。这一模式入选中国改革网"中国改革2022年度地方全面深化改革典型案例"，是全国唯一水生态与黑土地保护有机融合的案例。

"桦甸模式"的核心，是解决淤泥稳定化处理和资源化利用问题。桦甸市坚持"防止二次污染，稳妥有序推进"，将"淤泥还田"分为"测、试、推"三个步骤进行。"测"即开展淤泥有害物检测，经桦甸市生态环境部门检测，库区堆积的淤泥全部符合农用土壤污染风险管控标准，且含有有机质和氮、磷等农作物需要的养分，可以改善土壤的理化性质，有效提升耕地肥力；"试"即进行"淤泥还田"试验，各乡镇动员部分农户先行先试，即把干化后的淤泥撒在各家田地里，农业农村部门定期跟踪，观察试验地块农作物的生长状态，检测结果显示，用淤泥的试验田生长的稻谷与普通农田生长的稻谷在金属含量上无明显差异，证明了"淤泥还田"的可行性；"推"即因地制宜，合理推广，桦甸市印发《关于推广"淤泥还田"模式的通知》推动各地将经过检测的淤泥优先用于水毁土地回填平整、低洼劣质耕地改良和中低产田改造，同时农技人员"现身说法"，鼓励水库周边村民"就地取材"，有效减少政府运费支出，2022年该市用淤泥还田的地块有560多公顷。

"桦甸模式"使水库淤泥成为优质的"二次资源",在生态保护、产业发展、农民增收方面意义重大,显著提升了水土环境质量。这一模式可以全量处置堆积淤泥,扩大水库有效扩容,增加蓄水量,改善水环境质量;同时用淤泥覆盖地块,解决了土壤贫瘠退化问题,有效保护黑土地资源;水土环境的改善还加速了特色产业发展步伐,为合理发展水产养殖提供了条件,增加了渔业养殖户的收入,激发了群众开发生态农庄、休闲垂钓、"农家乐"等项目的积极性,促进了乡村旅游业发展;这一模式还促进了农民增收,耕地里覆盖干化淤泥后,能使粮食作物在生长末期依旧保持旺盛生长状态,大幅提高产量,有关农户证实,淤泥田亩产玉米880公斤,仅施化肥8公斤,而未撒淤泥的对照田每亩仅产760公斤,施化肥40公斤,达到了增产减施的效果。

四、"黑土粮仓"科技会战

2021年3月29日,"黑土粮仓"科技会战启动。这是中科院在系统总结"黄淮海""渤海粮仓"等农业科技攻关重大任务经验的基础上,针对东北地区黑土地退化严重、地力透支等威胁国家粮食安全和生态安全的重大问题,充分利用中科院长期科学研究和技术、数据积累,与吉林、黑龙江、辽宁、内蒙古三省一区合作开展的重大科技攻关任务。科技会战旨在落实"藏粮于地"战略,综合采用农机、农艺、生物、科技等措施,推动数量、质量、生态三位一体的黑土地保护。

一是构建黑土地科技创新基础科技平台,提升科技支撑能力。重点任务包括:面向用好、养好黑土资源,建设黑土粮仓的科技攻关目标,利用天—空—地一体化监测手段,系统、全面调查中国黑土资源情况;建设高光谱/红外一体多源异构无人机遥感系统、探地雷达系统、一体化黑土地数据交互与感知系统,利用多平台、多手段提供持续、稳定的黑土地土壤、水、植被覆盖及生长信息,提供多维度的完整黑土地基础数据;构建多分量、多系统结合的全域一体化用好养好黑土地智能管控与决策支持系统，形成黑土地全要素信息一张图；完善覆盖东北黑土地土壤类型的国家野外观测研究网络，提升黑土地长期定位观测研究能力。

二是建立黑土地保护与利用科技创新体系，增强自主创新能力。重点围绕六个方面增强东北黑土区的自主创新能力，包括：黑土地退化的关键过程、机理与阻控关键技术研究；黑土地土壤健康和保育技术研发；黑土地产能和质量提升的现代生物学技术研发；黑土地智能化农机关键技术研究和装备研制；黑土资源环境天空地一体监测与感知体系研发；提出用好养好黑土地的政策与长效保障机制等。

三是打造黑土地保护科技攻关样板，推进黑土地高质量发展。进一步创新院地、院部合作工作机制，探索建立与地方、有关部门的多方协同攻关机制。建立融合科研攻关、技术研发、示范推广和人才培养为一体的研发团队，加强种质资源保护和利用、种子库建设，加强高标准农田、农田水利设施、现代智能农机装备建设。科学分类，因地制宜，综合施策，系统开展厚层黑土保育与产能高效关键技术、盐碱地生态治理与高效利用关键技术、退化黑土保育与粮食产能提升关键技术、规模农业水土资源高效利用关键技术、黑土地智能化农机关键技术集成与产业化应用、黑土粮仓全域定制技术模式、退化黑土地力恢复与循环农业关键技术等研发与示范，为巩固国家粮食安全提供科技支撑。

四是完善黑土地保护与利用技术标准体系，引导保护利用发展方向。黑土地保护与利用必须根据黑土地自然地理本底、主要作物、栽培技术等多元化特点，以"用好养好"黑土地和增加绿色优质产品供给为目标，进一步加强黑土地资源环境调查、保护与利用关键技术模式、高效模式、农田基础设施建设、配套技术设计和工程、农业技术成果转化等领域的技术标准和规范制定，科学推动黑土地保护与利用的标准化、规模化、智能化、装备化、工程化等，并围绕这些工作建立和强化省际协同常态化工作机制，为黑土地的可持续利用提供保障。

五是加强国际合作交流，积极参与全球黑土地保护与利用。重点包括设立国家科技专项，推动形成国际科学计划，通过联合国粮食及农业组织和"一带一路"国际科学组织联盟（ANSO），形成全球黑土地保护与利用的长效合作研究机制。协同构建全球黑土地关键带"天—空—地"一体化调查监测系统、黑土地资源环境感知系统与数据平台，联合开展黑土地退化的关键过程与阻控原理研究、黑土地土壤健康和保育关键技术体系研制、不同区域黑土地适宜性智能化农机关键技术和装备研制及生产模式设计、黑土地产能和质量提升的现代生物学技术体系研制、保障粮食安全和黑土地可持续利用的长效机制与管控预警系统研究、全球典型黑土地修复与保护治理示范等工作。

专栏 "黑土粮仓"科技会战重要进展

1.建立了黑土地智能管控系统。完成了天基黑土资源环境监测需求分析、天基探测载荷核心技术突破，对标现有卫星系统，开展了大幅宽高分辨率高光谱探测载荷技术研究和高精度定标技术研究；空基方面，进行了无人机无人值守方舱研发，长续航高精度无人机组网控制系统研发，全谱段机载高光谱载荷研发；近地表监测系统方面，围绕伽马能谱探测仪和主动探地雷达两类新系统展开核心部组件研制。在数据采集与应用方面，结合现有天空地系统进行了黑土区本底调查，完成核心示范地块1500多个土壤样本采集与分析。结合哨兵-2、Landsat-8、MODIS等卫星数据，初步完成了黑土全域有机质、总氮1：5万制图，2000—2020年黑土区作物种植结构变化空间分布制图，以及部分区域的土壤分类制图。通过人工智能算法提升多要素反演精度，在黑土区核心示范区地块以及辐射区，土壤有机质反演模型可信度达到83%，均方根误差5.2克/千克。此外，进行了遥感监测数据交互系统建设，基于Opena PI、云主机、并行计算等技术，实现农情卫星遥感产品生产周期从7天减少为12小时。

2.突破了黑土地保护关键技术。针对黑土地土壤"变薄、变瘦、变硬"等问题，揭示了退化机理特征，突破了黑土地退化防治的关键技术。针对黑土地"变薄"问题，总结了典型黑土区侵蚀沟现状特征及其危害性，初步阐明了侵蚀沟沟头沟岸侵蚀特征，明确了厚层黑土区不同坡型坡面侵蚀过程机制。针对黑土地"变瘦"问题，探明了肥沃耕层肥力形成机理，阐明了保护性耕作增碳固氮的生物机制，揭示了秸秆原位腐解的限制性因素，研发了基于微生物酶制剂的秸秆腐解促进剂，推动了秸秆由田间自然缓慢腐解向人为调控快速腐解的转变，发现厚壁组织和维管束的降解是秸秆原位还田的限制因素，为降解菌和降解酶的筛选和人工设计提供了依据。针对黑土地"变硬"问题，研究了免耕改善土壤结构和消减犁底层紧实的机制。分析结果显示，长期垄作导致耕层之下形成了犁底层，土壤容重变化范围在1.51～1.58克/立方厘米；长期免耕处理则表现出相对较低的土壤容重，变化范围在1.41～1.44克/立方厘米。

3.将高新技术用于黑土地保护与利用实践。优质水稻分子育种技术试验获得成功。在国内率先创建了高能重离子束辐照粳稻"少而精"诱变育种技术，开辟了一条新的高效水稻育种新途径。应用高能重离子束辐照诱变技术相继培育出水稻新品种"东稻122""东稻211""东稻275""东稻812""东稻862"，并通过了吉林省农作物品种审定委员会审定。2021年10月，在苏打盐碱典型稻区——大安市叉干镇，"东稻122"实收测产平均产量为632公斤/亩，比当地主推品种增产10.6%。突破了大豆分子设计育种技术应用瓶颈。分子设计选育的大豆品种陆续问世，并成功选育出耐盐碱大豆品种。近年来，利用分子设计育种平台培育高产、高油酸、高油和抗盐碱品种共计14个，2021年审定的"东生118"在轻中度盐碱地种植300亩，亩产240.85公斤，较当地主栽品种增产36.4%，被列为"国家大豆科技自强行动"吉林省主推耐盐碱品种。目前，该品种已在示范区周边推广5万亩。"东生37号"大豆品种，配套小垄密植栽培、叶面肥配施、肥沃耕层构建等技术，在第三积温带396亩示范地块实收产量达到了253.13公斤/

亩，创造相同水热条件下大豆产量新高。完成智能农机与装备样机试制与试验调试。2021年，组织研发团队完成200马力新能源无人驾驶拖拉机首台样机试制和下线调试。样机根据第三代智能农机技术体系定义进行设计，整车电控系统具备电控转向、电控刹车、电控换档、电控四驱以及监控车辆运行状态并采集记录信息等功能，预留多机协同通信接口，无人驾驶系统定位导航精度≤2.5厘米。同时，还研制了包括拖拉机、免耕播种机、联合整地机等6款符合黑土地保护需求的清洁能源智能化无人驾驶农机成套装备。

（资料来源：东北黑土地保护与利用报告（2021年），中国科学院网站，www.cas.cn/sygz/202210/W020221002621059353314.pdf9353314.pdf）.

五、政策体系和有关行动

国家层面。2003年，国家启动了"东北黑土区水土流失综合防治试点工程"，标志着东北黑土区进入大规模开展水土保持工程建设阶段。2009年，水利部颁布了东北黑土区首个水利行业标准《黑土区水土流失综合防治技术标准》（SL446-2009）。2015年，中央财政专项安排5亿元资金支持东北地区17个产粮大县开展黑土地保护利用试点，并指明吉林省的黑土地保护试点主要为农安县、松原市宁江区、公主岭市、榆树市。《东北黑土地保护规划纲要（2017—2030年）》①显示，近60年来，东北黑土地耕作层土壤有机质含量平均下降了33.3%，部分地区下降近50%，黑土地存在一定的地力退化现象。特别是在吉林省东南部的暗棕壤区，风蚀、水蚀作用强烈，水土流失现象更为严重，使吉林省的资源禀赋问题逐渐显现。若不科学保护，可能会导致生态系统的迅速退化，土地生产潜力下降。2020

①农业部、国家发展和改革委员会、财政部、国土资源部、环境保护部、水利部，《东北黑土地保护规划纲要（2017—2030年）》，2017。

年《东北黑土地保护性耕作行动计划（2020—2025年）》，①部署在适宜区域全面推广应用保护性耕作，促进东北地区将黑土地保护利用的工作推向了新的高度。

省域层面。从政策目标来看，相继出台和实施《吉林省耕地质量保护条例》《2014年中部粮食主产区黑土地保护治理工程试点方案》《吉林省清洁土壤行动计划》以及《黑土耕地土壤肥力评价技术规范》等。②截至2020年底，吉林省实施保护性耕作面积达到123.5万公顷，形成了梨树县国家百万亩绿色食品标准化生产基地核心示范区。吉林省成立了中国第一家"黑土地保护与利用院士工作站"，并连续举办了五届"梨树黑土地论坛"，营造了较好的黑土地资源保护氛围。黑土地的间接保护政策从不同层面重视保护性耕作，在数量与质量等层面制定了一系列保护政策。2018年为进一步推进黑土地保护利用工作，吉林省9个县（市、区）被纳入到第二批黑土地保护利用试点项目，对吉林省黑土地的开发与质量保护起到了重要的促进作用。③通过两批东北黑土地保护利用试点，吉林省试点面积达到280万亩，中央财政补贴资金达到9.6亿元，截至2020年，两批试点推广应用秸秆还田392.79万亩次，增施有机肥128.13万亩次，深翻深松234.76万亩次，养分调控162.24万亩次，玉米大豆轮作30.66万亩次，组装集成了多种适合不同区域的"用地养地结合、生产生态兼顾"的黑土地保护技术模式，大面积推广应用秸秆还田、有机肥料积造等技术。

---

①农业农村部、财政部，《东北黑土地保护性耕作行动计划（2020—2025年）》（农机发〔2020〕2号），2020。

②吉林省政府，《吉林省清洁土壤行动计划》，2016。

③王文刚：《乡村振兴战略背景下东北黑土地保护与农民内生动力融合路径探究》，《通化师范学院学报》2020年第1期。

第三节　提高粮食生产能力的路径

2022年，吉林省全面启动"千亿斤粮食能力建设工程"，拟通过10年左右时间，力争在2030年以前，推动吉林省粮食综合生产能力达到1000亿斤，坚决扛稳维护国家粮食安全重任。从目前的现状看，单纯靠增加耕地面积和种植结构调整来实现增产，空间潜力已经有限。吉林省需要多角度、多渠道同时发力，通过设施增产、科技增产、活力增产、绿色增值、改革增值等措施，顺利实现粮食产能千亿斤的发展目标。

一、设施增产

打破省域、县域局限，统筹调配松花江、辽河等水系的水资源，实现吉林省内水系互联互通，增加生态水量补给，提高河湖水位，改善地下水超采状况，使东北平原的水资源在空间和时间上分配更加科学合理，实现粮食主产区域地块连通、灌溉系统连通、田间路网连通。依托京哈高铁、高速主干线，连接产粮大县，打通产粮大县向外联通大路网，实现公铁水多式联运和多种装卸方式的无缝对接，构建高铁高速双覆盖、口岸机场等枢纽全衔接、陆海空全畅通的大路网，构建东北粮食物流大通道。加大农村宽带、通信等信息化基础设施建设力度，扩大农村互联网建设规模、提高农村互联网传输效率；加快物联网、智能设备等现代信息技术和农村生产生活的深度融合，推广适合农村、方便农民的信息化产品，基本实现行政村光纤网络和移动通信网络普遍覆盖。完善吉林省电网主网架布局。升级改造配电网，推进智能电网建设，充分挖掘现有电网的优化调度潜力。保护现有森林草原植被，推动吉林省林带、林网、片林有机结合，构建多种林、多种树合理配置，农林牧协调发展的防护林体系。

二、科技增产

科学技术是第一生产力，只有科技才能支撑中国从农业大国走向农业强国。在粮食刚性需求持续增长而资源环境约束却不断趋紧的双重压力下，只有大力提高科技进步在粮食生产过程中的贡献，充分发挥科技进步在粮食生产中的关键作用，才能为进一步提高吉林省的粮食生产保障能力提供有力支撑。形成1000亿斤粮食综合生产能力，一是要加强黑土地保护，黑土地是吉林省粮食生产的基础，需要充分运用现代生物技术对秸秆等有机废弃物进行降解还田，补充土壤当中有机质的含量，起到培育加厚黑土层的作用，还要改造传统耕作技术，加大对条带旋耕机、免耕播种机等现代农机装备的研发，加快推广保护性耕作，提倡秸秆全量覆盖还田、免（少）耕播种等的现代耕作技术，减少对黑土层的扰动，降低黑土地风蚀水蚀，增加土壤保墒能力，最终形成一整套黑土地保护技术体系。二是要发展现代种业，突出良种是粮食生产"芯片"作用，重点支持基因组学、基因编辑技术、合成生物技术等在育种领域的广泛应用，推动传统育种向生物育种转变。充分运用大数据、互联网等信息技术，研发育种信息化软件，加强前沿育种技术的研发，促进种子产业内的信息整合和共享利用。结合吉林省粮食生产的特点和需求，探索建立科研院所与种子企业紧密合作的育种模式，推动种业育繁推一体化进程。三是搭建科技创新平台，发挥大院大所的科技带动作用，强化政府、高等院校与科研院所，以及农业专家、农技人员、新型经营主体和广大农户的多边多层合作，推动形成共同研发、科技资源共享、技术示范推广等合作模式，搭建政产学研用多方参与的科研合作平台。以各类试验示范园区为载体，以合作社、家庭农场等新型农业经营主体为联结，建立首席专家农业技术服务团队，直接为粮食生产提供科技服务。四是提升农业信息化水平，充分应用计算机技术、互联网技术、北斗卫星定位系统、物联网技术等现代信息技术成果，努力实现可视化远程诊断、远程控制、土壤检测、粮食质量可追溯、测土施肥、膜下滴灌、灾害预警等智能管理，以及实施无人驾驶耕地打垄、无人机喷药等智能耕作，重点在玉米水稻等大田作物生产过程精细管理等方面进行试验示范，尽快推动形成功能完备、配套合理的农业机械装备体系，提高吉林省粮食耕种收全程机械化水平，最终实现农业机械对人工体力劳动的替代，把人们从繁重的体力劳动中解放出来，更多地从事粮食生产过程中的管理协调工作。五是坚持和深化科技特派员制度，在高等院校、科研院所、农业龙头企业等机构的科研人员中选拔科技特派员，发展和壮大科技特派员队伍。深入农村收集基层农户、新型经营主体等对科技成果和服务的需求，建立需求清单和服务清单，优化科技成果的供需对接模式。针对关键农时季节和粮食的关键生产环节，要深入广大农户中间开展一对一的科技指导和科技服务，推广示范新技术、新品种，使科技特派员制度发挥最大效用。

三、活力增产

人民群众在粮食增产中始终处于主体地位，要加强吉林省粮食主产区小农户与现代农业的有效衔接，让广大中小农户迸发出更加巨大的生产活力，保障粮食增产的群众基础。结合吉林省粮食主产区当前所面临的区情、农情和民情，向服务带动型规模经营寻求出路，即在不进行土地流转的基础上将农户组织起来与规模化的服务进行对接。一方面提高农民的组织化水平，另一方面健全农业社会化服务体系，实现"农民组织化+服务规模化"，该农业规模经营的风险分担机制和利益分配机制更为合理和有效。依据服务组织维度可以分为三种类型，即市场服务组织型、农民服务组织型、产业服务组织型。市场服务组织型是由生产性服务组织按照市场契约的方式提供各类生产作业或者全程委托式经营。其遵守市场交易原则，实行有偿服务、平等交换，具有较强的市场灵活性；农民服务组织型可以分为农民专业合作社型、依托股份合作制的集体经营型、综合性的合作组织型等，其体现的是农民自我服务的性质和非盈利性的互利行为。作为土地密集型产品，粮食生产成本的高低直接受经营规模的影响，适度规模经营是建设现代粮食产业体系的必然选择。要积极推动多种形式适度规模经营，引导新型粮食经营主体采取多种方式进行适度规模经营，发挥其生产能力和服务能力。完善家庭农场管理体系，加强农民合作社规范化建设，鼓励发展经营性服务组织，同时给予政策优惠和支持，充分发挥规模经营主体在粮食产前产中产后各个环节的功能，降低生产成本，提高生产效率，实现规模经济；产业服务组织型是以农业龙头企业为引领，以经济利益为纽带，通过建立加工原料基地，以契约的方式将农户纳入产业链，实施产加销（生产加工销售）一体化经营。这些服务组织具有较强的整合功能，但这些服务组织目前仍处于成长阶段，进一步规范和完善这些服务载体并释放其自由发展的空间是吉林省粮食主产区小农户与现代农业形成生产力合力的必要保障。

四、绿色增值

加快调整施肥结构，积极推广有机肥的比例。增加测土配方精准施肥规模，提高化肥利用率，减少化肥施用量。加强粮食生产过程中的清洁化管理和病虫害统防统治、绿色防控，减少农药使用，减少粮食生产面源污染和内源性污染。大力发展节水型农业，建设集雨补灌和膜下滴灌设施，推广示范保墒固土、生物节水等农业节水技术，增强抗旱节水能力，提高水资源利用效率。推动建立政府引导、农户广泛参与的农业废弃物和农药包装物回收利用体系，加快建设废旧地膜、灌溉器材回收加工利用项目，防止农药包装废弃物中的农药残留污染环境。

要总结推广提升"梨树模式"，推动农业绿色集约发展。依托已经实施"梨树模式"的市场主体建立示范基地，强化农民对新耕作模式的认可；继续深化与中科院、中国农大等科研院所的合作，探索在不同土壤和气候条件下促进农技与农艺相结合的配套技术，解决农民在生产实践中遇到的新问题新难题。要结合各地区实际，着力打通农牧特等细分行业关联，推进畜禽粪便肥料化利用，提升耕地地力，构建粮食生产—粮食—副产品秸秆—养牛—粪便肥料化还田，促进粮食生产的闭合式循环模式。

要总结大安模式，形成可复制可推广的经验，更好挖掘吉林省西部地区的粮食增产潜力。要加强顶层设计，争取国家支持，积极开展盐碱地等耕地后备资源综合利用试点，支持在科技创新、政策创新、产业创新等方面先行先试，建设良种繁育、良法试验、成果转化、产业培育、生态修复于一体的高标准、综合性示范园区。支持中国科学院大安碱地生态试验站、中科佰澳袁隆平院士耐盐作物繁育基地、大安盐碱地研究院等联合创建国家苏打盐碱地综合利用技术创新中心，加强有利于盐碱地合理开发利用的新技术、新方法、新材料、新品种、新机械的研发和推广应用。支持建设国家苏打盐碱地良种种质资源库，加强盐碱地适生的种质资源创制研究，在以稻治碱基础上，探索以草治碱、以豆治碱，开展耐盐碱大豆、向日葵、燕麦、羊草、苜蓿草等品种研发，在盐碱地旱田品种选育上取得突破性成果，加快以地适种向以种适地转变。尽快出台支持盐碱地综合利用配套政策。组织评价盐碱地综合利用相关技术的成熟度，研究制定苏打盐碱地治理的行业标准、地方标准，建立技术标准、技术规范、质量评价等原创性盐碱地治理标准体系。通过成果转化、招商引资等方式，加快形成集农、牧、种、养、加、生态旅游于一体的盐碱地多层次多功能产业链，打造盐碱地农业产业现代化样板。鼓励金融机构加大融资支持力度。将盐碱地综合利用工作列入国家水利工程相关规划，推动引嫩入白、大安灌区、哈达山干渠等延伸扩建工程建设，保障用水需求。妥善解决大安灌区退水问题。科学编制全省盐碱地等耕地后备资源综合利用工程建设方案，明确综合利用布局、规模和时序，确定实施流程和建设内容。发展盐碱地农业生产高效专用农机，推动盐碱地通用动力机械装备及特色作物生产、特种养殖需要的高效专用农机研发，增加装备供给。大力推进盐碱地适用农机专项鉴定，落实农机新产品购置补贴试点政策。打造一批盐碱地治理智慧农业示范样板。围绕盐碱地农业产业链布局创新链，依托重大平台、重大项目，集聚一批全国一流人才。扶持本地重点科研团队、重点人才，积极培养本土盐碱地治理专家。强化从事治理、修复、改良土壤等人员的专业技术培训，统一纳入乡村振兴相关培训计划。举办盐碱地综合利用高峰论坛等活动，建设国家盐碱地治理博物馆；适时发布苏打盐碱地综合利用白皮书，宣传推介盐碱地综合利用的"大安模式"。

五、改革增值

健全科技创新、产业协同、生态环境、市场体系等项目合作机制。深化行政审批改革，精减审批事项、减少审批环节、优化审批流程，破解土地瓶颈制约、投融资体制、人才流动等难题。创新金融扶持政策。多渠道创新融资模式筹集资金，构建投融资服务平台，规范完善和激励投融资主体，补齐金融支持现代农业短板。创新粮食种植农户增收思路，拓宽增收渠道。粮食种植农户要创新增收思路，增强自身的"造血"功能。强化奖励机制，对于粮食年产量高、全国综合排名入选前100名的产粮大县给予更多奖励，比照入选的产粮大县粮食平均产量，超出部分按比例给予一定额度的特殊奖励，奖励资金可用于补充一般财力，突出超级产粮大县贡献。进一步加大对吉林省粮食主产区超级产粮大县的转移支付力度，扩大转移支付范围，增强产粮大县可支配财力。调整"因素法"分配模式，提高"粮食产量"权重，降低"播种面积"权重，鼓励各县通过科技创新提高单产能力。强化对单产强县、强镇等的评选、宣传和特殊奖补鼓励政策。加速土地流转进程，发展适度规模经营，培育新型经营主体，探索土地托管服务模式，在新型经营主体与农户之间，建立资源共享、成果共享、效益共享的利益联结机制等方面的深层次创新。

六、强化韧性

粮食生产要充分统筹国家、地方、市场、企业、农户需要，着力用好世界市场、全国市场、行业市场、生产要素市场四个资源，突出农村人民群众的合理诉求，强化综合韧性。从吉林省看，只有充分满足农户的基本需要和发展需要，才能满足企业需要、市场需要、地方需要并形成制度保障，进而形成国家需要的制度保障，这就必须以农户为重点加快解决一批主要矛盾，如农户对韧性的认知能力和实现能力的关系、农户的认知惯性与市场的发展规律的关系、农户与农业合作组织以及市场主体的利益分配关系、农户以及农业合作组织与大农业企业集团的市场占有关系、农户的政策需求以及政府政策设计体系的关系、多元化农业生产方式之间的资源利益分配关系、不同年龄结构农户之间的资源利益分配关系等。从政策设计看，要着眼于"精准"二字进行差异化设计，进一步把过去一段时间已经发生过的诸如"一事一议""一企一策"等做法及外部条件变化进行标准化和规范化，并通过法律条款规范下来，对于新发生的政策需求在满足农户或市场主体需要的情况下也要将其前提条件或者前置条件说清楚，要着力避免"一事一议""一企一策"的简单化倾向；推广新技术、新模式或者新政策也要把相应因素明晰化，不能把一些技术资料或者模式简单化地推给人民群众。只有在政策设计的基本思路和具体做法上均实现"精准化"，才能最大可能地实现对人民群众的创造性、主体性的尊重，才能让人民群众成为强化韧性的主动力量，才能让各类政策、技术发挥更大的作用。

第六章

农业农村现代化与产业结构优化

产业系统是农业农村现代化的重要支撑，产业现代化是农业农村现代化的基本前提和重要保障，产业规模的壮大和产业结构的优化是农业农村现代化的重要特征。伴随着东北振兴战略的实施和全国的经济发展与科技进步，吉林省农业以及乡村产业在过去20年里发生了显著的变化，集群化、主题化、园区化、主体化等特征都得到了强化。

第一节　加快培育农业产业集群

产业集群是指在特定区域中，具有竞争与合作关系，且在地理上集中，有交互关联性的企业、专业化供应商、服务供应商、金融机构、相关产业的厂商及其他相关机构等组成的群体。《吉林省人民政府关于加快农产品加工业和食品产业发展的意见》提出打造吉林省农业产业十大集群，即玉米水稻产业集群、杂粮杂豆产业集群、生猪产业集群、肉牛肉羊产业集群、禽蛋产业集群、乳品产业集群、人参（中药材）产业集群、梅花鹿产业集群、果蔬产业集群、林特（食用菌、林蛙、矿泉水等）产业集群。

一、培育玉米水稻产业集群

玉米水稻产业集群是指占吉林省农作物播种面积80%以上、占粮食加工业75%以上的玉米水稻产业形成的集群。培育玉米水稻产业集群的目的是巩固提升玉米精深加工领先地位，突出食品化、饲料化方向，提高省内自主转化能力，扩大"吉林鲜食玉米"品牌影响力，全链条挖掘增值潜力，同时铸牢"吉林大米"白金名片，培育壮大龙头企业，积极开发糙米、胚芽米、方便营养食品等高附加值产品，满足多样化消费需求。2020年全省玉米和水稻播种面积分别是428.72万公顷和83.71万公顷，分别占全省粮食播种面积568.18万公顷的75.45%和14.73%，两者相加，占粮食播种面积达到90%以上，占全省农作物播种面积615.10万公顷的83.31%。培育玉米产业集群就是把玉米年产量超过40万吨的县、市、区培育成具有吉林特色的玉米产业集群。吉林省以玉米年产量超过40万吨（含40万吨）的县（市、区）为玉米产业集群核心区，包括农安县、榆树市、德惠市、公主岭市、双阳区、九台区、蛟河市、桦甸市、舒兰市、磐石市、梨树县、伊通县、双辽市、东丰县、东辽县、梅河口市、柳河县、前郭县、长岭县、乾安县、扶余市、镇赉县、通榆县、洮南市、大安市、洮北区、敦化市等27个县（市、区）；以水稻年产量超过10万吨的县（市、区）培育水稻产业集群为核心区，包括：农安县、榆树市、德惠市、双阳区、九台区、永吉县、舒兰市、磐石市、昌邑区、双辽市、东丰县、梅河口市、辉南县、柳河县、前郭县、扶余市、宁江区、镇赉县、洮南市、大安市、洮北区等21个县、市、区。

二、培育杂粮杂豆产业集群

杂粮杂豆产业集群是指以吉林省西部白城市、松原市为核心区的杂粮杂豆产业形成的集群。吉林省西部杂粮杂豆主产区是全国杂粮杂豆主产区之一，已形成"六粮"（高粱、谷子、糜子、燕麦、荞麦、小冰麦）、"四豆"（绿豆、红小豆、豇豆、芸豆）、"两花"（葵花、花生）的生产格局，产品质量好，竞争力强，发展潜力大。杂粮杂豆以培育"吉林杂粮杂豆"公共品牌为主，开发粥饭、饮品、休闲食品等健康食品、保健食品，以白城市、松原市为核心区打造国家级杂粮杂豆生产加工基地。培育杂粮杂豆产业集群就是要把吉林省杂粮杂豆主产区的县、市、区培育成具有吉林特色的杂粮杂豆产业集群。吉林省杂粮杂豆主产区在松原、白城、四平3市15个县（市、区），包括扶余市、长岭县、前郭县、乾安县、宁江区、洮南市、大安市、镇赉县、通榆县、洮北区、双辽市、梨树县、伊通县、铁东区、铁西区，这些地区杂粮杂豆种植面积约占农作物总播种面积的1/3。

三、培育生猪产业集群

生猪产业集群是指吉林省以生猪养殖大县和生猪加工企业组成的生猪产业形成的集群。培育生猪产业集群就是坚持把养殖、饲料、加工、物流等全产业链引进企业和项目，加快由卖生猪向卖猪肉、卖食品转变，推进副产品精深加工。培育生猪产业集群，重点支持农安、梨树等12个生猪养殖大县，加快建设一批千头以上生猪养殖基地，打造生猪养殖示范村。鼓励牧原、中粮、温氏等生猪大企业加快项目建设，培育壮大华正、众品、华统等省内畜牧产业化龙头企业，集中释放优势产能，发挥精气神公司"国家地方猪种种质创新联合攻关牵头单位"的作用，推进有关现代农业产业园项目建设，持续扩大种群规模，提升辐射带动能力，做大做强吉林特色黑猪产业。培育生猪产业集群，就是把吉林省年生猪饲养量超过10万头（含10万头）的县（市、区）培育成具有吉林特色的生猪产业集群，包括农安县、榆树市、德惠市、公主岭市、永吉县、蛟河市、桦甸市、舒兰市、磐石市、梨树县、伊通县、双辽市、东辽县、东丰县、梅河口市、通化县、辉南县、柳河县、前郭县、长岭县、乾安县、扶余市、镇赉县、洮南市、大安市、敦化市等26个县（市、区）。

四、培育肉牛肉羊产业集群

肉牛肉羊产业集群是由吉林省肉牛大县、肉牛潜力县以及中西部地区县、市、区的肉羊养殖、加工产业构成产业集群。重点是加强基础母牛核心群建设，大力发展标准化规模养殖，夯实产业发展基础，推动皓月集团高质量发展，筹建国家级肉牛创新中心，加大协调对接力度，促进一批重点意向性合作项目尽快签约落地，推动长春城开农投集团、镇赉和合、汪清恒天然、榆树大地、桦甸金牛等在建项目尽快投产达效，建设10个省级肉牛产业园区并挖掘"延边黄牛""草原红牛"等品种优势，巩固发展屠宰加工、熟食加工，加快推进皮革制品、生物制药等产业链延伸，提高附加值。以吉林省年肉牛饲养量超过10万头或者肉产量超过1万吨的县、市、区为肉牛饲养核心区，包括农安县、榆树市、德惠市、公主岭市、蛟河市、桦甸市、舒兰市、梨树县、伊通县、双辽市、东丰县、前郭县、长岭县、扶余市、通榆县、敦化市、汪清县等17个县（市、区）。培育肉羊产业集群，就是把以中西部15个、东部1个肉羊养殖、加工县市培育成具有吉林特色的肉羊产业集群。培育肉羊产业集群，即是加强肉羊特色品种选育和开发利用，提升精细分割和深加工水平，推动肉羊屠宰加工向食品产业拓展延伸。吉林省年肉羊饲养量超过5万头的县（市、区）是肉羊产业集群核心区，包括农安县、榆树市、德惠市、公主岭市、梨树县、双辽市、前郭县、长岭县、乾安县、扶余市、镇赉县、通榆县、洮南市、大安市、洮北区、敦化市等16个县（市、区）。

五、培育禽蛋产业集群

禽蛋产业集群是指吉林省由禽蛋年产量1万吨（含1万吨）以上的19个县（市、区）的禽养殖、禽蛋加工产业构成的产业集群，旨在依托龙头企业联动发展种雏繁育、规模饲养、深度加工、冷链物流，推动由初加工向餐桌食品、休闲食品方向发展。吉林省禽蛋年产量1万吨（含1万吨）以上的县（市、区）是禽蛋集群核心区，包括农安县、榆树市、德惠市、公主岭市、桦甸市、舒兰市、磐石市、梨树县、伊通县、双辽市、东丰县、东辽县、梅河口市、辉南县、前郭县、长岭县、扶余市、洮南市、敦化市等19个县（市、区）。

六、培育乳品产业集群

乳品产业集群是指由吉林省中西部县、市、区奶源生产基地乳品生产、加工产业构成的产业集群。培育乳品产业集群，重点开发婴幼儿配方奶粉、奶酪、乳清粉、浓缩乳蛋白等产品，引进知名乳品企业入驻，打造乳品产业新高地。截至2022年6月末，吉林省奶牛存栏12.6万头，牛奶产量15.8万吨。全省千头以上奶牛养殖场5个，存栏3.7万头。奶牛品种主要为荷斯坦奶牛。全省乳制品以液态奶、奶粉、奶酪和含乳饮料为主，有中国驰名商标"广泽"和吉林省著名商标"春柳"等品牌。规模以上乳品加工企业7家，日处理生鲜乳能力1600多吨，生产婴幼儿配方乳粉企业3家。吉林省培育的乳品产业集群核心区包括长春、吉林、四平、松原和白城等地，这些地区的奶牛存栏数占吉林省奶牛存栏总数的90%以上，是吉林省奶源的主要基地。

七、培育人参（中药材）产业集群

人参产业集群是指以吉林省抚松等六个人参产业园、长白山人参产业集群联盟等为依托的人参种植、加工为主导的产业构成的人参产业集群，通过大力研发食品、保健食品、新型药品等产品，加快培育人参千亿级产业。吉林省人参产业集群核心区包括：九台区、蛟河市、桦甸市、舒兰市、磐石市、伊通县、东丰县、东辽县、梅河口市、通化县、辉南县、柳河县、集安市、抚松县、靖宇县、长白县、临江市、江源区、延吉市、敦化市、珲春市、龙井市、汪清县、安图县。培育中药材产业集群，就是把吉林省中药材主要种植区的17个县、市、区培养成具有吉林特色的中药材产业集群，主要由东部长白山区域县、市的中药材加工业构成的中药材产业集群，建设国内外知名的北药基地。吉林省中药材产业集群核心区包括：舒兰市、桦甸市、东辽县、集安市、柳河县、通化县、长白县、抚松县、靖宇县、临江市、浑江区、洮南市、敦化市、和龙市、珲春市、安图县、汪清县。

八、培育梅花鹿产业集群

梅花鹿产业集群是指由双阳区等4个梅花鹿产业园区和长春等7个梅花鹿产业基地的梅花鹿养殖、加工产业构成的产业集群。培育梅花鹿产业集群，主要是突出良种繁育、全产业链开发、品牌打造和科技创新，重点打造全省重点产业园区，提升"吉林梅花鹿"品牌竞争力。梅花鹿产业集群核心区包括：双阳区、东丰县、铁东区、敦化市4个梅花鹿产业园区和长春、吉林、四平、辽源、通化、白山、延边等7个梅花鹿产业基地。

九、培育果蔬产业集群

果蔬产业集群是指由长白山寒地蓝莓产业集群、长白山葡萄产业集群和蔬菜产业集群构成的果蔬产业集群。以创建通化蓝莓国家级特优区为重点培育长白山寒地蓝莓产业集群，以集安鸭绿江河谷冰葡萄标准化基地建设为重点培育长白山葡萄产业集群，发挥长白山寒地蓝莓、长白山葡萄、优质蔬菜、草莓等产业优势，深度开发功能性饮料、冰酒等饮品。蔬菜产业集群着力培育建设"梨树、公主岭"豆角香葱产业集群、"榆树、扶余、洮北"西红柿韭菜产业集群和"敦化、桦甸、江源、辉南"长白山山野菜产业集群。

十、培育林特（食用菌、林蛙、矿泉水等）产业集群

林特（食用菌、林蛙、矿泉水等）产业集群是指由长白山食用菌产业带、吉林特色渔业产业集群、林蛙产业集群、长白山矿泉水基地的产业构

成的林特（食用菌、林蛙、矿泉水等）产业集群。培育林特产业集群，是依托黑木耳、灵芝、林蛙、果仁等林特产业基础，大力发展食品、保健食品等新产品，开发矿泉水等高端饮品。食用菌产业集群核心区包括位于长白山北坡的蛟河、汪清、敦化、安图、珲春等县、市、区，位于长白山西南坡的白山市、通化市、辽源市，位于草腐菌产业带的前郭县、扶余市、德惠市。特色渔业产业集群核心区包括珲春市的水产品加工业、查干湖区域（包括前郭县）；林蛙产业集群核心区位于东中部山区、半山区的吉林市、通化市、白山市和延边州等地区26个县（市、区）。长白山矿泉水产业集群核心区位于靖宇县、抚松县、安图县。

以上十大集群核心区，玉米种植业产量占全省籽粒玉米产量70%以上、鲜食玉米占85%以上、玉米加工业加工量占全省玉米加工量90%以上，水稻产量占全省85%以上、水稻加工业加工量占全省90%以上，高粱总产量位居全国第一，白城绿豆出口量占全国绿豆出口量的30%以上，禽蛋产量占全省50%以上，奶牛存栏量占全省90%以上，其他农产品产量也都占全省60%以上，在全省农业生产中具有决定性作用。

第二节　实施千万头肉牛建设工程

实施"秸秆变肉"暨千万头肉牛建设工程，是吉林省实施"一主六双"高质量发展战略、打造万亿级农产品加工业和食品产业的必然要求，是构筑吉林农业发展新优势的必然选择，是全面实施乡村振兴战略，促进农业高质高效、农民富裕富足的重要途径。从实践看，种养结合、农牧循环、绿色发展是千万头肉牛工程实施的重要导向，加大政策支持、强化科技支撑、突出品质保障是千万头肉牛工程实施的重要支撑。

一、肉牛产业发展优势

（一）良种繁育优势明显

据调查，仅长春市就有国家级肉种牛纯繁场一家、种公牛站一家，引进纯种肉牛品种主要有西门塔尔牛、夏洛来牛、利木赞牛、安格斯牛。经过30年持续有序的繁殖改良，肉牛良种化水平有了大幅度提高。经过20余年纯种繁育，全省拥有西门塔尔、夏洛来、利木赞、安格斯四个品种的优质种牛460头。累计为各地提供后备公牛900头，推广良种冻精1700万剂，改良本地黄牛1270万头。

（二）产业资源优势突出

饲料资源丰富。北纬42°~45°是世界公认的黄金畜牧带，密布着全球众多优质牧场，吉林省被国务院规划为东北肉牛优势产业带。科研资源富集。吉林省集聚了吉林大学、吉林农业大学、中国科学院东北地理与农业生态研究所、中国农科院特产研究所、吉林省农科院、长春市农科院等众多高校和科研院所，国内外高端农业科技英才汇聚，各类农业科技成果众多，为农业产业发展提供坚实的科研基础和保障。

（三）产品市场前景广阔

随着中国经济稳步发展、人口总量增加、居民收入提高，牛肉消费呈稳步增长态势。2019年中国牛肉消费量约为833万吨，人均年牛肉消费量达5.95公斤。由于国内需求规模庞大，中国的牛肉进口与相关肉制品的进口都有较大幅度的增长，2019年中国进口牛肉约166万吨，进口金额为82.2亿美元。随着人们肉品消费结构的升级，牛肉的消费量还将进一步增加，大力发展肉牛规模养殖，也将成为未来畜牧业发展的重要方向。总的来说，中国牛肉市场需求品质提高，价格看涨，供不应求，这一趋势将随着国内消费升级持续下去。

（四）龙头企业优势明显

以皓月集团为龙头的肉牛深加工产业，用工业化的思维谋划现代农业发展，2021年以来已经成长为营收超过100亿级别企业。在食品加工领域，皓月牛肉分割标准上升为国家标准，实现了一流企业出国标准；在食品技术领域，建立了肉制品理化指标快速检验检疫平台和高端研发平台；在生物技术领域，利用相关副产品打造大健康产业，如把牛心脏瓣膜应用在人体心脏搭桥手术中，使牛心脏瓣膜从产值几十元增加到附加值上万元；在综合利用领域，研究秸秆等农业废弃物的利用，引进美国技术，提升循环农业水平；在冷链物流领域，以"冻转鲜"技术的研究为基础，开发降低对肉制品品质破坏的速冻技术，加强肉制品微损速冻库等系列技术储备和应用。其他牛肉分割企业和熟食加工企业也注重节本降耗、提质增效。

二、肉牛产业发展成就

截至2022年末，吉林省肉牛饲养量达到652.6万头，其中存栏390.3万头，出栏262.3万头，肉牛饲养量保持较快增长态势，增幅领跑东北，位居全国前列。从具体情况看，肉牛产业实现了全链条全体系升级。

一是涉牛融资保险实现新突破。2022年末，肉牛贷款余额245.45亿元，其中活体抵押贷款累放金额65.24亿元，全省肉牛政策性保险在保牛115.78万头，保险覆盖面占存栏量的29.66%。二是秸秆饲料化利用率明显提升。全省秸秆饲料化利用秸秆1642万吨，占秸秆总量的41.05%。三是肉牛种业总量大幅增长，全省4个国家肉牛核心育种场，核心群存栏1115头，后备母牛存栏332头；全省5个种公牛站，采精种公牛存栏451头、后备种公牛存栏147头，生产冻精共计1075.6万剂，销售冻精共计918.78万剂；全省15个肉种牛场（不含4个国家肉牛核心育种场），基础母牛存栏26362头，后备母牛存栏12526头。四是肉牛产业大项目持续提质增效。谋划建设千头以上大项目（包括新建屠宰加工项目）209个，其中万头牛场21个，已竣工项目62个，合计养殖量达19万头（存栏12.35万头、出栏6.65万头）。在建项目107个，计划投资319.14亿元，已完成投资73.56亿元，已有52个项目入栏牛，现存栏4.74万头。谋划中项目40个，计划投资293.16亿元，计划饲养能力59.38万头。五是肉牛产业园区养殖增量明显。全省规划的10个肉牛产业园区饲养量达到327.5万头，其中存栏200.3万头，出栏127.2万头，占全省饲养量的43.2%。六是肉牛养殖大县、大乡、大村、大户发展步伐加快。2022年34个肉牛养殖大县养殖总量达到702.6万头，其中存栏413万头，出栏289.6万头。百乡千村万户存栏比重增大，全省饲养量万头以上大乡（镇）185个、千头以上专业村1130个、50头以上养殖大户10885个，存栏分别达到236.3万头、166.5万头和101.5万头。七是中东西部产业集群建设进展顺利。全省规划中东西部肉牛产业集群涉及19个县（市、区）32个项目，其中中部产业集群项目12个，东部产业集群项目10个，西部产业集群项目10个。19个县（市、区）养殖量425.9万头，存栏246.4万头，出栏179.5万头。八是3个"10"企业建设速度明显加快，10个头部企业饲养量已达到16.2万头，实现屠宰加工产值12.4亿元；10个在建项目饲养量已达到10.4万头；10个招商引资项目进展顺利，长春新型生物瓣膜项目一期已进入试生产阶段、通化"有点牛"牧业已完成标准化牛舍建设5栋，存栏500头。九是全省屠宰加工能力得到新拓展，肉牛屠宰企业达到84家，年设计屠宰能力223.29万头。2022年，全省实际屠宰肉牛46.73万头；调出活牛35.79万头；调出牛肉产品1.86万吨；新建屠宰加工企业进展顺利，2021年以来，新建肉牛屠宰企业11家。涉牛规模以上企业运行良好，现有涉牛加工规模以上企业8户，分割肉制品11.3万吨；皓月大健康制品、生物医药制品产量22.9吨。十是亿级以上大企业增速明显，如2022年长春皓月集团产值120.58亿元，通榆吉运、汪清恒天然全年产值分别为2.04亿元和3.2亿元，桦甸金牛产值达到1.51亿元，松原奥金斯产值达到2亿元等。十一是"吉牛"餐食品牌创建取得新进展。全省以省内牛肉为主要食材的餐食品牌共有16个，"吉林珍牛"美食体验店和"桦牛牛肉食材体验店"已营业；3家"牛财神'吉牛'品鉴店"已在北京、长春两地完成整体布局，长春品鉴店已进入试营业阶段；5家"两岁半吉牛肉铺"已成为长春市餐饮行业强劲品牌；"八珍王"熟食加工基地已落户长春。十二是"吉林肉牛"品牌知名度明显提升。我省肉牛品牌获得省级以上认定的有11个，其中，入选"中国农业品牌目录"1个，获得国家"农产品地理标志"认证的1个，被评为"中国驰名商标"的3个，被评为"吉林省著名商标"的2个，被授予"吉林省非物质文化遗产""吉林老字号"的1个，通过"吉致吉品—吉林肉牛"区域公用品牌认证的3个。已有皓月、犇福、"桦牛""吉小牧""兄弟牛人"等15个肉牛产品独立品牌，其中桦牛直营店、专卖店、加盟店已发展到33家，皓月集团在全国已开设7000余家经营店，"犇福"直营店已有7家。

三、千万头肉牛工程重要举措

（一）扩群增量实现千万头目标

扩大基础母牛群，确保基础母牛数量。积极引导社会资本投资，扶持养殖户建设母牛养殖小区、养殖场、养殖基地。鼓励龙头加工企业采取订单、入股、合资经营、组建农民养牛合作社等形式，与基础母牛养殖户（场、小区）建立起紧密的利益衔接机制，降低养殖风险，提高经济效益，推进基础母牛扩群提质。支持龙头加工企业建立基础母牛养殖基地，带动散养户扩大基础母牛群体规模。引进基础母牛群。制定出台适当的补贴政策，鼓励引导养殖企业、养殖户到域外、省外、国外引进基础母牛。引进育肥牛群，引导育肥牛养殖企业和养殖户到域外、省外购进架子牛直接育肥。

（二）建设肉牛良种繁育体系

建设优质肉牛种源研发管理平台。依托现有国家级种公牛站和核心育种场，创建吉林省肉牛种业创新工程中心，打造全国优质肉牛种业生产供应基地，抢占全国肉牛种业制高点。壮大优质肉牛核心种群。据调查，吉林省肉牛种群以西门塔尔改良牛为主，占比达87.3%，是大众消费型品种，但从总体上看还缺少安格斯、利木赞等中高端种群。要巩固壮大西门塔尔优势种群，积极引进高端种牛，推进优质种群繁育场建设。实施重点保护延边黄牛、草原红牛等地方特色品种。通过品种提纯复壮，建立品种资源谱系档案，扩大核心种群规模，提高品种纯度和繁育率。做好母牛扩群提质工作，建好社会化的繁改体系，扶持壮大繁改员队伍，加强技术培训和政策引导，探索根据良种普及率、母牛产犊数等考核结果，相应匹配兑现补助政策，以提高繁改工作质量与效率。

（三）提高全产业链增值增效水平

发展畜产品精深加工。吉林省肉牛活体外销量占出栏总量40%。要提升肉牛产业附加值，必须坚持全链条、全利用的产品开发战略，大力发展精深加工，延长产业链条。引导屠宰企业向产业上下游延伸，鼓励肉牛养殖企业配套建设屠宰加工项目，推动现有屠宰加工企业释放产能，加速肉牛供应链由"卖牛"向"卖肉""卖食品"方式转变。引进和培育肉牛全产业链大项目，加快培育一批国家级农业产业化龙头企业，推动肉牛产品由初级加工向精深加工延伸，实现一次加工增值向多层次加工增值转变，拓展全产业链增值新空间。

加快构建现代加工流通体系。推动屠宰行业转型升级。按照"集中屠宰、品牌经营、冷链流通、冰鲜上市、信息管理"原则，统筹肉牛产业布局、肉牛饲养规模、环境保护、国土空间规划等因素，鼓励规模以上屠宰企业转型升级。开展屠宰企业分级管理和标准化示范创建活动。加快建立冷链加工配送体系。支持仓储保鲜冷链物流储备项目建设。鼓励龙头屠宰加工企业建设冷库等冷藏加工设施，配置冷链运输设备。培育一批现代化专业化冷链物流服务企业，推动物流配送企业完善冷链配送体系，拓展销售网络，促进运活牛向运肉方式转变。规范活牛跨区域调运管理，完善

"点对点"调运制度。倡导肉牛产品安全健康消费，逐步提高冷鲜肉品消费的比重。

（四）强化品牌创建和市场营销

创建"吉牛"餐食品牌和新业态。孵化培育"吉牛"餐食品牌，研创"吉牛"特色菜品、中央厨房类产品、休闲食品等特色地标美食。鼓励长春皓月、桦甸金牛、延边畜牧、中农吉牧长春伯宇等省内优势屠宰加工企业向消费端延伸，创办"肉餐一体化"品牌旗舰店，以品牌化引领"吉牛"餐食业态创新融合发展。开展"吉林肉牛产品名优食材供应基地和餐食特色名店"评定授牌，加大"吉字号"肉牛产品推介，提升"吉林牛肉"品牌知名度、市场认知度、群众认可度。推动打造"天下牛街"特色美食街建设，赋能"吉林肉牛"产品文化内涵，提升市场热度，促进业态创新发展。加强品牌推介与市场营销。实行"吉致吉品"区域品牌认证，加大"吉林肉牛"区域公用品牌和企业品牌宣传推介力度。加快"吉林肉牛"产销对接，巩固扩大"京津冀"主销区市场，拓展吉浙、吉粤、吉沪产销合作领域，推动"吉林肉牛"品牌产品走向全国。协调皓月、犇福、桦牛等产品入驻麦德龙等知名连锁商超。加大"吉牛"品牌宣传推介力度，组织省内肉牛相关企业参加国内相关展会，继续牵手屠宰、加工、销售企业开拓域内外市场。充分利用电视、网络、优势展会等平台，把吉林肉牛品质做优、品牌做响。筹备肉牛产品产销对接大会和"吉林肉牛节"，打造肉牛产销对接平台，出台吉林肉牛品牌营销策划方案，推进养加销协调发展，推进肉牛全产业链建设。借鉴学习省外经验做法，赴山东、河南、贵州等省份以及北京、上海、广州等一线城市，深入考察肉牛产业发展的经验做法，组织育肥牛、牛肉产品外销需求考察对接，引导省内产品走出去、省外屠宰经营企业引进来，畅通产销渠道，提升吉林肉牛的知名度和影响力。

（五）坚持绿色可持续发展

坚持"农牧循环、种养结合"，积极发展资源节约型、环境友好型肉牛产业。构建秸秆粗饲料生产供应体系。紧扣"秸秆变肉"关键环节，着力加强科技攻关和推广服务，推动秸秆饲料收贮、加工、存储、饲喂等形成完整链条。整合黑土地保护、秸秆全量化处置、农机购置补贴等政策，对秸秆饲料化机械和收贮作业给予补贴。设立专项资金支持秸秆加工技术、配套装备的研发和推广，对符合规定的秸秆饲料企业给予鼓励支持。

释放"粮改饲"政策效应，增加青贮玉米、苜蓿、燕麦草等优质饲草料的生产供给。要及时组织秸秆青贮养牛，抓好过腹还田。构建粪污资源化利用体系。支持开展粪污还田试点，重点扶持建设有机肥项目，配套发展园艺设施农业、农牧循环，提高附加值。

健全疫病防控和兽医服务体系。吉林省是继海南省之后全国第二个整省建成无疫区并安全运行的省份，这是重要的基础保障，也是重要的优势条件。探索完善兽医社会化服务体系，依托兽医行业相关企业、社会组织、防疫服务队等主体，加快发展第三方社会化服务，鼓励基层畜牧兽医事业单位选派专业技术人员，为肉牛养殖场（户）提供有偿技术服务，完善配种、防疫、诊疗、营销等服务功能。要对肉牛存栏500头以上的重点村，安排财政资金支持购买防疫服务。

（六）强化新技术和典型模式的推广

持续推广已有的新技术、新模式和典型做法，制定出台新技术、新模式3.0版，提供可复制、可推广的典型模式和实用新技术，加快肉牛产业高质量发展。重点推广菌酶协同秸秆生物发酵饲料加工、技术等和通榆现代肉牛产业园区典型模式。围绕肉牛科学饲养、生产、防疫、秸秆饲料、肉牛产品等方面，组织相关单位继续申报立项肉牛领域地方标准，不断完善肉牛标准体系建设。围绕肉牛养殖、生产、疫病防控、屠宰、金融保险等方面，采取线上线下相结合、深入实地指导服务、联合推广等多种方式，加大对肉牛从业人员、疫病防治员、家畜繁改员和金融保险人员的培训力度，提升相关人员业务素质和基础技术人员推广指导能力。强化"智囊"科技支撑作用。组织行业相关专家深入基层、企业和场户开展科技指导、技术服务，不定期召开肉牛领域专家研讨会，重点围绕制约肉牛产业发展关键技术，提供科技支撑。

（七）强化政策保障

进一步研究出台细化政策，形成政策合力，确保政策直达基层、惠企利民。加大财政支持力度。各级财政都要调整优化支出结构，确保支持肉牛产业发展资金有增量。财政资金投入，主要是发挥杠杆和撬动作用，要配套建立融资担保和风险分担机制，落实好各项奖补政策，通过政府引导、企业主体、市场运作，调动各方面支持肉牛产业发展的积极性。要加大专项债券支持力度，用于支持发展肉牛产业。

强化金融精准服务。鼓励金融机构开展整村授信，探索由村委会证明，让养牛户免担保、免抵押享受到便捷低息贷款，并延长贷款期限。在设立贷款风险补偿金的同时，还要推动银保联动，支持开展基础母牛农业保险试点，扩大肉牛保险标准和覆盖面。要做好用地保障。对肉牛产业用地要优先保障，通过采取灵活供地、点状供地等方式，因地制宜分类解决。各地国土空间规划中要明确肉牛产业发展空间布局，在村庄规划中要整合宅基地、未利用地和低效闲置土地，划定用地范围，保障肉牛产业发展空间需求。对符合规划和有关规定要求的，要依法简化用地审批手续，不收取土地复垦费。

壮大肉牛产业人才队伍。把肉牛产业专业技术人才作为乡村人才振兴的扶持重点；支持大学生返乡创业发展肉牛产业，吉林省每年对符合条件的大学生，给予每人创业担保贷款贴息政策扶持。落实减税降费政策建议。农产品加工企业从事农产品初加工项目的所得，按规定免征企业所得税；从事研究开发新产品、新技术、新工艺所发生的费用，可按税法有关规定在缴纳企业所得税前加计扣除；认定高新技术企业，实行企业所得税减免。落实农业产业化贴息政策，支持肉牛产业化龙头企业发展；协调各级产业政策资金落实到位，通过补贴或减免相关保险费、担保费、贷款利息等方式降低企业融资成本。

完善政策调度以及落实调查机制。持续跟踪调度政策落实情况，不断完善与政府部门、银行保险机构之间的工作机制，畅通信息反馈渠道，适时开展情况分析；定期调度县市政策落实情况，并进行通报，推动政策落实落地。突出问题导向，重点对已有产业政策和资金落实的难点、痛点问题和薄弱环节，组织专题调研，指导解决政策落实"最后一公里"问题。及时总结推广产业政策落实的好经验、好做法。

第三节　加速农产品加工业发展

一、加快发展农产品初加工

鼓励和支持农民合作社、家庭农场和农业企业发展农产品产地初加工。针对食用类初级农产品，重点发展发酵、压榨、灌制、炸制、干制、腌制、熟制等食品初加工，满足市场多样化需求。加快推进以蔬菜、果品、中药材等为重点的生鲜、特色农产品商品化处理。加强初加工各环节设施的优化配套，积极推动初加工设施综合利用。着力提升初加工全链条水平，实现生产、加工、流通、消费有效衔接。

（一）做优农产品产地初加工

支持新型经营主体发展农产品保鲜、储藏、烘干、分级、包装等初加工设施，突破初加工关键环节。鼓励新型农业经营主体建设烘储设施和粮食烘储中心。鼓励建设果蔬加工中心，加强鲜食玉米、水果、蔬菜、食用菌、中药材等特色农产品产后商品化处理，减少产后损失，提升商品化水平。鼓励和引导畜禽产品的产地屠宰加工，支持现有屠宰加工企业改造升级。全面提升农产品初加工水平。落实农产品产地初加工补助政策。

（二）引导大型农业企业重心下沉

通过政策引导大型农业企业向优势区域聚集，在粮食生产功能区、重要农产品保护区、特色农产品优势区等区域，建设原料基地，布局加工产能，逐步改变加工在城市、原料在乡村的状况。向中心镇（乡）和物流节点聚集，在农业产业强镇、商贸集镇和物流节点布局劳动密集型加工业，促进农产品就地增值，带动农民就近就业，促进产镇融合。向重点专业村聚集，依托工贸村、"一村一品"示范村发展小众类的农产品初加工，促进产村融合。

（三）强化产地初加工提升工程

在粮食、鲜食玉米、食用菌、中药材、水果、蔬菜、水产品等主产区支持新型农业经营主体建设初加工设施。全省规划到2025年，建设贮藏烘干设施2000座，新增冷藏保鲜库容20万吨，新增烘干能力10万吨，基本解决主产区农民合作社和家庭农场、种植大户的烘干贮藏设施需求，果蔬菌产品的产地损失率降至5%左右，粮食产地烘储能力明显提升。

二、壮大农业产业化龙头企业

农业产业化龙头企业是引领带动乡村全面振兴的主力军。截至2021年末，吉林省农产品加工企业数量为3196户，其中规模以上企业为1271户；农业产业化省级及以上重点龙头企业发展到600户，其中国家级龙头企业63户，在省级及以上龙头企业中占比为10.5%，在国家级龙头企业中占比为

3.2%，实现销售收入1800亿元，带动农民增收62亿元，在拓展乡村多种功能、构建农业全产业链、固拓展脱贫攻坚成果、全面推进乡村振兴、实现农业农村现代化过程中发挥重要的示范引领作用。现有63户农业产业化国家级龙头企业，可划分为四类：种植类、养殖类、粮食类和特产类龙头企业。

（一）壮大种植类国家级龙头企业

吉林省种植类国家级龙头企业共有21户，占总户数33.3%，注册资金25.13亿元，分布区域为长春、吉林、四平、通化、辽源、松原、白城、延边、梅河口，主要产品为种子、玉米、大米、杂粮杂豆、淀粉、饲料加工、稻谷流通、酒精。吉林市东福实业有限责任公司是国家级重点龙头企业。公司以加工水稻为主，集水稻种植和加工、养殖、粮食贸易、建材、清真食品加工于一体，通过"公司+基地+农户+标准化"发展模式，实现与订单农户和水田流转农户的互利双赢，水稻订单种植区域辐射周边乡镇到村，带动订单农户万余户。水稻生产基地作为"中国绿色食品发展中心"和"中绿华夏有机食品认证中心"示范基地，被评为"国家级绿色水稻标准化示范区"。其主要产品——大米获得绿色有机认证，并拥有"大荒地"中国驰名商标。企业走出了"抓一产、重二产、强三产"的农业产业化综合开发之路，且注重采取循环经济模式，注重产业融合发展。延边佳禾米业有限公司自有品牌"延田"牌大米连续多年被评为"吉林省著名商标"产品，全国"优质品牌粳米"、全国"优质食味粳米"，按照国家规定标准已取得有机产品认证证书及ISO9001质量体系认证。企业采取直接与农户签订种植合同，收获后向农户收购农产品的契约型联结模式。公司通过与农户签订种植合同的利益联结方式，带动农户数量4474户，带动农民增收3216余万元，扩大基地面积至8450公顷。

（二）壮大养殖类龙头企业

吉林省养殖类国家级龙头企业共有21户，占总户数的33.3%，注册资金29.48亿元，分布区域为长春、吉林、通化、辽源、白城、延边、梅河口，主要集中在长春地区，占比达57%。吉林德翔牧业有限公司是国家级重点龙头企业。自成立以来，在实践中不断探索创新农业产业化联合体的"德翔模式"，联结金融机构、龙头企业、专业大户、家庭农场、合作社等28家新型经营主体，纵向延伸农业产业链，横向扩展产业范围，发展"绿色种植—绿色养殖—回收—深加工—品牌终端"的肉鸡产业链绿色循环经济。2020年，白羽肉鸡出栏量达5000万只，总产值达30亿元，带动联合体内合作社、家庭农场户均年出栏量由2018年的不足1万只增加到目前的3.7万只。从离农最近到联农紧密，优化利益联结机制，农业要实现产业化经营，关键在于破解农业产业化各经营主体之间产业、要素、利益联结不紧密的问题，实现规模经济，降低交易成本。德翔牧业牵头成立的德翔农业产业化联合体，通过"公司+农户"协作、流转聘用型、转移就业型、入股分红型等利益联结模式，把种养农户纳入产业链的种植、饲养、加工和运输等环节，让农民真正感受到产业链延伸、产业功能拓展的好处。

（三）壮大粮食类龙头企业

吉林福源馆食品集团有限责任公司。这是吉林省唯一一家粮食类国家级龙头企业。该公司成立于1999年6月，注册资金3530万元。主要产品为糕点面食，被认定为"中华老字号"企业。福源馆具有380多年的历史。企业坚持"公司＋基地＋农户"模式，既满足了企业需求，也带动了农户增收。一是建立了旺起镇杂粮生产、木耳生产基地，前二道乡绿色生猪养殖基地、舒兰市官马镇糯米专用基地，并与丰满孟家签订了"新农村产业化发展规划"的协议，实现企业、农户共赢。二是与5000多家农户签订了订单合同和供货协议，农户年增收1676万元，户均收入3400元。三是经常了解农户的生产情况，查验协议落实情况。每到中秋节、端午节、元宵节等节日销售旺季，需用农民工2000余人，人均收入达3000多元，提高了农户的积极性。目前，福源馆有18个品种的产品成为省市名牌产品，"福源馆"现已成为中国驰名商标。福源馆加快发展速度，以独特的管理模式、经典的品牌形象、完善的服务理念，形成以食品加工为主、饮食服务为辅的基本产业格局。

（四）壮大特产类国家级龙头企业

吉林省特产类国家级龙头企业共有20户，占总户数的31.7%，注册资金27.56亿元，分布区域为长春、吉林、四平、白城、通化、白山、延边、梅河口等市、州，主要集中在通化市、白山市、延边州，占比达到55%，产品主要为杂粮粥、果蔬、腐乳、大豆油、梅花鹿、中药材、人参、葡萄酒、辣椒、蓝莓果汁、松子等。

培育打造一批自主创新能力强、加工水平高、处于行业领先地位的农产品加工企业，大幅度提高粮食、畜禽和特产品精深加工比重，农产品加工业在农业增效、农民增收、农村繁荣发展中的作用更加突出。乡村产业体系基本健全完备，乡村产业质量效益明显提升，乡村就业结构更加优化，一二三产业融合发展水平显著提高，农村创业创新活力奔涌，农民增收渠道持续拓宽，乡村产业发展内生动力持续增强。

三、全力打造产业园区和基地

各类农业园区是农业产业体系建设的基础。吉林省建有国家农高区1个，省级农高区2个，国家级农业科技园区6个，国家级现代农业产业园3个，10家省级现代农业产业园和20多户省级现代农业产业园创建单位。各类园区层次清晰，部分地区形成了集聚发展态势。

（一）打造农高区和农业科技园区体系

公主岭国家农业高新技术产业示范区（公主岭国家农业科技园区）。公主岭国家农业科技园区于2001年9月由科技部批准建立，是全国首批21个国家农业科技园区（试点）之一，2022年4月《国务院关于同意建设吉林长春国家农业高新技术产业示范区的批复》，同意将公主岭国家农业科技园区建设为吉林长春国家农业高新技术产业示范区。该园区总面积139.39平方公里，以松嫩平原绿色循环农业为主题，以玉米为主导产业，努力建设粮食生产高效提质先导区、黑土地可持续发展典范区、玉米全产业链发展集聚区、东北特色乡村振兴样板区。目前已集聚400多户企业（含高新技术企业19家），建立各类农业科技示范基地共50个，连续主办了8届以"中国玉米之乡"为品牌的"玉米产业博览会"，现有省部级以上研发平台29个，自设技术研发中心10个，科技人员总量达到3000余人，获省级以上科技奖励25项，其中国家科技进步二等奖1项。

松原农业高新技术开发区（松原国家农业科技园区）。松原农业高新技术开发区是2001年2月经吉林省人民政府批准设立的省级开发区，2016年入选第四批国家农业科技园区。园区总面积204平方公里，核心区建设有5200多栋大棚，年产蔬菜35万吨，年出栏肉牛5万头、肉鸡超过3000万只，农牧业物流交易量85万吨，作物良种覆盖率达到95%以上，畜禽优良品种普及率达到100%，科技对农业贡献率已达55%，广禾牧业、鸿翔种业、信诚爱谷、嘉鸿能源等企业快速发展。

通化国家农业科技园区。于2013年7月经国家科技部等六部委联合批准成立，规划面积约为6000平方公里，核心区位于集安经济开发区，面积378平方公里。园区以先进的生物医药技术的组装集成和成果转化为支撑，着力做大做强长白山中药健康产业和特色资源深加工产业两大主导产业，重点是振兴人参产业、研发人参食品，发展中药材、食用菌等农特产业。

延边国家农业科技园区。于2015年12月在延边农业科技园区基础上被科技部认定为国家级农业科技园区，也是长吉图区域唯一的国字号农业科技园区，其中核心区位于龙井市内，规划面积300平方公里，以培育、提升、壮大特色产业为核心，围绕"延边大米、延边黄牛和延边特产"三大主导产业，建设延边地区现代农业科技成果转化基地、现代农业新兴产业孵化基地、现代农业科技企业创新基地、农村科技特派员创业基地和农村人才培养基地五大基地。园区以延边大学、延边州农业科学院、延边州林业科学院为支撑，打造与企业研发中心相结合的农业科技创新体系。

白山国家农业科技园区。于2015年12月在抚松现代农业科技园区基础上被科技部认定为国家级农业科技园区。核心区规划规模为35平方公里，以科技企业孵化园、人参新品种新技术种植和人参文化两大示范基地以及科研、加工和销售物流三大中心等的建设为主，重点发展"人参大健康、生态农业观光游、长白山特种经济动植物种养殖及加工以及矿泉水保护与开发"四个方向。

辽源国家农业科技园区。于2021年12月在辽源市现代农业园区基础上被科技部认定为第八批国家农业科技园区。辽源市高度重视国家农业科技园区建设与发展，出台了有关园区建设的意见，编制了园区建设规划，确定了目标任务和工作思路，将引领辽源农业转型发展。

（二）打造现代农业产业园区体系

现代农业产业园是在规模化种养基础上，通过"生产+加工+科技"，聚集现代生产要素，创新体制机制，建设水平比较领先的现代农业发展平台。2017年，吉林省认定榆树、集安两个省级现代农业产业园；同时确定8个省级现代农业产业园创建单位；2018年吉林省确定蛟河等12家省级现代农业产业园创建单位；2019年吉林省认定通化县等8家省级现代农业产业园；同时确认和龙市等11家省级现代农业产业园创建单位；2021年吉林省确定梨树等10家省级现代农业产业园创建单位，认定德惠等6家省级现代农业产业园单位。

（三）打造农业现代化示范区体系

为推进农业和农村经济结构战略性调整，加快发展效益农业，探索农业现代化的路子，全省选择有代表性的县（市、区），建立农业现代化示范区，21世纪以来，吉林省进行了两次农业现代化示范区建设工作。2000年出台《吉林省农业现代化示范区建设方案》，着眼新阶段全省农村经济发展的需要，根据各县（市、区）资源条件、生产力水平、财政实力、发展环境以及现有各级各类示范区（点）建设基础，从2000年开始，先规划建设公主岭、榆树、德惠、敦化、大安、船营等六个农业现代化示范区。2021年，永吉县、榆树市、梨树县、东辽县4个县（市）入围全国第一批创建农业现代化示范区。其中，永吉县农业现代化示范区重点打造了一批国家和省名牌产品和名牌农产品商标、国家驰名商标、省著名商标，3个农产品被授予"中国名牌"产品，6个农产品成为"吉林省著名商标"，1个农产品成为"吉林省名牌产品"，4个农产品成为"吉林省名牌农产品"，"万昌大米""罗圈沟葡萄""永吉紫苏"被评选为吉林市农产品区域公共品牌；梨树县农业现代化示范区形成了以秸秆覆盖还田免耕栽培技术为核心的黑土地保护性耕作技术，推动了从传统的耕种模式到绿色循环的现代农业理念的转变；榆树市农业现代化示范区重点推进水田秸秆全量还田、病虫害统防统治、农药包装废弃物和地膜回收整治、农产品质量安全定量检测和农产品质量安全监管网格化管理、农业数字化及大型新型经营主体发展等方面的示范；东辽县农业现代化示范区在"农业+公司"推进现代农业示范县建设、"农业+特色"推进优势种植业养殖业发展、"农业+品牌"打造东辽产品的含金量和知名度等方面进行了"农业+N"的示范工作。

四、推动农产品加工业转型升级

支持开展农产品加工关键技术及装备研发与示范，重点突破精深加工领域"卡脖子"技术瓶颈，开发一批推动价值跃升的领先技术和特色产品。提升农产品加工层次水平，集成组装示范一批科技含量高、适用性广的加工工艺及配套装备。

（一）明确农产品加工业转型升级方向

引导大型农业企业重心下沉，向优势区域聚集，在粮食生产功能区、重要农产品保护区、特色农产品优势区等区域，建设原料基地，布局加工产能，逐步改变加工在城市、原料在乡村的状况。推进农产品加工业与销区对接。丰富加工产品，在产区和大中城市郊区布局中央厨房、主食加工、休闲食品、方便食品、净菜加工和餐饮外卖等加工项目，满足城市多样化、便捷化需求。培育加工业态，发展"中央厨房+冷链配送+物流终端""中央厨房+快餐门店""健康数据+营养配餐+私人订制"等新型加工业态。推进农产品加工业向园区集中。提升农产品加工园区承载功能，强化科技研发、融资担保、检验检测等服务，完善仓储物流、供能供热、废污处理等设施，促进农产品加工企业聚集发展。

（二）提升农产品加工业科技创新能力

加快技术研发体系建设。面向农产品主产区和县域发展农产品精深加工，以解决粮食、杂粮杂豆、畜禽产品、食用菌、人参和中药材等农产品加工综合利用率低、能耗高、自动化程度低等技术难题为重点，依托科研机构，培育农产品加工技术集成基地，孵化"集成度高、系统化强、能应用、可复制"的农产品加工成套技术装备，提升农产品加工集成创新科研能力。提升粮食、畜禽、食用菌、中药材等产地加工技术水平。推动生物、工程、环保、信息等技术集成应用力度，加快新型非热加工、新型杀菌、高效分离、节能干燥、清洁生产等技术升级。加快科技成果转化应用。筛选一批成熟适用加工技术、工艺和关键装备，搭建科企技术对接平台，鼓励科技成果转化，鼓励高校院所实施科技成果作价入股、股权和分红奖励等激励措施。打造线上线下相结合的科技成果转化平台，组织区域性、专业性的合作对接活动，推广一批成熟适用技术装备。探索技术转移和成果转化新模式。

（三）提高农产品加工业"链条"效益

鼓励企业打造全产业链，引导农产品加工企业向前端延伸带动农户建设原料基地，向后端延伸建设物流营销和服务网络。实施"互联网+"现代农业行动，推进大数据、物联网、云计算、5G、移动互联网等新一代数字化信息技术向农业生产、经营、加工、流通、服务领域的渗透和应用，培育发展网络化、智能化、精细化现代加工新模式。引导农产品加工业与休闲、旅游、文化、教育、科普、医养等产业深度融合，积极发展电子商务、农商直供、网红带货、加工体验、中央厨房、个性定制等新产业新业态新模式，推动产业发展向"产品+服务"转变。实施"互联网+"流通行动计划，优化供应链。推动农产品流通企业转型升级，改造提升传统农贸市场、批发市场。支持农民合作社、种养大户、家庭农场发展加工流通。健全农产品冷链物流体系，打造一批农产品集散中心、冷链物流中心、产品展销中心。在鲜食玉米、果蔬、水产品、食用菌、畜禽产品等大宗时令农产品主产区建设一批预冷、贮藏保鲜等初加工冷链设施，补齐农产品产地"最先一公里"短板。加快农村冷库建设，提高冷链利用率。在城市周边建设一批现代化生鲜农产品低温加工配送中心，发展城市"最后一公里"低温配送业务。建立生鲜产品专用通道。规范发展具有吉林特色的农产品交易平台。鼓励农产品加工企业通过股份制、股份合作制、合作制等方式，与上下游各类市场主体组建农业产业化联合体，完善利益链，让农户分享二三产业增值收益。创新发展订单农业，合理确定收购价格，形成稳定购销关系。鼓励农产品产销合作，打造联合品牌，实现利益共享。探索形成以农户承包土地经营权入股的股份合作社、股份合作制企业利润分配机制，切实保障土地经营权入股部分的收益。支持农户和合作社以生产要素入股龙头企业，组建"收益共享，风险共担"的利益主体，让农民分享加工流通增值收益的利益联结机制。支持脱贫地区依托当地资源优势发展特色农产品加工业，分享加工增值收益。

（四）有效强化"三产融合"赋能作用

培育多元化"三产融合"主体。强化农民合作社和家庭农场基础作用，发挥供销合作社综合服务优势，支持符合条件的家庭农场、农民合作社优先承担国家、省、市融合发展项目，扶持一批融合发展主体。发挥各类农业园区在"三产融合"中的载体作用，引导农产品加工业集聚发展，实现产加销贯通、贸工农一体，促进一二三产业融合发展。创新三产融合模式。支持有条件的新型农业经营主体向生产性服务业、农产品加工流通和休闲农业延伸，支持农业企业前延后伸，建设标准化原料生产基地，发展精深加工、物流配送，完善市场营销体系。鼓励"龙头企业＋合作社＋基地＋农户""互联网＋农业"等融合模式，完善"订单收购＋分红""农民入股＋保底收益＋按股分红"等融合机制。推进城乡产业融合发展。构建农村一二三产业融合发展体系，创建一批休闲农业示范县、美丽休闲乡村和星级示范企业，鼓励在大城市郊区发展工厂化、立体化等高科技农业，创新会展农业模式，推动"双创"向农业农村延伸，采取"高校＋政府＋企业融合""科创＋文创＋农创联动"等模式，建立双创基地，带动农村一二三产业融合发展。

第四节 发展乡村新产业新业态

一、发展乡村休闲旅游业

吉林省乡村旅游特色彰显。全省已经形成了以冰雪旅游为代表的"白色"、以农耕文化为依托的"黑色"、以生态旅游为基调的"绿色"、以丰收时节为特征的"金色"、以弘扬抗联精神为主要文化内涵的"红色"等"五色"产品体系；培育了以延边安图和白山临江为代表的资源依托型、吉林丰满为代表的区位依托型、四平铁西为代表的政府推动型、长春双阳为代表的市场依托型和九台为代表的产业依托型发展模式；打造了吉林神农庄园、舒兰二合雪乡、延边金达莱朝鲜族民俗村、临江松岭雪村等一批乡村旅游发展典范。推出了乡村旅游精品线路。线路涵盖吉林省内各市州重点乡村、乡村旅游经营单位，主要线路包括：长春·都市休闲线路（净月高新区慢山里营地综合体——玉潭镇友好村——双阳区国信南山温泉——莲花山生态旅游度假区天定山旅游度假小镇——九台区土门岭街道马鞍山村）、吉林·赏雪度假线路（万科松花湖度假区——丰满区圣鑫葡萄酒庄园——陨石博物馆——昌邑区神农庄园温泉度假村——龙潭区雾凇岛（韩屯村）——舒兰市二合雪乡）、四平·安居山水线路（伊通满族自治县大孤山镇欢欣岭村——马鞍山镇果蔬生态休闲旅游观光园——颐乐谷山水休闲庄园——河源镇保南村——伊通满族博物馆）、通化·乡野寻踪线路（西夹荒生态旅游度假区——二道江区五道江镇菇园村——东昌区金厂镇夹皮沟村——万峰通化国际度假区——集安市太王镇钱湾村——麻线乡下活龙村）、白山·雪村绘梦线路（江源区八里坡文化园——临江花山镇松岭雪村——龙润温泉——四道沟镇坡口村——长白县望天鹅新村——果园民俗村）、松原·渔猎之乡线路（前郭县查干湖镇西索恩图村——查干湖渔场查干湖屯——咏春采摘园（妙音寺果菜合作社）——长山镇新庙村）、白城·生态天堂线路（莫莫格国家级自然保护区——湿地博物馆——洮北区青山镇黎明村——通榆县向海蒙古族乡向海村——向海国家级自然保护区）、延边·鲜到延边线路（延吉市中国朝鲜族民俗园——龙井市明东村——和龙市光东村——金达莱村——安图县奶头山村——敦化市小山村——雁鸣湖神龙温泉）、梅河口·人文风情线路（曙光镇莲花村——山城镇河南村少数民族特色村寨——小杨满族朝鲜族乡古城民俗村——吉乐乡吉兴雪村）。吉林省正在充分发挥乡村旅游特色资源优势,在"一主六双"高质量发展战略的框架下,打造"环城、沿路、依江、邻景"的乡村旅游产业集群,形成具有吉林地方文化特色的乡村旅游发展新格局。

二、发展乡村新型服务业

乡村新型服务业是为适应农村生产生活方式变化应运而生的产业,包括供销、邮政、农业服务公司、农民合作社、农业企业等开展的农资供应、土地托管、代耕代种、统防统治、烘干收储等农业生产性服务业;同时包括改造农村传统小超市、小门店、小集市等,发展连锁便利店、标准化菜市场、养老托幼等农村生活性服务业。业态类型丰富,经营方式灵活,发展空间广阔。

(一)提升生产性服务业

扩大服务领域。适应农业生产规模化、标准化、机械化的趋势,支持供销、邮政、农民合作社及乡村企业等,开展农技推广、土地托管、代耕代种、烘干收储等农业生产性服务,以及市场信息、农资供应、农业废弃物资源化利用、农机作业及维修、农产品营销等服务。提高服务水平。引导各类服务主体把服务网点延伸到乡村,鼓励新型农业经营主体在城镇设立鲜活农产品直销网点,推广农超、农社(区)、农企等产销对接模式。鼓励大型农产品加工流通企业开展托管服务、专项服务、连锁服务、个性化服务等综合配套服务。全力提升农村服务业水平。加快长春和地级城市骨干蔬菜批发市场改造升级,优先支持抚松人参,白城、松原杂粮杂豆,蛟河、汪清黑木耳,伊通、榆树畜产品等特色批发市场升级建设,推动特色专业市场集群发展。支持冷链物流信息化、标准化建设和必要的基础设施建设,打造区域性先进冷链物流中心。培育新型服务主体,积极发展服务联合体、服务联盟等新型组织形式,建设农业社会化服务体系,促进农业生产、加工、物流、研发和服务相互融合,为农民和新型经营主体提供农技推广、农资供应、配方施肥、统防统治、农机作业、收储加工、产品销售等农业生产性服务。到2025年，基本形成服务结构合理、专业水平较高、服务能力较强、服务行为规范、覆盖全产业链的农村服务体系。

（二）拓展生活性服务业

丰富服务内容。改造提升餐饮住宿、商超零售、美容美发、洗浴、照相、电器维修、再生资源回收等乡村生活服务业，积极发展养老护幼、卫生保洁、文化演出、体育健身、法律咨询、信息中介、典礼司仪等乡村服务业。创新服务方式。积极发展订制服务、体验服务、智慧服务、共享服务、绿色服务等新形态，探索"线上交易+线下服务"的新模式。鼓励各类服务主体建设运营覆盖娱乐、健康、教育、家政、体育等领域的在线服务平台，推动传统服务业升级改造，为乡村居民提供高效便捷服务。

三、发展农村电子商务

（一）吉林省农村电商基础能力不断提升

国家统计局数据显示，吉林省农村宽带接入用户从2015年的69.4万户增加到112.6万户。从农村居民人均生活消费支出中的通信服务支出看，人均支出从2015年的255.62元（1106.67万人）增长到2020年的317.33元（896.43万人），按乡村常住人口数计算总支出水平从28.29亿元调整到28.45亿元，考虑到全省人口减少和人均通信费用降低等因素，吉林省乡村居民用于商务类的通信支出实质处于显著提升状态。吉林省电子商务进农村综合示范县（市）遍布全省。在2015—2021年的中国商务部等部门评价认定的电子商务进农村综合示范县（市）中，吉林省通榆县、大安市、双辽市、长岭县、镇赉县、洮南市、乾安县、蛟河市、桦甸市、伊通县、梅河口市、公主岭市、东辽县、永吉县、农安县、榆树市、扶余市、通化县、敦化市、临江市、延吉市、和龙市、靖宇县、安图县、柳河县、汪清县、龙井市、抚松县、集安市、珲春市、图们市、长白县等32个县（市）被列入名单。淘宝村、淘宝镇建设稳步推进。2020年，吉林省的双阳区、通化县、镇赉县、通榆县、扶余市、蛟河市被农业农村部列为"互联网+"农产品出村进城工程试点县。镇赉大米作为特色产品，在农业农村部"互联网+"农产品出村进城工程专栏得到宣传。吉林云耕农业股份有限公司、农业综合信息服务股份有限公司2户企业被列为"互联网+"农产品出村进城工程参与企业。

（二）培育农村电子商务主体

引导电商、物流、商贸、金融、供销、邮政、快递等各类电子商务主体到乡村布局，构建农村购物网络平台。依托农家店、农村综合服务社、村邮站、快递网点、农产品购销代办站等发展农村电商末端网点。扩大农村电子商务应用。在农业生产、加工、流通等环节，加快互联网技术应用与推广。在促进工业品、农业生产资料下乡的同时，拓展农产品、特色食品、民俗制品等的进城空间。

（三）改善农村电子商务环境

实施"互联网+"农产品出村进城工程，完善乡村信息网络基础设施，加快发展农产品冷链物流设施。建设农村电子商务公共服务中心，加强农村电子商务人才培养，营造良好市场环境。发展乡村信息产业。深入推进"互联网+"现代农业发展，加快重要农产品全产业链大数据建设，加强数字农业农村系统建设。推动农村电子商务公共服务中心和快递物流园区发展。到2025年，全省行政村基本实现农业信息全覆盖，培训农村网络主播1.5万人，建设改造具备网络直播功能的县域公共服务中心30个、乡镇公共服务中心100个、农村电商服务站1000个，100%的行政村建有农村电子商务综合服务点，力争在每个县（市、区）培育一批有品牌、有渠道、销售收入达到百万级、千万级的电商村。

第七章

农业农村现代化与绿色发展

大自然是人类赖以生存发展的基本条件。尊重自然、顺应自然、保护自然，是全面建设社会主义现代化国家的内在要求。必须牢固树立和践行绿水青山就是金山银山的理念，站在人与自然和谐共生的高度谋划发展。要推进美丽中国建设，坚持山水林田湖草沙一体化保护和系统治理，统筹产业结构调整、污染治理、生态保护、应对气候变化，协同推进降碳、减污、扩绿、增长，推进生态优先、节约集约、绿色低碳发展。

第一节　农业绿色发展的实践和特点

推动经济社会发展绿色化、低碳化是实现高质量发展的关键环节。加快推动产业结构、能源结构、交通运输结构等调整优化。实施全面节约战略，推进各类资源节约集约利用，加快构建废弃物循环利用体系。完善支持绿色发展的财税、金融、投资、价格政策和标准体系，发展绿色低碳产业，健全资源环境要素市场化配置体系，加快节能降碳先进技术研发和推广应用，倡导绿色消费，推动形成绿色低碳的生产方式和生活方式。

一、绿色发展理念深入人心

大自然是人类赖以生存发展的基本条件。尊重自然、顺应自然、保护自然，是全面建设社会主义现代化国家的内在要求。必须牢固树立和践行绿水青山就是金山银山的理念，站在人与自然和谐共生的高度谋划发展。吉林省聚焦生态文明建设，突出绿色发展，出台了一系列节约资源保护环境的政策措施，严格执行环境保护"一票否决"制。吉林省统筹实施污染防治攻坚战，西部河湖连通、中部黑土地保护、东部天然林保护等重大生态工程效益凸显，"十三五"末期，能耗双控、碳排放强度、主要污染物减排任务均超额完成，2021年空气优良天数比例达到94%，达到有监测记录以来历史最高水平。特别是国家"双碳"目标提出以来，吉林省进一步巩固扩大生态优势，将"一主六双"产业空间布局提升为"一主六双"高质量发展战略，制定印发了《中共吉林省委 吉林省人民政府关于完整准确全面贯彻新发展理念做好碳达峰碳中和工作的实施意见》和《吉林省人民政府关于加快建立健全绿色低碳循环发展经济体系的实施意见》，加快调整能源结构和产业结构，全面推进"六新产业"和"四新设施"建设。围绕"一控两减三基本"目标，大力推广绿色生产技术，加快农业产地环境突出问题治理，重点培育绿色高效可持续发展模式。持续完善绿色产品认证体系，健全绿色产品销售渠道，优质、安全、绿色农产品供给能力不断提升。认定和创建国家农业绿色发展先行区3个、省级先行区10个、省级先行区创建单位8个。吉林省以农业绿色发展为导向，在践行绿色发展理念、强化资源保护利用、推进产地环境治理、提高质量安全水平、改善绿色发展条件等方面取得重大成效。

二、资源保护利用成效明显

耕地保护力度不断加大。吉林省始终把保护耕地作为首要任务、头等大事，实行最严格的耕地保护制度，严格落实耕地保护目标责任制，坚持"严保严管、节约优先、统筹协调、改革创新"四项原则，压实耕地保护责任，不断完善耕地保护制度和占补平衡政策，着力加强耕地数量、质量、生态"三位一体"保护，大力开展土地综合整治，强化基本农田保护，推进节约集约用地，严格土地执法监察，着力加强耕地管控、建设、激励，多措并举保护。颁布施行《吉林省黑土地保护条例》《吉林省耕地质量保护条例》《吉林省土地管理条例》《吉林省基本农田保护条例》《吉林省耕地保护责任目标考核办法》等，实施国家黑土地保护利用试点项目，建立11个黑土保护试点县。在梨树县建立全国首家黑土地保护与利用院士工作站，形成了"梨树模式"，推广保护性耕作1852万亩，覆盖32个县（市、区），规模全国最大。大安市是吉林省西部重度盐碱化地区，中国科学院在大安建立了中国第一家"碱地生态试验站"，创建了以酸性磷石膏等高效低成本改良剂构建良田为基础，选种耐盐碱、优质、高产水稻良种为支撑，辅以旱育密植栽培、侧条施肥等配套良法为保障的"良田+良种+良法"三良一体化盐碱地高效治理和综合利用的"大安模式"，实现盐碱地高效可持续利用，增加耕地面积，加速推进吉林省千亿斤粮食工程。

现代水利体系建设持续完善。吉林省水利经过60多年的建设已取得显著成就。吉林省早期水利是以兴建防洪、灌溉工程为重点；到20世纪80年代，为保障工业、城市和居民生活用水安全，供水水源工程、引松供水工程逐渐规划实施；进入21世纪，随着国家治水思路和理念的变化，吉林水利开始从传统水利向现代水利、可持续发展水利转变，着力建设防洪抗旱减灾体系、水资源合理配置高效利用体系、水资源保护和河湖健康保障体系、水利科学发展制度体系。[①]吉林省先后建成哈达山水利枢纽、引嫩入白供水工程、老龙口水利枢纽工程、大安灌区、西部河湖连通应急工程以及

——————————
①廉喜旺等：《吉林省水资源保障体系建设研究》，《水利规划与设计》2018年第9期，第52—55页。

中部城市引松供水工程三条应急线工程。实施灌区配套节水改造工程，重点推进白沙滩等7个大型灌区和朝阳川等2个中型灌区节水配套改造项目，积极推广管道输水、喷灌和微灌等高效节水灌溉技术，农田灌溉水有效利用系数达0.6。

林草湿生态资源保护成效突出。吉林省聚焦"一主六双"高质量发展和生态强省战略，推动林草湿保护事业高质量发展。东北虎豹国家公园建设、林长制、森林草原防火、造林绿化、资源管理、野生动植物保护、林草产业转型、智慧林草试点建设等重点工作亮点纷呈、成效显著。出台的《吉林省林业和草原发展"十四五"规划》《吉林省第三个十年绿化美化吉林大地规划》《吉林省农田防护林体系建设工作方案》《关于开展大规模国土绿化行动的意见》《关于引导社会资本进入林草行业助推绿色经济发展的意见》《林草湿生态连通工程行动方案》等一批管全局、利长远的政策规划，为林草湿生态发展战略提供了规划指导和政策保障。东北虎豹国家公园建设取得重大突破，成为首批5个国家公园之一。林长制改革全面推开，国有林场林区改革持续深化。吉林省全省森林覆盖率达到45.04%，森林碳汇和应对气候变化能力持续提升。完成中西部农田防护林建设任务25万亩，沙化土地治理166.7万亩。落实草原禁牧面积840万亩，建设人工草地270万亩，草原综合植被盖度达到72%。新晋升湿地类型国家级自然保护区2个、国家湿地公园3个，新建省级湿地公园5个，湿地保护率达到47%。

三、产地环境治理效果显著

化肥农药施用趋于科学合理。吉林省以测土配方施肥技术推广为重点，持续推动科学施肥技术推广工作，完善施肥指标体系建设，开展因土壤、因作物、因品种科学施肥技术指导工作；以推广深施肥技术为核心，提高肥料利用效率。化肥深施技术是提高肥料利用率、减少化肥用量、降低生产成本、提高产量的重要技术措施；以培肥地力为目标，推进有机肥资源综合利用；以手机APP信息化服务为手段，提高技术入户率。吉林省通过大力推广应用绿色高效生产模式，实现化肥农药施用量负增长，主要粮食作物化肥农药利用率均达40%以上；农作物病虫害航化作业达7500余万亩次；主要农作物绿色防控覆盖率达30%以上，病虫害专业化统防统治覆盖率达40%以上。

农业废弃物资源化利用效果显著。吉林省坚持节能减排、提高效率、转变方式、助力经济发展理念，环保材料、新型能源、节能设备、技术改造、废弃物利用、"三废"处理，最大限度地提高资源利用效率，最大限度地降低污染排放和资源利用损耗，最大限度地实现经济、生态、社会三者的科学统一。秸秆循环利用技术得到广泛应用，基本形成以秸秆为纽带的循环农业发展模式，秸秆综合利用率达70%。规模养殖场粪污处理设施装备配套率达96.3%，高出全国平均水平3.3个百分点，畜禽粪污综合利用率达94.04%，资源化利用水平全国领先。推广应用厚度不低于0.01毫米地膜和地膜减量增效技术，农膜回收率达80%。2017年印发《关于开展农药包装废弃物专项整治行动的通知》，加强农药包装废弃物回收和集中处置工作的组织领导并落实相关措施。吉林市、白山市、长春市等地区以及部分县（市、区）对农药包装废弃物回收处理工作进行大量尝试和探索，取得阶段性成果。

农业生态治理步伐加快。吉林省始终把生态治理作为农业产业发展的重点任务，积极开展农业面源污染调查，强化畜禽规模养殖环境监管、水产养殖污染防治、水生生态保护，有效防控面源污染物入河。全面开展农业环境污染防控，严格入河排污口审批和管控，降低土壤、灌溉水源和农村小流域的有害物质，有效切断镉等重金属污染物进入农田的途径，重点重金属污染物排放量比2013年下降5%。

四、绿优产品供给持续增长

农业标准化生产步伐加快。农业标准化是现代农业发展的重要标志。

吉林省围绕农业标准化生产，累计组织制修订国家标准、行业标准、地方标准、团体标准、企业标准近700项，年均制修订农业地方标准50项以上，扶持引导部分新型农业经营主体率先实行标准化生产，基本实现了农产品"生产有标可依、产品有标可检、执法有标可判"的目标，为农业生产实施标准化提供了技术支撑。创建国家农业标准化示范县6个、国家农产品质量安全县9个、省级农产品质量安全县14个、省级安全优质绿色农产品标准化生产示范基地40个。建成全国绿色食品原料标准化生产基地23个、国家级蔬菜水果标准园140个，省级棚膜设施产业园区648个，标准化示范面积达5500万亩。创建国家级渔业健康养殖示范县2个、农业农村部水产健康养殖示范场175家，全省水产健康养殖率达60.49%。建立粮食、蔬菜、果树与果品、食用菌、种子、农机、土壤资源与环境7个标准化专业技术委员会，新组织筹建黑土地保护与利用、水稻、农作物植物保护、渔业、蚕业、秸秆综合利用6个标准化专业技术委员会。

农产品质量安全监管能力持续提升。以省、市、县、乡四级监管机构为主导，省、市、县三级检测机构为支撑，监测信息平台为补充的农产品全链条质量安全监管体系进一步健全。农产品质量安全监管制度进一步完善，对农业产地环境、农业投入品和农产品的风险监测、监督抽查和安全执法实现常态化，累计监测面积1214万亩，主要农产品质量安全监测合格率达到97%。推进国家和省级农产品追溯平台应用，纳入国家和省级追溯平台的农产品生产经营主体超过1500家，纳入国家追溯平台管理的监管机构、检测机构、执法机构达189家。畜牧业追溯系统已覆盖48.1%县级以上生猪屠宰场，畜产品质量安全监管常态化运行。

农业绿色品牌培育取得重大进展。围绕白金（大米）、黄金（玉米）、彩金（杂粮杂豆）、铂金（人参）、黑金（黑木耳）五张名片，构建了区域公用品牌、企业品牌、产品品牌相协调的品牌矩阵，累计培育98个区域公用品牌、180个企业品牌、200个产品品牌。培育出集安人参、查干湖淡水有机鱼等22个区域公用品牌，其中梅河大米等4个区域公用品牌被中国农交会授予"中国百强农产品区域公用品牌"称号，抚松人参、汪清黑木耳、舒兰大米、九台贡米、榆树大米等11个区域公用品牌入选全国300个农业区域公用品牌名录。吉林省共有48家农业企业入选全国名特优新农产品目录，"吉林农嫂"鲜食玉米、"德乐圆"鲜食玉米、扶余四粒红花生、查干湖黄小米等25个农产品品牌获得全国农交会金奖产品称号，绿色食品、有机食品和地理标志农产品认证数量达到1382个。

五、绿色发展条件不断改善

科技创新与应用条件不断优化。联合科研单位、涉农高校、企业等创新主体，建立了以农业绿色生产为重点的科技联合攻关、绿色技术集成推广等体系。吉林省农业科学院、黑龙江省农业科学院、辽宁省农业科学院、内蒙古自治区农牧科学院、黑龙江农垦科学院共同组建"东北三省一区"玉米秸秆综合利用协同创新联盟，围绕玉米秸秆综合利用开展了共性关键技术研发和技术体系集成示范。舒兰市、通化县、和龙市获批国家农业绿色发展先行先试支撑体系建设试点县，完成了农业绿色支撑体系设计。政产学研紧密结合，围绕"控、替、精、统"，推广绿色防控技术，强化生物农药、高效低风险农药及新型高效植保机械应用，推行精准施药和病虫害统防统治。

农业经营主体支撑能力不断加强。颁布实施《吉林省农民专业合作社条例》，有效推进新型农业经营主体培育，新型农业经营主体发展到22.8万户。其中，县级以上农业产业化龙头企业发展到2343户，省级以上农业产业化龙头企业发展到651户，县级以上农业产业化龙头企业带动农户241万户。实施家庭农场和农民合作社示范创建活动。家庭农场发展到14.6万户，县级以上示范家庭农场达3090户，九台区绿野家源家庭农场、永吉县张全家庭农场成为全国首批家庭农场典型案例。农民合作社规范发展到8.2万家，九台区、双阳区、公主岭市、东辽县和靖宇县获批全国农民合作社质量提升整县试点。出台《吉林省开展农民专业合作社"空壳社"专项清理工作实施方案》，开展了"空壳社"清理行动。采取"国外+省外+省内""理论+实训""线上+线下"等培育培训方式，实施新型职业农民培育工程。

第二节　强化农业资源的保护利用

深化落实以绿色生态为导向的农业补贴制度改革，推进农业绿色发展体制机制创新，切实保护耕地、草原、水资源及水生生物等资源。将绿色发展作为实施乡村振兴战略的重要引领，推动农业发展方式加快转变，资源保护利用得到加强，面源污染防治成效明显，质量安全水平稳步提高，绿色发展支撑体系逐步建立，农业绿色发展取得明显进展。

一、强化种质资源保护利用

强化资源保护体系建设。加快推进吉林省作物、畜禽、水产、食药用菌、农业微生物种质资源全面普查、系统调查与收集工作。完成第三次作物种质资源普查与收集任务，启动第三次畜禽遗传资源调查。加大珍稀、濒危、特有资源与地方特色品种收集，特别是长白山食用药用植物、北方食药用菌、紫貂、白鹿等珍稀动植物品类，野生大豆等濒危物种，杂粮杂豆、四粒红花生、延边牛、东北民猪、梅花鹿、芦花鸡、土著鱼、林蛙、长白山中蜂、柞蚕等地方土著或特有品种的收集，做好资源整理、整合、编目、入库（圃）。加快建立与国家库有机衔接，原位与异位保护相结合的种质资源安全保护体系。

推进资源库等规划建设。全面推进农作物种质资源库、畜禽水产基因库和资源保护场（区、圃）规划建设，新建北方粳稻种质资源库、农业微生物种质资源库，改扩建国家寒地果树圃和省级作物、蔬菜种质资源库。

推进公主岭国家现代种业产业园、洮南国家级玉米种子繁育基地建设。在现有玉米、水稻等科技创新中心基础上，在南繁基地建立分中心。健全动植物种质资源分类分级保护机制，推进种质资源保种场（区、圃）活体原地保种、基因库异地保种、保种场保种为主，区域保种为辅的多元化保种体系建设。建立吉林省可供利用畜禽种质资源目录，对松辽黑猪、草原红牛、延黄牛、芦花鸡、细毛羊、梅花鹿等畜禽遗传资源，全面实施协议保种制度。确立种质资源原生境保护区，加强水产种质资源保护区建设，对全省珍稀、濒危、特色、名优的野生作物、食药用菌、畜禽、水产等种质资源进行原生境保护。

加快信息化管理平台建设。加快农作物种质资源保护利用信息化管理平台建设，实现资源与信息互联互通和交流共享。强化种质资源鉴定评价与创新利用。依托"吉林省农作物种质资源保护利用中心"等条件平台，加快农作物种质资源鉴定评价基地、资源繁育鉴定圃建设，构建由种质保存中期库（圃）、原生境保护点、鉴定评价基地、信息网络平台共同构成，具有区域特色的吉林省农作物种质资源保护、鉴定评价和信息共享利用体系。

加快新种质、新材料、新技术研发利用。依托吉林农业大学、吉林大学等高校和吉林省农科院等科研单位，加快创制目标性状突出、综合性状优良的动植物新种质和育种材料。加快建立集种质资源创制、新品种选育、种子种苗快繁和试验示范于一体的良种研发平台，加强农业种质资源保护与利用的基础理论、关键技术和新种质创制研究，集中开展分子设计育种、转基因技术、杂交优势利用、高效制种繁种等技术攻关。搭建科企合作平台，探索重大品种推广后补助政策。

积极挖掘保护特色优异基因。积极开展畜禽地方品种登记和地方畜禽品种种质特性评估与分析，挖掘优良特性和优异基因。支持"育繁推一体化"种业企业和科研单位开展种质资源收集、鉴定和创新，鼓励地方特色品种申请地理标志产品保护和重要农业文化遗产，培育以地方特色品种开发为主的种业企业，推动资源优势转换为产业优势。

加强对外来入侵物种防控。开展农业外来入侵物种普查和监测预警，实施农业外来物种分级分类管理，开展外来物种应急灭除。到2025年，农业外来入侵物种状况基本摸清，联防联控、群防群治的工作格局基本形成，重大危害入侵物种扩散趋势和入侵风险得到有效遏制。

二、突出耕地保护利用

拓展黑土地保护利用路径。吉林省持续拓展保护利用路径，强化耕地保护措施集成应用，深入推进保护性耕作技术，完善耕地质量监测体系建设。严格执行《吉林省黑土地保护条例》，重点保护东部地区耕地林地中的黑土地、中部地区耕地中的黑土地、西部地区耕地草地湿地中的黑土地和沿江河流域冲积形成的黑土地。围绕"保护、建设、提升、调整、创新"，在黑土范围的冷凉区、农牧交错区退耕还林还草还湿，使农田生态与森林生态和草地生态相协调。在风沙区推广少免耕栽培技术，减少风蚀沙化。在平原旱作区推广深松深耕整地，提高土壤蓄水保肥能力。

强化耕地保护措施集成应用。因地制宜加快耕地质量保护技术体系建设，全面提升和改善耕地基础条件、内在质量和生态环境。大力实施农艺调控措施，加快普及测土配方施肥、培肥改土、水肥一体化、深耕深松、合理耕层构建、秸秆还田等农业高效耕作技术，保持和提高土壤肥力，防止水土流失、耕层变薄和土壤质量退化。实施黑土地保护重点项目，逐步扩大黑土地保护利用范围，示范引导各地综合施策，组织开展秸秆还田、增施有机肥、土壤养分调控、深翻深松、坡耕地治理等综合治理保护，真正把"藏粮于地"落到实处。持续实施"3453"行动，建设3个科技创新平台，开展4个领域专项攻关，示范推广5种技术模式，同步实施3大配套工程，创新黑土地保护模式，加快形成具有吉林特色的黑土地保护科技创新体系。依托中科院东北地理所，推动国家重点实验室组织机构和核心团队组建，纳入中科院重点实验室重组序列。推进省级重点实验室和省工程研究中心建设。在梨树县黑土地研究院基础上，推动组建中国农业大学东北黑土地研究院。发挥好核心技术攻关团队、省级科研团队、技术协同推广团队作用，在黑土地退化阻控、土壤健康保育、产能和质量提升、智能化管控、智能化农机关键技术和装备、监测与感知体系建设等方面，持续推进科研课题研究。

深入推进保护性耕作技术。积极落实《吉林省保护性耕作推进行动方案（2020—2025年）》，重点推广秸秆覆盖还田免耕和秸秆覆盖还田少耕两种保护性耕作技术，因地制宜推广秸秆还田、畜禽粪便堆沤还田、深松深翻等十大技术模式。根据各地区土壤、水分、积温、经营规模等实际情况，充分尊重农民意愿，创新完善和推广适宜的技术模式。以玉米生产作为保护性耕作推广应用的重点，兼顾大豆等作物生产，积极推进其他作物探索实施保护性耕作。以中西部粮食主产区为重点，兼顾丘陵山区，在全省适宜区域全面推进。

加快耕地质量监测体系建设。吉林省继续建设完善耕地质量监测网络，以每10万亩建设1个长期定位监测点、每1万亩建立1个耕地质量调查点的模式，组建省、市、县三级黑土地保护监测评价队伍，建设黑土地保护"一张图"大数据系统。开展黑土地地表基质调查试点。充分利用耕地质量监测评价机制，完善耕地质量监测评价网络，利用现代信息技术提升监测评价智能化水平。通过建立耕地质量长期定位监测点，加快完善耕地质量监测网络，动态监测耕地质量变化趋势；设立耕地质量调查评价点，开展耕地质量调查评价，科学评价耕地质量等级变化，定期发布耕地质量评价报告；对黑土地保护项目进行跟踪监测评价，做好项目实施前、中、后耕地质量主要性状对比分析，科学评价项目实施成效，有针对性地提出耕地培肥改良、治理修复等对策与建议；依托黑土地保护监管平台，构建黑土地保护利用大数据监管系统，充分利用地理信息系统、空间定位技术和遥感技术等现代信息化手段，将监测评价工作纳入平台统筹管理，实现黑土地质量监测评价智能化信息化，为管理部门提供快速便捷的决策与监管服务。

三、加强水资源保护利用

吉林省坚持以水定产、以水定城，确定了"建设一个水网、构建五大体系"的总体发展战略。"一个水网"：以松花江为主轴，实施全省主要江河水系连通，开展大中型水库联调，形成重点湖库水量互补共济、水资源配置相对优化的大水网。"五大体系"：通过严格水资源消耗总量和强度双控，突出农业、工业及全民参与节水，打造现代高效节水体系；通过实施重大调引水和供水保障工程，破解城镇供水总量不足及资源性、工程性缺水问题，打造现代供水安全保障体系；通过补齐防灾减灾工程短板，强化非工程措施保障，打造现代防洪排涝体系；通过建设东部"护山"、中部"保土"、西部"兴水"的发展格局，打造现代水生态保护体系；通过加强管理，深化改革，建设智慧水利，打造现代水管理体系。围绕五大体系，确定了2016—2025年重点实施水源调配、灌区现代化改造、智慧水利等"八大工程"，特别是把智慧水利摆上突出位置，在充分梳理水利数据资源、业务应用、基础设施等基础上，利用云计算、大数据实施信息整合和共享，强化水利业务与信息技术深度融合，推进水治理体系和能力现代化。①

加强农田灌排工程节水改造和建设。吉林省始终立足于灌区续建配套和改造，重点加强全省119个大中型灌区续建配套和节水改造，加大全省粮食主产区、严重缺水区和生态脆弱地区的节水灌溉工程建设力度，分区域规模化推进高效节水灌溉。推进小型农田水利设施建设，结合高标准农田项目，建设一批高效节水灌溉工程。

推进适水种植、量水生产。严格实行用水总量控制，提高水资源利用效率。大力推广品种节水、农艺节水、管理节水等新技术。在中西部缺水地区，选育推广耐旱农作物新品种，适度压减高耗水作物比例，扩大低耗

---

①谢洪伟、于得万：《吉林省水利现代化规划研究》，《东北水利水电》2016年第8期，第68—70页。

水和耐旱作物比例。严格限制开采深层地下水用于农业灌溉。在地下水严重超采地区，适度退减灌溉面积，积极发展集雨节灌，增强蓄水保墒能力。强化高效节水技术应用。吉林省通过健全墒情监测网络体系，加快了自动化、信息化、智能化技术应用，扩大了墒情监测面积。通过开展农业用水精细化管理，分区确定灌溉定额，中西部地区全部纳入定额管理。全省继续大力推广蓄水保墒、集雨补灌、喷灌微灌、浅埋滴灌、测墒节灌、水肥一体化、地膜保水等旱作节水技术，推进灌溉试验及成果转化，强化适墒播种、抗旱保墒和高效节水灌溉服务，加强节水示范，重点推进西部水肥一体化技术应用。

大力推广节水养殖。通过实施规模养殖场节水改造和建设，推行先进适用的节水型畜禽养殖方式，推广节水型饲喂设备、机械干清粪等技术和工艺，加快建设农业节水示范园区。发展节水渔业、牧业，推广循环化、阶梯化节水养殖技术，大力推进稻渔综合种养，加强牧区草原节水，推广应用淡水工厂化循环水和池塘工程化循环水等养殖技术。改善水产养殖环境。通过严格执行养殖水域滩涂规划，科学布局养殖生产，推进水产健康养殖。积极推广工厂化循环水产养殖、水质调控技术和环保装备，减少水产养殖污染排放。养护渔业资源，持续开展水生生物增殖放流和自然水域禁渔管理，合理控制捕捞强度，强化水生野生动物保护。

第三节　大力推进农业清洁生产

吉林省始终重视加强农业面源污染综合治理，推进化肥、农药等农业投入品减量增效，稳步推进绿色防控、统防统治等绿色高质高效技术示范推广，持续开展畜禽粪污综合整治专项行动、"绿色农资"、秸秆资源化利用等农业清洁生产行动，农业功能以经济功能为主向经济、社会、生态功能并重转变，发展资源节约、环境友好农业，农业清洁生产成效显著。

一、加强农业投入品管控

推进肥料科学施用。吉林省坚持推进测土配方施肥技术推广应用。围绕测、配、产、供、施五个关键环节，结合土壤测试结果，在肥料田间试验基础上，进一步完善测土配方施肥专家咨询系统和触摸屏系统；加强技术培训，提高农民科学施肥水平；积极引导肥料生产企业参与测土配方施肥技术推广工作，提供科学合理配方肥料；加大"土肥管家"手机APP推广力度，提升科学施肥技术普及工作。分类实施科学施肥技术模式。围绕玉米、水稻、杂粮杂豆等粮食作物，推广增施有机肥、氮肥后移减肥增效等技术模式，重点增施商品有机肥、发酵腐熟优质农家肥。围绕大豆、花生、葵花等油料作物，推广增施有机肥及中微量元素、增施根瘤菌肥等技术模式。围绕果蔬等园艺作物，重点实施有机肥替代，大力推广增施有机肥、按需追施肥、叶面追肥、深施基肥与水肥一体化等技术模式。因地制宜集成推广科学施肥技术。集成推广一批有机无机肥配合施用、农机农艺高度融合、基肥追肥有效统筹的科学施肥技术，突出机械化施肥、种肥同播、水肥一体化及缓释控肥应用等高效施肥技术推广。

提高科学安全用药水平。吉林省以农药安全使用、精准使用、合理使用为原则，聚焦"控、替、精、统"，持续推进防治效果向高效安全转变和防治方法向精准用药转变，切实提高科学用药水平。强化病虫害精准测报。加快重大病虫害数字化监测预警能力建设，重点提高对草地贪夜蛾、蝗虫等重大病虫入侵监测预警；组织开展区域联合监测，及时发布预警信息，精准指导，科学防范。突出科学用药。大力推广生物防治、生态控制、理化诱控等绿色防控技术，推进全程绿色防控，加大高效低毒低残留等环境友好型农药推广力度。鼓励和扶持专业化病虫害防治服务组织开展专业化统防统治，提高主要农作物病虫害统防统治水平。提高农药科学施用技术水平。加强对新型经营主体科学用药指导，全面提升用药主体素质，强化对症用药、适时适量、配方选药、科学用药。

规范饲料添加剂和兽药使用。吉林省持续强化饲料添加剂和兽药监管，严格执行饲料添加剂安全使用规范，依法加强饲料中超剂量使用铜、锌等问题监管。鼓励和支持兽用生物制品企业开展新兽药、兽药新制剂研发，严格执行兽用处方药制度和休药期制度，坚决杜绝使用违禁药物。以蛋鸡、肉鸡、生猪、奶牛、肉牛、肉羊等为重点，实施动物源细菌耐药性监测、药物饲料添加剂退出和兽用抗菌药使用减量化行动。大力推广"无抗"养殖，依托"无抗"养殖试点示范、"无抗"养殖示范基地创建等，扩大使用兽用抗菌药替代品，加快中药提取物等低毒低残留兽药、微生态制剂等安全高效环保饲料添加剂应用推广。吉林省将继续强化追溯体系建设，加强饲料添加剂和兽药产品追溯体系建设。

二、加快畜禽粪污资源化利用

全面推进粪污处理基础设施建设和改造。畜禽粪污始终是农业生产重要肥源。只是因为畜禽规模化水平提高造成了集中产污、人力成本上涨等，从而打破了这种规律和平衡。粪污放对了地方就是资源，放错了地方就是污染源。养殖业必须具备生产设施、畜牧兽医技术人员、防疫条件、无害化处理设施以及其他条件。要用循环经济理念，推进农牧结合、种养循环，将畜禽粪污进行资源化利用。吉林省支持规模养殖场、第三方处理企业、社会化服务组织加强粪污处理设施建设，将畜禽粪污资源化利用机具逐步纳入农机购置补贴范围。以生猪、奶牛等标准化规模养殖场（小区）建设项目和大中型畜禽养殖场粪污处理工程为重点，全面推行粪污处理基础设施标准化改造，完善干湿分离、雨污分流设施和畜禽粪便、污水贮存设施，改造粪污厌氧消化和堆沤、有机肥加工、制取沼气、沼渣沼液分离和输送、污水处理等养殖场污染物处理设施。

推进畜禽粪污肥料化利用。吉林省以熟化推广"畜禽粪污+玉米秸秆+蚯蚓养殖""畜禽粪污+玉米秸秆+微生物菌剂""畜禽粪污+玉米秸秆+蘑菇种植"等堆积发酵模式，以及"畜禽粪污+秸秆"无臭膜覆盖堆肥、纳米膜无臭发酵、地埋式发酵罐堆沤发酵等畜禽粪污肥料化利用技术模式。支持肥料生产企业使用畜禽粪污生产加工有机肥，实现全省畜牧养殖大县（市、区）有机肥企业全覆盖。支持规模养殖场完善适应粪污肥料化利用要求的设施装备，扩大处理规模，提升有机肥品质；支持农民和新型经营主体集中连片实施堆肥还田和商品有机肥还田；鼓励采取政府购买服务等方式，开展有机肥统供统施等社会化服务，打通畜禽粪污肥料化利用堵点；扩大整县推进畜禽养殖粪污肥料化利用试点。

强化畜禽粪污能源化利用。吉林省通过培育畜禽粪污能源化利用产业，推动以畜禽粪污为主要原料的规模化、标准化、专业化沼气工程建设。大力支持规模养殖场和企业生产沼气、生物天然气，促进畜禽粪污能源化利用。完善沼气工程设施，优化先进技术和工艺，引导大规模养殖场在生产生活用能中加大沼气或沼气发电利用比例。支持大型粪污能源化利用企业建立粪污收集利用体系，配套与粪污处理规模相匹配的消纳用地，促进沼液沼渣就近就地还田利用。

加快推进种养循环发展。吉林省支持构建种养结合、农牧循环生态经济模式，鼓励根据粪污消纳用地的作物和土壤特性施用有机肥，实现养殖粪污科学还田利用。推进适度规模、符合当地生态条件的标准化饲草基地工程建设，补齐养殖饲料短板，就近消纳养殖废弃物。实施有机肥深加工工程、沼渣沼液还田利用工程等，逐步建立畜禽粪污收集、处理和有机肥（沼液）就地、异地消纳模式。利用动物粪便饲料化利用技术，依托蝇蛆、蚯蚓等生物养殖，将动物粪便转化成动物蛋白和有机肥。

三、加速推进秸秆资源化利用

建立秸秆离田和收储运体系。秸秆处理中的关键环节是收集，需要用合适的农机，由特定的团体从源头把关，建立完善的收集、储运、加工产业体系，形成合理布局，把农民从"不烧咋办"的困惑中解脱出来，使秸秆变成生财之"物"、致富之"道"，才是解决秸秆问题的正确思路。吉林省以行政村为基本单元，根据秸秆产量和综合利用能力，细化秸秆离田和收储运方案。支持有条件的地方和企业建设秸秆储存基地，培育秸秆收集、运输等专业化合作组织，逐步打造秸秆捡拾、清运和储存的一体化服务体系；建立玉米主产县全覆盖的服务网络，提高秸秆收储运专业化水平。

推进秸秆"五化"利用。吉林省积极推进秸秆肥料化利用，突出推广以秸秆还田为重点的秸秆肥料化利用，重点实施秸秆覆盖还田保护性耕作，在产粮大县因地制宜建立"点、片、区"梯次结合的秸秆还田技术示范区；加快推进秸秆饲料化利用，重点支持大型养殖场建设标准化贮窖等基础设施，逐步扩大青贮玉米种植面积，推广秸秆饲料膨化等技术；加快发展牛羊鹿等草食畜牧业，建设以长春、吉林、四平、松原和白城为重点的秸秆饲料产业化基地；稳步推进秸秆能源化利用，积极推动磐石、伊通、扶余等9个续建生物质热电联产项目建设，继续推进生物天然气项目建设；积极推进秸秆原料化利用，积极推进秸秆新型建材、秸秆制浆造纸、秸秆碳基肥利用，开发秸秆包装材料、秸秆餐具等产品，探索秸秆纤维素乙醇、秸秆制糖、秸秆制化工醇、秸秆制备丁醇等利用新途径，全面推动秸秆工业原料化利用项目建设；有序推进秸秆基料化利用，积极推广秸秆食用菌基料化应用，积极发展黄瓜、西红柿等秸秆基质栽培，加快发展秸秆基质育苗产业，制作设施农业育苗基质和水稻育秧基质等。

第四节　增加绿色优质农产品供给

积极发展绿色优质农产品是改善农村生态环境，促进农业可持续发展的重要途径。加快推进绿色、有机农产品生产对保障食品安全、满足人们消费需求、提高产品竞争力、增加农民收入、推进乡村振兴都具有重要的战略意义。

一、提升农产品质量安全水平

加强农业生产全过程监管。吉林省持续加强对农业投入品使用的管理和指导，建立健全农业投入品安全使用制度。集成推广物联网测控、遥感监测、智能化精准作业、养殖环境监控、畜禽体征监测、精准饲喂等技术，加快建设自动化精准环境控制系统和数字化精准种养管理系统。综合利用"吉林一号"卫星、无人机、物联网、云计算、5G通信技术、区块链等技术和设施设备，建设"天空地一体化"的绿色农业数字监测体系，强化对绿色农产品产地环境、病虫草害、长势产量等生产全过程实时监测与分析。

加强监管检测体系建设。吉林省全面加强省、市、县、乡农产品质量安全监管检测体系建设，将"二品一标"认证农产品生产主体和规模化生产主体纳入"吉林省农产品质量安全追溯信息平台"管理，推动农产品生产主体加入国家农产品质量安全追溯平台，督促农产品生产主体开具食用农产品达标合格证，鼓励农产品生产主体开展绿色、有机和地理标志农产品认证（登记）。吉林省以部级质检中心为龙头、省级质检中心为主体、市（州）级质检中心为骨干、县（市、区）级质检站为基础的全省农产品质量安全检验检测体系，重点建设市（州）级综合质检中心和县（市、区）级综合质检站。建立了以市场监管、农业农村、公安等多部门联动的农产品信息通报、农业行政执法与刑事司法衔接工作制度，重点打击以次充好、冒用商标、假冒伪劣等不正当竞争行为。建立投诉举报机制，充分发挥媒体、群众等社会力量的监督作用，打造"社会防火墙"，加强农产品质量安全风险监测和监督抽查。

二、提高绿色生产设施装备水平

加快研制和推广绿色生产农机装备。吉林省持续推进耕地保护、农业节水、精准施肥施药、废弃物资源化利用、环境质量快速检测等新型农机装备的研发工作，突破农业生产关键环节的机械装备开发技术，推动农机排放标准升级，全面提升节种、节水、节能、节肥、节药能力。加快高效智能型农机装备研发生产和推广，推进智能农机与智慧农机协同发展，科学引导和促进高端、智能、复式农机推广应用。扩大互联网、大数据、移动互联网、智能控制、卫星定位等信息技术在农机装备和农机作业应用范围，推动植保无人机、无人驾驶机、农业机器人等新装备在农业生产领域的推广应用。

加速推进绿色生产全程全面机械化。吉林省以绿色环保、可持续发展的机械化耕作模式，重点支持精量播种、精准施肥、高效植保、节水灌溉、秸秆还田离田等重要环节机械化技术推广。统筹推进设施农业、畜牧养殖、农产品加工等全面机械化，大力支持育秧、烘干、标准化猪舍、畜禽粪污资源化利用等方面机械装备技术示范。不仅要推进农作物耕、种、收、植保、秸秆处理、产后烘干和初加工等各生产环节的机械化，还要推进种植业、养殖业等各生产领域的机械化，以及平原地区、丘陵山区等各类地区农业生产的全面机械化。

三、实施农业生产提升行动

加快品种培优。吉林省始终集中力量突破"卡脖子"难题，在主要农作物方面，以"高产抗逆，适宜机收"玉米、优质抗逆高产水稻、高产高油高蛋白大豆、高产早熟高油酸花生等突破性新品种为引领，集中培育一批口感好、品质佳、营养丰、多抗广适、优质高效的"吉系"农作物新品种。在畜禽方面，以生产性能好、品质优、抗病强、繁殖力强为主攻方向，重点培育延黄牛、松辽黑猪、吉神黑猪、东大梅花鹿、乾华肉用美利奴羊等新品种（配套系），全力开展猪人工授精、推广奶牛肉牛冻精和胚胎移植，适时推广羊人工授精，扩大良种覆盖面。发挥公主岭市区位、科研及种业基础优势，建设公主岭现代种业产业园。加强农作物育制种基地建设。发挥省外制种基地作用，稳定南繁科研育种基地面积，完善洮南10万亩国家级玉米种子繁育基地建设，启动省级生物育种集中试验示范基地建设。推进有条件的县（市、区）加强省级玉米、水稻、杂粮杂豆、燕麦等制种基地和蔬菜、中药材等特色种子种苗基地建设。

推进品质提升。吉林省十分重视推广优良品种，重点推广优质专用玉米、抗逆高产水稻、高产高油高蛋白大豆、高产早熟高油酸花生等具有自主知识产权的高产高效、优质绿色突破性新品种。集成创新和推广一批土壤改良培肥、节水灌溉、精准施药、配方施肥、废弃物循环利用、农产品收储运和加工等绿色生产技术模式；净化农业产地环境，因地制宜落实各项安全利用技术措施。构建农产品品质核心指标体系，开展吉林农产品品质评价和产品分等分级。支持符合条件的龙头企业、家庭农场、农民合作社优先承担国家、省、市农业绿色发展项目，加快打造一批大中型绿色农产品规模化生产基地。推动绿色产业集聚发展。重点培育一批"无抗养殖"试点示范区、水产健康养殖示范场、农业产业强镇、农业产业集群、现代农业产业园等绿色发展平台，在更大范围更高层次上培育农业绿色产业。

强化品牌打造。吉林省不断夯实农业绿色品牌建设基础，加快培育农业绿色品牌创建主体。实施吉林省农产品品牌建设工程，加快培育壮大农业产业化龙头企业、农民合作社、家庭农场等农产品品牌创建主体，扶持行业重点龙头企业领军创建绿色农产品企业品牌和产品品牌。鼓励通化县、舒兰市、和龙市等县（市、区）依托国家级农业绿色发展先行区平台，整县打造农业绿色品牌产地，支持白山整市打造农业绿色品牌产地。继续推进绿色食品、有机农产品和地理标志农产品认证（登记）。做大做强"吉字号"农业绿色品牌。培育知名品牌。在持续打造"吉字号"农产品品牌基础上，按照建基地、抓加工、重质量、建名录、促对接、搞试点、重提升的整体思路，塑造农产品整体品牌形象，重点培育影响力大、辐射带动范围广、市场竞争力强、文化底蕴深厚的"吉字号"农产品品牌，构建以区域公用品牌为核心、企业品牌为支撑、产品品牌为基础的品牌体系。加强品牌管理。完善《吉林省农业品牌名录》，对全省农业绿色品牌全面普查统计，为品牌主体提供定向指导和精准服务，推动绿色农产品品牌层级和数量整体提升。促进品牌营销。借助长春农博会等大型农业展会平台，打好品牌产销对接、宣传推介组合拳，不断提升吉林省品牌农产品市场知名度、美誉度及市场竞争力。

推进农业标准化生产。吉林省重视强化绿色导向及标准引领，健全水稻、玉米、大豆、花生、杂粮杂豆、肉牛、人参和其他道地药材及水产品等农产品系列标准规范，完善"吉字号"品牌全链条标准体系。重点制定（修订）新型肥料投入管控技术标准、病虫草害综合防控技术标准等系列标准。实施农产品质量全程控制生产基地创建工程，促进产地环境、生产过程、产品质量、包装标识等全流程标准化。建立生产记录台账制度，加快扶持引导龙头企业、家庭农场、农民合作社、科技示范户和种养大户等规模生产经营主体率先按标生产，有条件的可申请良好农业规范认证。在"菜篮子"大县、畜牧大县和现代农业产业园全面推行全程标准化生产。支持创建国家级、省级农产品质量安全县，鼓励国家农产品质量安全县整建制推行全程标准化生产。

第五节 加强农业面源污染防治

农业面源污染治理是生态环境保护的重要内容，事关农村生态文明建设，事关国家粮食安全和农业绿色发展，事关城乡居民的水缸子、米袋子、菜篮子。吉林省持续加强农产品产地面源污染防控，实施源头、过程和末端"三端"控制，加强农产品产地环境监管能力建设，落实县（市、区）和乡（镇）产地环境保护主体责任，以钉钉子精神推进农业面源污染防治，立足"三农"工作实际和经济社会发展需要，以削减土壤和水环境农业面源污染负荷、促进土壤质量和水质改善为核心，按照"抓重点，分区治，精细管"的基本思路，统筹谋划、协同联动、突出重点、试点先行，优化政策、强化监督，真抓实干、久久为功，形成齐抓共管、持续推进的农业面源污染治理体系和治理能力，为全面推进乡村振兴、加快农业农村现代化开好局、起好步。

一、深入推进农业面源污染防治

强化农业面源污染全过程防治。一是源头控制。吉林省统筹农业面源污染防治工作，以化肥农药减量化、规模以下畜禽养殖污染治理为重点内容，以防控农业面源污染对土壤和水生态环境影响为目标，强化农业面源污染防治。严禁向农产品产地排放或倾倒工业废气、废水、废油、固体废物以及生活垃圾污水，严禁直接把城镇垃圾、污泥用作肥料，严禁在农产品产地堆放、贮存、处理固体废弃物。加大对污染企业的整治力度，依法"取缔关停一批、淘汰退出一批、限期治理一批"。二是过程拦截。改造修建农田径流污染生态拦截沟渠，实施农田氮磷拦截和农田退水农药残留降解。三是末端治理。推广生物处理技术与生态修复技术，降低土壤环境、灌溉水源和农村小流域中的有害物质。推进农膜回收利用。落实属地管理责任，推广使用国家标准地膜，加强农业执法监管，严格限制使用超薄地膜。在重点地区培育专业化农膜回收主体，促进废旧地膜回收再利用。建立健全农田地膜残留监测点，开展常态化监测。持续推进农膜回收行动，以标准地膜应用、专业化回收、资源化利用为重点，强化农膜回收利用示范县建设，健全回收网络体系，试点农膜区域性绿色补偿制度，加快可降解农膜应用示范进程，着力解决农田"白色污染"问题。建立农药包装废弃物回收处理体系。合理布设县、乡、村农药包装废弃物回收站（点），鼓励地方有关部门加大资金投入，支持农药包装废弃物回收、贮存、运输、处置和资源化利用活动。积极推进农业绿色发展先行区建设，依托通化、舒兰、和龙3个国家级农业绿色发展先行区，总结推广一批可复制、可推广的新技术、新模式，推动全省农业绿色发展由点到面提升。

二、完善农业面源污染防治政策机制

健全法律法规制度。继续制修订肥料管理等对农业面源污染有重大影响的法律法规。加强化肥农药生产经营管理和使用指导，推动精准施肥、科学用药。加强畜禽散养密集区污染治理，明确规模以下畜禽养殖场户污染治理要求和责任，鼓励对畜禽粪污进行无害化处理，达到肥料化利用有关要求后，进行还田利用。规范突发环境事件应急管理工作，防止在处理事故过程中，将废水、废液、固体废弃物直接排入农田。完善标准体系。适时评估并完善农业面源污染防治与监督监测相关标准。指导制定种植业污染治理、水产养殖尾水排放等标准规范。以促进畜禽粪污资源化利用为导向，健全畜禽养殖污染治理标准体系，加强养殖场户环境监督管理。农田灌溉用水、水产养殖用水、畜禽粪污肥料化利用应执行相关标准，防止污染土壤、地下水和农产品。优化经济政策。完善农业面源污染防治设施用电用地政策，落实有机肥产品生产销售、化肥农药减量、有机肥替代化肥等补贴和税收减免政策。对开展畜禽粪肥运输、施用等社会化服务组织，按规定予以支持。优先将畜禽、水产养殖、秸秆农膜等废弃物处理和资源化利用装备等支持农业绿色发展的机具列入农机购置补贴目录。探索开展"点源—面源"排污交易试点。建立多元共治模式。编制农业面源污染防治实施方案，制定污染防治目标任务，明确监督指导和保障措施。构建绿色"农资"保供体系，推动农资经销商成为污染防治的重要主体和信息传导枢纽，引导农户使用绿色高效的肥料农药。通过向社会购买服务等方式，推进农业面源污染治理市场化。充分发挥农业社会化服务机构、农民合作经济组织作用，推广"政府＋协会＋农户""龙头企业＋协会＋农户"等模式，加强专业技术管理。推动统一生产管理、统一订购农资、实施品牌认证等标准化生产，形成"政府—市场—农户"多元共管共治体系。

三、加强农业面源污染治理监督管理

开展农业面源污染调查监测。完善化肥农药使用量调查核算方法，在统计、农业农村、市场监督管理等部门工作基础上，逐步摸清化肥农药使用变化情况。利用实地调研、台账抽查、智能终端采集等方式，对化肥农药投入、畜禽和水产养殖等污染物排放情况进行抽查核实。加密布设农业面源污染源监控点，重点在大中型灌区、有污水灌溉历史的典型灌区进行农田灌溉用水和出水水质长期监测，掌握农业面源污染物产生和排放情况。开展畜禽粪肥还田利用全链条监测，分析评估养分和有害物质转化规律。评估农业面源污染环境影响。制定农业面源污染环境监测技术规范，加强农业污染源、入水体污染物浓度与流量监测、受纳水体水质和流量监测，构建农业面源污染环境监测"一张网"。在重点区域，结合农村环境质量监测，采用更新改造、共建共享和新建相结合的方式，增加环境监测点，加强暴雨、汛期等重点时段水质监测。开展农业污染物入水体负荷核算评估，确定监管的重点行业、重点地区和重要时段。加强农业面源污染长期观测。建设农业生态环境野外观测超级站，进行气象、水文、水质、土壤和地下水等野外长期观测和定量分析，结合遥感技术，掌握农业面源污染时空演变规律，逐步实现对农业面源污染环境质量影响的动态评估。加强农业科学观测实验站建设，对农业生产要素及其动态变化进行系统观测、监测和记录，为农业面源污染治理提供基础支撑。搭建农业面源污染监管平台。系统整合农田氮磷流失监测、地表水生态环境质量监测、农村环境质量监测等数据，实现从污染源头到生态环境的监测数据互联互通。加强农业污染源普查、生态环境统计、畜禽粪污综合利用信息、排污许可管理平台等工作对接共享。借助互联网、物联网等技术，拓宽数据获取渠道，实现动态更新。发挥农业面源污染大数据在指导污染防治、控制温室气体排放、优化城乡规划、土地利用和推动农业绿色发展中的作用。

第六节 加强农业生态系统保护修复

以重点生态功能区、生态保护红线、自然保护地等为重点，加快实施重要生态系统保护和修复重大工程，推进以国家公园为主体的自然保护地体系建设。实施生物多样性保护重大工程，科学开展大规模国土绿化行动，推行草原森林河流湖泊湿地休养生息，健全耕地休耕轮作制度，建立生态产品价值实现机制，完善生态保护补偿制度，加强农业生态系统保护修复。

一、实施耕地土壤环境质量分类管理

吉林省积极建立完善优先保护类、安全利用类和严格管控类等耕地管理清单分类，分区开展受污染耕地治理。利用种植重金属低积累作物、调节土壤理化性状、科学管理水分、施用功能性肥料等农艺调控措施，对耕地土壤中污染物的生物有效性进行调控，减少污染物从土壤向作物特别是可食用部分的转移，保障农产品安全生产。运用各类监测成果，进行农用地土壤环境质量类别动态调整，进一步优化完善全省耕地质量等级划分，组织各地落实受污染耕地安全利用目标，积极推广低累积农产品替代种植。对轻中度污染耕地采取农艺调控等安全利用措施，对重度污染耕地采取种植结构调整等风险管控措施，巩固提升受污染耕地安全利用水平。

二、强化农业资源的保护

吉林省深入推进农业水价综合改革，健全节水激励机制，建立量水而行、以水定产的农业用水制度。发展节水农业和旱作农业，推进南水北调工程沿线农业深度节水。实施地下水超采综合治理；健全耕地休耕轮作制度；落实海洋渔业资源总量管理制度，完善捕捞限额管理和休渔禁渔制度，持续开展海洋捕捞渔民减船转产。严格保护管理珍贵濒危水生野生动物及其栖息地，严厉打击非法捕捞行为，持续开展渔业增殖放流，高标准建设海洋牧场。

三、建设田园生态系统

吉林省遵循生态系统整体性、生物多样性规律，恢复田间生物群落和生态链，实现农田生态循环和稳定。优化调整种养业结构，合理确定种养规模，推行以地定畜、种养匹配，实现种养结合循环发展。开展稻田综合种养技术示范，因地制宜推广稻渔综合种养，发挥稻渔互利共生功能。优化乡村种植、养殖、居住等功能布局，突出村镇绿化工程建设，推进河湖水系连通，增强田园生态系统的稳定性。

四、保护修复森林草原生态

吉林省贯彻林草融合发展理念，宜林则林、宜草则草，实施全方位、多层次森林草原生态保护与修复工程。继续实施"天保工程"，严格落实主体功能规划，大力开展生态修复工程，加强对重点区域的生态修复工作，强化林地保护利用，坚决治理破坏森林草原植被行为。严格执行抚育规程，开展森林抚育工作。全面推行山林管护经营承包责任制，严格落实目标管理责任制，加强对重点林区、重点区域的管护力度，强化森林防火能力建设和林业有害生物防控体系建设。落实草原生态保护补助奖励政策，严格实施草原禁牧休牧轮牧和草畜平衡制度，加强严重退化、沙化草原治理，促进草畜平衡。

五、开发农业生态价值

坚决落实"碳达峰碳中和"任务要求，以农田有机质提升、农业种养业技术改进、农业生产节能设施设备应用、农业废弃物资源化利用等为抓手，推动农业固碳减排，增加森林、草原、农田对温室气体吸收能力，强化农业固碳效应，加速农业从碳源向碳汇转变。依托农村绿水青山、田园风光、乡土文化等资源，因地制宜促进农业与旅游、教育、文化、健康等产业深度融合，拓展农业功能，提升农业生态价值、休闲价值和文化价值。加强江河流域生态保护治理。实施江河流域生态保护与治理工程，加强重要饮用水源地、水源涵养区、湿地的生态保护恢复和主要江河流域、地下水的污染防治。加强松花江三湖国家级自然保护区、莫莫格国家级自然保护区、查干湖国家级自然保护区等水源涵养区的保护力度。建立湿地保护长效机制，加强向海、扶余、黄泥河、嫩江湾等湿地公园的保护与修复，不断扩大湿地面积，增强湿地生态系统稳定性。严格落实河长制，加强松花江、图们江、辽河等界江（河）污染联合防控，推进流域生态水土保持、中小河流综合治理、雨污分流改造、城乡生活污水处理等工程建设，修复江河流域生态，治理水域污染。

| 第八章 |

农业农村现代化与数字农业

农业农村现代化是一项面向未来的重要工作。从当前看，整个经济社会正处于从工业社会向数字社会进而向未来社会转变的加速时期，农业农村现代化必须加速应用以数字技术为重点的各类科学技术、谋划面向未来的农业农村现代化新场景，只有这样吉林省农业农村现代化才能加速革新、创新，成为吸引人才和汇集各类要素的新模式，并因此成就新业态、新农业，塑造吉林省全面振兴的新未来。

第一节　吉林数字农业发展的实践和特点

在经历机械化、自动化、信息化等历程后，吉林省农业数字化改造基础良好、承载力强，加上现有互联网积累的巨大网络价值效应，强化数字农业发展与变革的条件逐渐成熟。

一、吉林省数字农业发展的实践

"十三五"以来，吉林省农业信息化基础设施建设加快，打造了诸如"12316"信息平台、吉林省数字农业云平台、"12396"科技信息服务平台等涉农综合信息平台，开发了"易农宝APP"等农业资讯APP。结合网络问卷的结果，"12316"信息平台、吉林省数字农业云平台及"12396"科技信息服务平台三大平台及易农宝APP的使用率仅为24.24%、14.14%、7.07%和18.18%，多数农户处于"听说过但未实际应用"这一阶段，平台推广有待完善。吉林省确立了以数字化、信息化引领农业质量变革、效率变革、动力变革，实现新旧动能转换，加快高质量发展的思路，从顶层设计的高度，先后出台了《数字吉林建设规划》《吉林省乡村振兴战略规划（2018-2022年）》《吉林省率先实现农业现代化总体规划（2016-2025年）》《吉林省实施数字农业创新工程推动农业高质量发展的实施意见》《吉林省省级现代农业发展专项资金项目指南》等政策文件，推动吉林省数字农业发展。此外，吉林省利用现代信息技术和信息系统对传统农业不断进行改造。

吉林省不断加大农机、耕地等技术的科研与投入力度，从五个维度——"端、网、云、数、用"来促进数字化作业面积增长、数字化耕作技术完善。"十三五"以来，吉林省农业科技创新能力增强，全省审定农作物新品种464个，农产品地理标志登记保护超过800件，制定地方标准771项。并且，农业领域3项科研成果获得国家科学技术奖励，291项科研成果获得省级科学技术奖。目前，已建设农业标准化示范项目319项，在梨树县建立了全国最大的绿色食品原料标准化生产基地。此外，吉林省重点围绕大田种植、设施园艺、畜禽养殖、水产养殖等领域开展精准作业、精准控制建设试点和数字农业试点县建设项目，比较典型的是永吉县九月丰家庭农场的平台化数字农业建设。截至2020年初，吉林省农业技术推广站达到736个，结合网络问卷的结果整理分析，各地区农业科技推广站点累计提供了技术指导、信息识别、农资推荐及沟通专家等服务。其中，获取技术指导服务的农户占有效调研农户总人数的72.02%，信息指导服务次之，占比52.99%。这一数据结果表明，农户在农业生产遇到困难时，会优先选择线下咨询模式进行解决，借助线上涉农综合信息平台解决问题的主观意识较为薄弱，因此，应加大数字农业基础设施的宣传推广力度，充分释放平台潜力，实现资源利用最大化。

二、吉林省数字农业的发展特点

吉林省已经在伊通、抚松、敦化开展土地、作物、农事、服务管理平台化系统化试点，建设农业卫星数据云平台，对大田种植、畜牧养殖、设施蔬菜、人参以及食用菌等产业均得到不同程度的应用。通过云平台对农业生产、加工、销售等过程进行实时调度，对生产过程中的违法情况进行预警，并对农产品质量安全溯源。吉林省数字农业的发展特点主要包括以下五个方面。

一是以加强农业数字化应用为先导，数字农业云平台县域试点应用取得预期效果。有机整合物联网、卫星遥感、测土配方、墒情监测、智慧农机、数字化经营主体、农产品产销对接、12316/12582信息服务、信息进村入户等多系统的数据资源，建设基于云架构技术，面向农业生产、经营、管理、服务领域应用的吉林省数字农业云平台（以下简称云平台），实现吉林省农业信息化现有平台的数据融通共享、叠加分析和应用。为加大云平台应用服务覆盖面，2020年初，以长春市双阳区为试点开展县域数字农业农村建设，取得良好示范效果。

二是以12316/12582平台为基础，信息综合服务扩能升级。着眼"互联网+"农业，密切跟踪信息技术更新换代，建设12316/12582综合信息服务平台。通过语音、短信、电视、广播、直播、短视频、视频连线等手段，面向农业经营主体和广大农民提供种养殖技术、政策法规、价格行情、务工就业等服务，有效解决农民买难、卖难、获取信息难、办事难等一系列信息不对称难题。截至2020年末，累计接听农民各类咨询求助电话1700多万个，年均推送信息15亿条次。

三是以信息进村入户工程为依托，信息化服务进村入户到人。2018年吉林省被农业农村部确定为信息进村入户国家整省推进示范省。信息进村入户工程是数字农业农村的基础性工程，建设的村级益农信息社是对农户服务的基础站点，是政府与农民间的数字化服务通道。截至2020年底，建设了全省统一的信息进村入户服务平台，12个市（州）级、36个县（市）级管理分平台；在全国率先开展农民上云计划，实现农民手机端个性化、定制化服务应用；建成"六有"益农信息社8004个，覆盖全省85%以上的村屯，注册农户49万人，开展公益服务、便民服务、商务服务、培训体验服务超千万人次，让农业数字化红利惠及千万农家。

四是以创新驱动为目标，数字技术在农业生产领域推广应用初见成效。充分利用现代信息技术，试点建设农业物联网应用平台，探索了农业生产数据、视频数据、作业数据实时采集与分析的应用模式；在全国率先建设农业卫星遥感应用平台，实现了农作物长势及相关环境因素数据分析的应用；建设数字农业农村经营主体管理服务平台，开展了生产、经营、管理和服务数字化应用的试点；建设农产品产销对接平台，实现了吉林省农产品供应商与采购商数字化交易的对接服务；建设数字休闲农业（乡村游）平台，实现了休闲农业主体数字化管理经营的试点应用；建设农业机械化智慧云平台，实现了农机定位跟踪、作业监管、作业服务对接、调度指挥、大数据分析、作业补贴核算等方面的应用服务。

五是以跨界联动为突破口，新动能培育再上新台阶。近年来，为扩大数字农业支撑能力，吸纳通信、金融、保险、科研院所、大专院校、社会服务机构等资源，构建数字农业农村服务联合体，实现资源融合、跨界联动、集成服务。2019年1月10日，吉林省与中国移动通信集团有限公司在长春就推进"数字吉林"建设签署战略合作协议。9月份中国移动以云平台为依托，在吉林省建立全国第一个农业农村数字化综合应用示范基地。2020年下半年，信息进村入户工程加大服务资源引入力度，积极与金融保险服务机构合作，在试点县域成功开展数据网贷业务和数字保险业务。

第二节　国内数字农业发展经验借鉴

中国近年来就数字农业发展的探索越来越多，并且根据不同地方的实际探索出来了多种模式。"十三五"以来，以下三种模式具有一定的典型性。

一、"企业+农场"模式

采用"企业+农场"数字农业模式的典型案例是九月丰家庭农场—"企业+农场"型平台化数字农业建设。吉林省的九月丰家庭农场于2013年9月注册成立，坐落在永吉县一拉溪镇，注册资金500万元人民币，建有完善的基础设施，配有合理的农业机械，在生产过程中，农场与农机、农艺、农技相结合，综合实现规模化生产、集约化经营、产业化运作，基本实现农业现代化，在完成农场主营业务的基础上，可以为周边农户提供农机作业服务2000余亩。九月丰家庭农场率先在吉林地区创建网络化、可视化家庭农场，利用互联网技术进行田间数据动态采集及生产作业管理实时监控，2016年，九月丰家庭农场与国家水稻工程技术研究中心进行网络互动，推进可视农业网络平台建设，实现"吉林大米"的私人订制，目前已定制稻米种植面积2500亩以上，极大拓宽了"吉林大米"市场占有率。消费者通过网络可视平台，通过手机终端即时获取农产品种植的监控全过程，形成了以"绿色农业+可视农业+田间档案+质量追溯"为链条的数字化农业生产管理模式，切实保障食品安全。

随着农场的发展壮大，农场流转的土地面积逐年扩大，水稻耕作面积超过500亩。近年来，九月丰依托国家水稻工程技术中心、吉林农业大学、吉林市、县级种子管理站等科研单位开展水稻育种实验示范工作，利用杂交筛选技术，陆续开发功能性稻米品种，对数字化农业技术需求程度越来越高，对数字化农业发展的质量要求也随之提升。2018年，九月丰家庭农场与中化集团展开合作，加入中化MAP（现代农业平台）与数字农业板块，由中化MAP事业部提供数字化农业管理服务，线下利用中化MAP技术服务中心获取生产种植服务，线上利用智慧农业系统获取农业服务，实现精准种植管理及现代农场管理。

该种植管理系统在气象方面可以为九月丰家庭农场提供每两小时更新一次的气象信息、48小时的精准预报、15天的天气预报以及历史极端天气信息汇总。在植保方面，可利用历史病虫害信息与今年温、湿度等气象信息进行耦合测算，预测本周期内病虫害发生概率，每7天发布一次病虫害预报。依托测土配方技术，对农场土壤进行取样检测，确保土壤墒情良好。在溯源方面，可将各作业环节农事记录数据、作物长势数据、农场环境、作物检测报告等数据综合整理，形成产品的可追溯二维码，提升产品价值，确保粮食安全。此外，系统将全生产周期的数据汇总到中化MAP战略部进行大数据分析的数据储备，为农业从数字化向智慧化发展奠定基础。在数字化技术支持下，九月丰农场先后选育出"天隆优""天隆粳"等系列优质高产粳稻新品种，生产出一批优质米和功能型水稻，具体包括国标一级优质米、香型优质品种，高蛋白、高铁、低升糖指数米，香糯米及有色稻等，打造"袁氏国米"品牌，实现优质水稻的品牌化销售。

二、无人农场模式

国内典型的无人农场模式是华南农业大学无人农场——高校主导型"物联网+信息平台+无人作业"数字农业建设。华南农业大学罗锡文院士团队采用北斗卫星定位和MEMS（微型电子机械系统）惯性传感相结合，取得了三大创新成果：（1）创新设计了外部加速度补偿的线性时变自适应卡尔曼滤波算法，实现了农机不同作业工况下的高精度连续稳定定位和测姿；（2）创新设计了基于预瞄跟随的复合路径跟踪控制器，采用非线性状态观测器对决策期望轮角进行侧滑补偿，显著提高了水田农机跟踪精度；（3）创新设计了由农机线控局域网和自动导航作业局域网组成的分布式农机自动导航作业系统。构建了"星、机、地"联动农情信息采集网络，其中，"星"指卫星遥感，"机"指飞机或无人机，"地"指地面仪器，三者协同利用图像视觉、传感器传输、遥感图像等现代技术实现"天空地"一体化分析农作物长势及病虫草害情况，实时传输土壤养分及水分等相关信息。此外，无人农场实现了耕种、田间管理、收获、干燥及秸秆处理的全程无人化作业，利用无人平地机、无人播种机、施肥机、喷雾机、智能收获机等机械完成田间作业的同时，利用农机装备携带的传感器传输发动机参数、行驶速度、GPS（全球定位系统）定位、播种数量、播种深度、播种堵塞状态、施肥量、排肥转速、药液流量、喷头区段状态、脱粒滚筒转速、谷物流量等农机作业情况监测数据，为控制平台数据分析和智能决策提供依据。

三、"物联网+信息平台"模式

"政府+科研院所"型"物联网+信息平台"数字农业建设是内蒙古扎赉特旗现代农业产业园探索的特色模式。内蒙古扎赉特旗现代农业产业园是首批认定的国家级产业园，于2017年9月创建，2018年12月正式挂牌，园区占地686平方公里，耕地60万亩，5.47万人口，覆盖2个镇33个行政村。产业园以水稻和甜叶菊为主导产业，围绕产业、加工、营销三大体系，发挥300余家新型经营主体的带动示范作用，大力发展订单农业及认领农业，推广"兴安盟大米·扎赉特味稻"公共区域品牌及"稻鱼、稻鸭、稻蟹、稻虾——四稻共生"新模式，着力打造覆盖10万亩稻田、全长30公里的农业观光带，增加园区附加值，推动产业园区"三产融合"的振兴发展。

内蒙古扎赉特旗现代农业产业园农业数字化建设总体上可以归纳为政

府主导下的"物联网+信息平台"的数字农业建设。扎赉特旗政府依据园区建设基础，统筹生产标准、农资供应、政策扶持、品牌打造、服务调度以及利益分配等宏观需求，依托国家农业信息化工程研究中心进行规划打造，委托链主企业代管现代农业产业园运营活动。此外，吉林农业大学、黑龙江省农业科学院生物技术研究所等高校、科研院所提供技术支撑及决策咨询服务，中国农业信息化社会服务平台、全国农业科教云平台等信息化农业平台提供线上数据拓展、溯源建设及品牌打造，300余家经营主体联合实现品牌产品销售及休闲园区运营。总体来说，内蒙古扎赉特旗现代农业产业园是数字科技在农业领域发展建设的重要范本。该模式在发展过程中，横向以农业为核心，不断延展至养殖业、休闲农业等领域，纵向不断提升数字装备及技术的研发深度，推动农业生产从少人化向无人化过渡，最终实现农业生产节本增效。

第三节　推进数字农业发展的对策建议

吉林省推进数字农业发展要坚持创新驱动、融合发展、政府主导、市场运作、深化改革、制度创新、安全发展、防范风险，务实推进数字农业快速发展。在借鉴国内典型经验的基础上，深层次剖析问题根源，明晰战略目标与技术路线，探索出符合省情的促进吉林省数字农业发展的对策建议。

一、构建基础数据资源体系

建设农业数据采集体系。由于吉林省农业农村基础数据资源体系建设刚刚起步，气候条件、土壤条件、市场信息、生产资料信息、科技信息等信息的掌控归属于不同部门，而部门之间的运作相互独立，难以将信息数据进行充分共享，造成信息数据资源的大量浪费与闲置。此外，当前一部分地区农业基础设施仍旧落后，例如大型现代化农机设备较少、雨雪天气时泥泞、牲畜禽舍的基础设施仅限于照明和取暖、农业灌溉设施仅有传统的大水漫灌形式，使分散经营的小微型农业生产者难以应用大数据平台走进农田。加之农业数据观测设备落后，难以同时覆盖"天、空、地"三个维度数据，难以实现数据平台引领农作物生产与运营。因此，升级健全相关数据采集、传输、汇总、管理、分析、应用的软件系统和智能装备，可以促进数字农业管理规范。

通过智能装备、人工填报、过程数据抓取、数据共享交换、网络数据收集和社会数据购买等方式，构建完整的数据采集网络。通过建设农业基础资源数据库，综合利用农村土地承包经营权确权登记、高标准农田建设、粮食生产功能区和重要农产品生产保护区划定、设施农业用地、种业种质资源、耕地质量、黑土地保护、畜禽水产、水利设施等信息数据，建设农业基本信息数据库。再次，建设农业生产过程数据库。通过利用生产过程的数字化应用系统，进行数据归集与留存，形成从土地流转、生产托管、农业气象、水利水文、投入品、土地整理、农机作业、田间管理到收割作业、仓储物流等过程的粮食生产数据库；形成从种源谱系管理、用药管理、饲料投入、养殖过程监测到屠宰加工、冷链物流等过程的畜牧业生产数据库。最后，建设新型经营主体数据库。按照新型经营主体类别，建立包括主体基础信息、土地流转与托管、生产过程、用工信息、投入品、农机管理与作业、金融保险、产销对接、补贴发放等维度的数据库，实现家庭农场基础信息与全国家庭农场名录系统对接。

搭建省级数字农业云平台应用及农业大数据中心。数字农业云平台是吉林省打造的农业农村数字化服务平台，目前该平台已初步建立。但是，由于吉林省数字农业发展尚处于起步阶段，多数处于生产环境建设过程中，云平台上的涉农数据存在来源较分散、信息缺失、农业数据获取能力较弱、更新不及时、采集和分析的利用率较低等情况，使得收集上来的数据更新滞后，2020年9月份，农业大数据平台上显示的信息大部分仍是春耕信息。此外，数字科技涉及的知识图谱技术、图像识别技术等机器视觉类技术存在成本较高等问题，大田土壤内机械路轨等技术还存在稳定性较差等问题，传感器对土壤墒情的测量指标较为单一等问题，病虫害的预警技术尚未攻克等。当前吉林省基层农业技术人员的农业数字化意识和应用能力较弱，难以准确应用数字化平台上的基础数据和信息来提高粮食生产效率、经营效率以及管理效率。

规划农业政务数据融合项目。建设省、市（州）、县（市、区）三级农业农村政务数据汇集交换平台、治理管控平台、共享服务平台，实现信息系统和数据资源的自动同步、清洗、转换等数据治理；建立农业农村大数据、云计算与存储中心、公共数据标准规范体系、公共数据运维管理保障体系，有序开展全省农业政务数据信息资源的开放共享和深度挖掘利用，形成全省农业农村数据资源一张图，为全省农业大数据辅助决策、业务协同、公共服务等应用提供数据支撑。形成的公共数据逐步对接到吉林省数据共享交换平台。

重视吉林省农业大数据中心建设与应用。整合各涉牧领域数据资源，构建"一个体系、一个平台、N个系统"大数据平台，建设覆盖生产、经营、管理、服务等全部信息的畜牧业大数据中心。加强数据质量分析与治理，梳理数据资产，制定数据标准和数据架构，推进数据互通融合。推进数据采集，建立全数据采集制度，完善数据采集链条，建设畜牧业大数据库。加强大数据挖掘，建立数据实验室，组建数据分析队伍，开展数据分析预判和信息发布，指导畜牧业精准生产，服务管理决策。推进大数据交换共享，研究制定大数据应用规范，推进数据分级分类管理，加快建立数据目录和数据开放标准，推进畜牧业大数据共享开放。开展现代畜牧业省级大数据中心建设，支持智慧牧场、智慧牧业产业园区数字化基础设施建设，鼓励龙头企业发展数字牧业。

推进黑土地（耕地）质量保护大数据平台建设。建设省级黑土地（耕地）质量保护大数据平台，特别是集数据信息存储、分析、应用、管理以及信息服务等功能于一体的黑土地（耕地）质量保护大数据平台。近年来，吉林省不断研发先进的技术，如玉米大垄双行保护性耕作技术等，在吉林中部地区多个粮食生产大县首先采用了该技术，农业农村发展质量获得了重大的改善。吉林省极为重视保护性耕作对耕地质量的影响，正在以玉米秸秆全覆盖为核心，通过保护性耕作技术试验示范全面推广该项技术体系。同时，新型"土壤—作物"系统模型也逐步建立，该模型对土壤水分、热传导、碳氮循环过程和作物生长发育过程进行模拟，运用该模型可以对作物进行估产、水肥优化管理和区域农业生产决策，形成用养结合型种植制度。此外，黑土区苏打盐碱地高效治理关键技术模式也逐步试验与推广。

此外，应利用数字化手段，实时监测与黑土区耕地质量相关的基础设施、生态环境、水土流失等数据信息，推动黑土地保护与新农艺、用地养地等相结合，实现黑土区耕地内在质量、设施条件和生态环境数字化监管。一是加大土壤动态管理力度。通过大数据融合，全面掌握黑土区耕地土壤类型与分布、土壤理化性状、养分状况和环境质量状况，划定边界，建立黑土区耕地数量和质量档案，编制数字化土壤类型分布图、养分分布图、耕地地力等级图，对土壤实行信息化动态管理。二是提升耕地质量监测能力和水平。建设耕地质量长期定位监测点，完善耕地质量数字化监测网，将耕地地力调查评价、耕地质量监测、土壤墒情监测等监测数据统一管理，运用大数据系统进行科学分析研判，根据监测结果，有针对性地制定保护治理措施，提高黑土地保护精准度，实现及时监测、精准指导。三是建立黑土地质量评价跟踪机制。每1万亩耕地设立一个质量调查评价点，充分利用地理信息系统、空间定位技术进行监测，监测信息上图入库。每5年发布一次耕地质量等级信息，跟踪黑土地数量、质量状况，更新数据库信息，依据调查结果，提出保护意见建议，推动黑土地分类保护。四是开展9个县级大数据平台试点建设，形成黑土地资源数据、评价数据、监测数据、墒情数据、信息服务等五大应用服务模块，探索省县联动、共享互通的黑土地（耕地）质量保护大数据平台建设框架。

二、加快产业体系数字化

在种植业、畜牧业、渔业等基础产业应用物联网、卫星遥感等技术、开发相关应用系统，提升产业数字应用能力；逐步向生产资料供应、生产技术及信息服务和农产品加工、流通、营销，及休闲农业、农业传统文化保护传承、电子商务等服务业延伸，通过平台互通、数据交互、应用叠加，开展一二三产业融合数字化服务，提升产业数字化要素配置能力。

发展优势产业数字化。采用政府主导、企业主体、市场化运作的方式，围绕玉米、生猪、肉牛全产业链，建设大数据综合服务平台和大数据中心，实现数据共享交换，为产业政策制定提供数据支撑；将玉米、生猪、肉牛大数据的建设模式，逐步向水稻等粮食作物和畜禽、水产等品种延伸应用。

培育特色产业数字化项目。以白山、通化、延边等人参主产地为核心，打造人参数字化管理服务平台，形成良种繁育、科学种植、双线销售全链条系列化服务体系，指导产业发展；汇聚梅花鹿产业上下游相关数据，建成鹿业产业大数据，推动以双阳区、东丰县为重点的梅花鹿经济圈发展壮大，辐射周边县市构建特色产业聚集带；以黑木耳产业数字化为重点，试点示范食用菌大数据应用模式，以蓝莓生产过程数字化为切入点，试点应用果蔬产品数字化，为吉林省特色产业发展提供数据支撑。

促进一二三产业数字化融合发展。目前，吉林省尚未连接起农业生产、运营、管理全过程的各个方面数据，产业链各环节之间缺乏数字化相关衔接。不同环节信息的掌控者往往归属于不同部门，由于体制问题导致部门间的运作相互独立，难以将信息数据进行充分共享，导致信息数据资源的大量浪费与闲置，与实际需要存在脱节。吉林省数字农业创新模式利用中，产业融合的企业案例较少。若想改变此现状，实现吉林省农业转型升级，就必须走出一条符合吉林省农情、省情实际，向现代化、集约化、智能化、无人化、绿色生态化方向发展的新路径。创建数字农业示范区之后，旨在成为全国尤其是东北地区农业现代化新高地、农业高新技术产品集散地、黑土地保护新技术产业聚集地、现代农业发展方式示范地。

应结合各产业的数字化融合项目，促进"三产融合"发展。在构建完整的农业产业体系同时，加快产业融合发展，确保发展成果更好地惠及农民，以产业兴旺促进农民增收。聚焦要素需求，完善数字要素供给政策体系。农村产业融合发展，搭建数字化服务通道，促进农业产业与科研机构、高校等技术对接和成果转化，提升融合主体技术水平和研发能力。由于建设目标差异，不同类型牵头单位打造的数字化模式的完整性及可推广性存在一定差异。九月丰家庭农场、内蒙古扎赉特旗现代农业产业园、山东理工大学生态无人农场、华南农业大学无人农场、寿光市现代农业高新技术试验示范基地的建设分别由企业、政府、高校及科研单位进行牵头推进，企业建设主要迎合市场机制，实现盈利目标；政府建设主要是打造现代农业样板区，推动数字农业发展；高校及科研单位建设目的在于打造数字科技应用先行示范区。由此，三类牵头单位所打造的数字化模式逐渐从单一化向全局化方向升级，其推广落地难度也相应增加。吉林省在发展数字农业的过程中应该结合产业实际，引入多元主体，利用主体需求差异，推动农业数字化以及农业数据资源化，满足企业谋求盈利，政府谋求发展、高校及科研院所谋求创新的目标，实现政府调控与市场驱动并行。培育数字化市场主体，支持各类农业经营主体利用数字化技术发展农产品生产、加工与销售，拓展合作、服务和经营领域。推动新型农业经营主体通过数字化平台应用，有效对接大型流通仓储、批发市场和商超，健全在线经营网络，延伸产业链、拓展价值链、完善生态链。

打造"数字化科技产业园"。以新数字农业商业生态等模式打造"数字化科技产业园""智慧农业谷"。"十四五"时期，吉林省要利用5G互联网、云计算、人工智能、区块链、大数据等技术，探索促进数字农业与生态农业发展融合的新路径。若想实现吉林省农业转型升级，就必须走出一条符合吉林省实际情况，向现代化、集约化、数字化、无人化、绿色生态化方向发展的新路径。数字农业商业模式应用的基础是农业物联网系统中积累的大数据，既包括农业基础建设数据，也包括农业技术应用的升级数据。由于农业的基础性和物联网的无界性，使得数字农业商业生态模式的创新注定是多个产业融合的创新，这种创新的商业模式具有一定程度的渗透力与变革力，不仅可以创新农业产业，也可以激发全社会领域的商业生态新模式，即价值共创的产业互联模式。

吉林省构建价值共创的产业互联模式需要在有效处理多方利益主体关系的同时，充分发挥各主体的资源与服务能力的差异化优势。例如，可以在吉林省内建设农业全过程无人作业示范区，研发及运营农业全过程无人作业综合服务平台，适时适地打造"数字化科技产业园"和"智慧农业谷"，推动农业全过程无人作业示范区向吉林全省应用推广。创建"绿色农业+可视农业+田间档案+质量追溯"经营模式，促进企业、农业专业合作组织以及农场提高食品安全，解决农业市场上供求信息不对称的问题，提升吉林省现代农业发展的安全指数。并通过开展农业全过程无人作业等新型模式示范，提升吉林省数字化装备产业水平。

三、加快生产体系数字化

全面夯实农业资源数字化基础，以现代装备武装农业、现代科技服务农业、现代生产方式改造农业；以农业生产过程数字化改造为切入点，推动智能感知、控制、分析等技术集成应用，不断优化农业资源配置，加快推进农业结构调整，更好适应资源与环境条件，实现可持续发展，全面提升农业综合生产能力，确保国家粮食和生猪生产安全。

推进"天空地一体化"建设工程。通过农业卫星数据平台升级完善项目，推进"天空地一体化"建设工程。采用遥感分析技术配合农业物联网技术服务系统，升级"天空地一体化"的数据采集分析平台，实现对农作物长势及相关环境因素进行分析。吉林省数字农业发展可以借鉴黑龙江省与阿里巴巴的"数字龙江"战略合作，学习北大荒集团的农业全产业链数字化连接模式。首先，充分融合吉林省的环境感知、区块链、物联网、可视化、智能控制、大数据等技术能力，形成涵盖原材料出入库作业、购销经营、运营决策的全方位"天、空、地"一体化大数据智能管理平台，实现"精准感知→智能作业→智慧管控"的过程，为吉林省传统粮食收储和农业产业经营业务提供强大的科技推进力；其次，根据吉林省各地区不同农产品价格信息、农作物来源、等级、培育场地以及质检、运输等信息建立地区农产品生产经营基础数据库；最后，基于农业生产过程的海量数据，充分利用大数据技术和人工智能技术，对吉林省环境要素（例如光、温、灌溉、CO_2）、实时生长状态（例如形态、生理）、自动化情况（例如温室模型、专家系统、生物参数）、质量安全追溯数据进行观测。通过建设统一的数据汇聚和分析决策系统，实现数据监测预警、决策辅助、展示共享，形成最优决策，保障地区农业生产全过程决策数据化、可追溯化、智能化，进而摆脱传统生产弊端，为吉林省农业农村发展提供数据支撑及决策依据，并以数字技术助力农业提质增效。

升级完善农业物联网平台。从技术集成、数据治理、应用领域等角度，对现有物联网平台进行技术与功能的升级完善。优先在条件成熟的"三园三区"，开展畜牧、水产、棚膜经济、特色产业等农业物联网区域试验示范和应用推广，构建节本增效应用模式，提高园区农业产出率、劳动生产率、资源利用率。探索和积累物联网技术在农业生产、管理、经营、服务等领域融合集成的模式和经验。全省农业基础资源一张图项目。集成卫星、物联网等平台的数据资源，利用数字模型技术，构建农村土地承包经营权确权登记、高标准农田建设、粮食生产功能区和重要农产品生产保护区划定、设施农业用地、种业种质资源、耕地质量、黑土地保护、畜禽水产、水利设施空间分布等信息的全省农业基础资源一张图。

实施智能农机装备数字化应用工程。现阶段，国内数字化农场主要还处于示范阶段，为数字技术尤其是无人驾驶农机、农业机器人等的应用提供了较为理想的生产环境。但在实际生产过程中，数字化技术将面临着更加巨大且具有不确定性的挑战。吉林省在进行数字化农业建设过程中，需要将先进的科技创新成果落地，提高收益与降低成本并行，找到研发与推广、投入与收益的动态平衡点，构建吉林省"知识、技术、数据"一体化政策体系。吉林省农业机械化智慧云平台应推广应用项目，发挥平台在保护性耕作、农机作业补贴、农机试验鉴定、农机安全监理、农机社会化服务和作业数据分析等方面的作用，推动农业机械化与现代信息智能化技术融合发展，服务于农业机械化生产、经营和管理，加快推进农业机械化全程全面高效发展和转型升级。形成省、市、县、乡、村五级共享的农机作业数据共享平台。通过加快推进已试点智慧农场、智慧果园的成熟经验做法，以"互联网+现代农业"的技术创新推动农产品全产业链数字体系完善。针对数字农业的市场发展需求及方向进行宏观指导，在吉林省内构建以知识更新、技术创新、数据驱动为一体的政策体系，借助人工智能、大数据等信息技术，打破智慧农业市场发展的时空限制，以政策带动农业高效发展。

提高农产品生产环节数字化监测水平。建设农业投入品监管与溯源信息平台，汇集种子、农药、肥料、兽药、饲料等投入品审批登记、生产经营、销售台账等数据，建立农业投入品监管大数据平台，在全省范围内构建投入品产、销、用全程可识别体系，推进投入品在线追溯、监管和评估，从源头全面提升吉林省农产品质量安全水平，从技术层面解决"双减"数据采集、统计、分析的难题。

升级病虫草害监测预警系统。完善现有农作物病虫害监测平台升级改造，实现重大病虫害自动化智能化监测、一二类病虫害发生信息和防治要素分析汇总、病虫害监测预警预报因子自动生成等功能，为各级政府评估重大病虫害灾情，及时开展防灾减灾、稳定粮食产量、保证农民收入等提供科学依据。

农产品质量安全数字化监管能力提升项目。结合高标准农田建设，配套质量安全监测系统，完善吉林省农产品质量安全监测信息平台功能，增加生产过程追溯、品质评价、追溯主体和追溯产品网上展览展示等功能，推进农产品质量安全在线追溯、监管、监测、评估和执法。

促进种业发展的数字化升级。数字种业数据共享平台建设项目。应用大数据、云计算等信息技术，助推现代种业创新发展。对接全国种业大数据平台，实现种业企业、生产经营、品种审定、品种保护、品种登记、品种推广等数据互联互通，加快推进数字种业创新发展。对接国家构建的全国统一的农业种质资源大数据平台，将吉林省种质资源普查基本情况、种质资源登记、种质资源动态变化、保存保管等信息统一纳入平台，推动数字化动态监测、信息化监督管理。建设吉林省"吉牛云"智慧农业大数据平台，加快推进肉牛大数据良种建设。

四、加快经营体系数字化

加大新型农业经营主体管理系统的推广应用力度，开展线上规模经营，加快推进农业经营主体数字化转型应用，全面提升吉林省农业农村管理部门和农业经营主体数字化管理应用水平。以"互联网+"农产品出村进城为着力点，推动吉林省农产品"走出去"，促进农民持续增收。

重视新型农业经营主体数字化培育。培育新型农业经营主体数字化管理平台应用推广项目。加大新型农业经营主体管理系统的推广应用力度，按照主体类别，建立新型经营主体数据库。综合利用平台引入的社会服务资源，有针对性地解决主体遇到的各类难题。一是平台系统应用提升主体现代化管理水平，规范财务管理。二是通过平台引入数据网贷业务，解决主体资金缺贷款难问题。三是通过平台的共享功能，解决主体技术缺乏、装备和仓储不足问题。四是通过平台的用工对接功能，解决主体用工难问题。五是通过平台的产销对接功能，解决产品销售难问题。推动"公司+农户""公司+合作社+家庭农场"等经营模式发展，搭建数字化信息平台，提升经营服务能力和产品市场竞争力。通过强化农场主培育机制，培养中青年职业农场主。在大众创业万众创新大背景下，在以国内大循环为主体新的发展格局形成过程中，出台政策引导大中专毕业生返乡创业，各地应该更好地落实高校毕业生各项扶持政策，并为返乡创业的大中专毕业生、农民工、退伍军人等人员提供数字农业促进现代农业高质量发展政策咨询、项目推介、开业指导、小额担保贷款等服务。通过实施双创活动，在不断加快发展农村职业教育，培育新型职业农民基础上，加快培育中青年职业农场主，发展家庭农场，在乡村振兴过程中发挥好家庭农场积极性、创造性。通过各种大赛筛选双创项目、选拔优秀新型农民；通过实施新型职业农民培育工程，建立新型职业农民培育体系；实施鼓励农民工等人员返乡创业行动计划，建设一批农民工返乡创业基地，为数字农业促进现代农业高质量发展奠定人才基础。

提高职业农民的综合素质。利用云平台统合优质资源，构建精品教学视频资源库，组织各级农广校、农业院校、优秀教师录制教学视频上传平台，做到优秀教学资源最大化，实施高素质农民综合化、层次化、模块化教学计划，满足数字农业发展的人才需求。搭建网络教务管理平台，实现后台配置专业课程、在线进行教学管理、建立适应数字农业的课时学分考核机制，评价学员学习成果，提升网络教学水平。利用好涉农相关实验室平台、国家农高区平台、现代农业产业园、国家农业科技园等各类平台，联动域内外相关科技发展网络，全面提升科技支撑农业农村发展的能力和水平。加强科技对农村发展的支撑能力，借助科技力量让农村更宜居，以宜居农村留住更多有乡村情结、生态情结的科技人才，全面夯实科技发展的人才基础。支持在具有合适条件的地区建立生态发展的实验室、科研基地等平台，不仅让论文写在祖国大地上，还要让实验做在祖国大地上，要组织好科技人才吉林行、省级人才吉林行等活动，让各类人才全面了解吉林省农业农村发展的广泛需求，使人才和农业农村发展实现更加精准的对接。

五、加快服务体系数字化

依托云平台和信息进村入户服务平台，汇聚一二三产业优势资源，积极吸纳以"新业态、新功能、新技术"为主要特征的数字资源，全面赋能包含生产、金融、信息、销售等要素的产业服务体系，加速对传统农业各领域、各环节的数字化改造，真正实现产前、产中和产后的深度数字化融合，推动吉林省农业数字化服务体系向规模化、标准化、精细化、定制化方向升级。

完善农业社会化服务体系。实施信息进村入户平台应用项目。在信息进村入户平台原有功能基础上，加大运行保障和服务资源供给。一是信息下达，保障信息供给。进一步聚集公益性服务资源，依托平台引导农业农村、社保、妇联、残联等相关部门发布政策信息、农技指导、创新创业、气象信息、价格行情等，增强平台综合服务能力，促进涉农信息数据资源化、要素化、智能化。二是信息上传，数据归集。依托益农信息社，以信息进村入户服务平台为载体，拓展农业农村信息收集渠道和空间，更好地为政府职能部门各类信息采集、调研、普查服务，形成线上数据归集，整理分析。三是加强社会服务资源应用。在省级资源引入基础上，积极引入县域内社会化服务资源，包括金融、保险、通信、劳务、农业生产资料等，加大信息和服务资源整合力度，将益农信息社打造成为农服务的一站式窗口。

推进农业信息化服务提质增效。升级12316/12582对农综合信息服务平台，整合语音、短信、直播、短视频、视频连线等手段，实现由人工服务向智能服务转化，加大直播投入和短视频制作、发布、推送力度，进一步把服务平台打造成传播"三农"政策，了解农民诉求，连接政府和农民的桥梁、纽带。

提高农机作业社会化服务水平。利用吉林省农业机械化智慧云平台和信息进村入户服务平台手机端，建立农机装备基础数据库，开展农机作业供需对接、农机维修网点对接服务，提高作业效率，抢农时、抓节点开展耕种管收作业服务，实现农机资源共享，提高农机利用率。农村电商服务项目。借助吉林省产销对接平台，推动农产品产销对接服务，强化优质农产品推介服务，搭建农产品供需直接对接平台，打造吉林省优质特色农产品品牌，助力农民增收；强化农业生产资料直销到户监管力度，确保农业投入品高质量、低价格到户，帮助农民节约成本；强化益农信息社电子商务服务功能，发挥电商进村打通"最后一公里"的作用。实施"互联网+"农产品出村进城工程，全面打通农产品线上线下营销通道。农业生产社会化配套服务项目。利用云平台，围绕农业供给侧改革，发挥网络技术优势，面向农民、新型农业农村经营主体、信息服务站、休闲农业乡村游网点等开展网银支付、数据网贷、数字保险等服务，破解农民贷款难、农村融资贵等难题。

搭建"一站式"服务平台。依托基层农业综合服务站，制订综合服务计划，整合农业主体多方资源，构建诸如"一站式"农业服务超市与"粮食银行"等"一站式"服务平台，提供农业技术咨询、农业劳务、农业机械化、农资配送、专业育苗、田间运输、"粮食银行"等农业生产全程"一条龙"社会化经营性服务，满足粮食适度规模经营对耕、种、管、收、卖等环节多样化服务需求。通过搭建电商营销平台，创新"互联网+农业"模式，成立市农村电子商务运管办公室，引入社会资金搭建农村电商平台，采取O2O销售方式，同京东等网上供销平台等合作，建成线上供销线下体验吉林特色、特产民俗体验馆，培育吉林电商品牌，开展网上推介、预约、预定、配送农产品等电商服务，拓展农产品销售渠道。

此外，集聚专业化服务功能，形成一批全产业链技术标准。围绕区域特色产业发展需求，加强良种选育、农业节水、疫病防控、籽粒收获、采收分级、贮藏加工、冷链物流、质量控制追溯、畜禽粪污资源化利用等关键共性技术、设施装备的研发引进和集成熟化，注重农机农艺融合，集中推广一批简约适用的菜单式、傻瓜式技术操作模式，加快成熟技术和模式的示范推广。加强设施农业和农机装备研制推广，努力攻克重大关键技术难题；在动植物品种选育、绿色有机食品标准推进和节水灌溉、动植物重大疫病防控、食品安全保障技术、农产品品牌建设、物联网、电子商务、产业扶贫等方面取得创新突破，提升农业综合服务的高效化、绿色化、智慧化水平。

六、提升乡村信息化服务水平

信息化标准是农业农村高质量发展的有力工具。现代农业高质量发展根据乡村自然地理条件、主要作物、栽培技术等多元化特点，以"用好养好"黑土地和增加绿色优质产品供给为目标，进一步加强资源环境调查、保护与利用关键技术模式、高效模式、农田基础设施建设、配套技术设计和工程、农业技术成果转化、产业化等领域的技术标准和规范制定，科学推动农业生产经营标准化、规模化、智能化、装备化、工程化，建立院省际协同常态化工作机制，为黑土地的可持续利用提供保障。现代农业发展最大的新特征是技术更新快、产品紧跟市场、技术紧跟产品、持续创新能力强。可见，技术创新逐渐成为吉林省黑土地资源发展的新动力。完善黑土地保护与利用技术标准体系，引导保护利用发展方向。一方面，促进吉林省在一些资源与区位优势领域赶超世界先进水平，具有自身独到的高新技术；另一方面，可以加强对引进现代农业技术的改造、消化、完善，要强化对典型示范区科研人员素质提升的教育培训，以适应现代农业科学技术不断进步。

农业大数据是实现农业数字化生产的前提，借鉴全球经验可知，日本建立农业技术信息服务全国联机网络，在各个县设立分级服务点，随时交换共享农业生产信息；欧盟开发基于云计算的玉米开放平台中心，实现从区域分析、指标分析、综合查询等角度对玉米产业生产经营进行全面汇总、分析，多角度、全方位的大数据可视化呈现，为玉米生产管理决策和产品市场销售提供数据支撑。美国政府通过制定法律、颁布政策，来全面规范和引导农业绿色持续发展；以色列政府每年的财政计划会划拨大量资金扶持促进农业发展，通过开垦荒地、改良土壤等农业基础的科技创新提升了产量，建设了全国水利工程，提高了机械化水平等；日本政府实行全面干涉与强有力的宏观调控政策，把分散的小规模农民经济进行整合；荷兰因地制宜大力发展无土栽培；德国凭借自身的技术禀赋积极推进农业机械同互联网、大数据等核心技术相结合，进行作业装备的改进研发，实现生产智能化及生产运行系统化。

政府宏观指导和管理是促进现代农业数字化发展的关键力量。不同国家要根据自己的国情、农情推动数字农业建设，形成差异化战略和整体布局，在技术开发、资金、政策、法律等方面给予充分的保障和支撑。吉林省发展数字农业既要借鉴发达国家发展数字农业的经验，还需要结合吉林省实际来明确未来数字农业的突破方向与最需要发展的数字科技，进而推动农业产业数字化升级，促进农业提质增效。吉林省可以通过提升农业信息化水平，加强与知名电商合作，培育吉林特色农产品电子商务平台，鼓励优秀农产品生产加工企业进驻淘宝吉林馆、京东特色吉林馆等电商平台，推选优秀种子、农药、化肥等企业进驻开犁网，强化线上"吉字号"品牌建设，打造一批吉字号线上知名品牌。比如：吉林大米、洮南绿豆、双阳梅花鹿、新开河人参、吉林玉米、通化葡萄酒等吉林知名品牌。通过云端大数据的汇集，既可以有效监测作物生长状况，指导施肥、灌溉并预测产量，也可以帮助分析农业生产大环境，降低由于自然因素造成的产量损失，弥补农业弱质性的先天不足，帮助农业生产决策，提高农业生产效率和生产能力。通过智能监测设备监控天气数据、土壤成分、作物生长数据等，借助大数据对比分析，农民及农技专家可以在不同的情况下观察现场及相关数据，准确判断作物是否应施肥、浇水、除害等，适时调节农用物资的投入。

| 第九章 |

农业农村现代化与乡村振兴

乡村振兴是农业农村现代化的重要目标和基本结果，农业农村现代化将通过生产力的显著提升为乡村振兴奠定经济基础，通过生产关系的优化为乡村振兴奠定社会基础。东北振兴战略实施以来，农业农村现代化进程与乡村振兴进程之间的契合度越来越高，基于现代化思路的思考可望为乡村振兴提供更加强大的动力。

第一节　农民生活全面提升

东北振兴战略实施以来，特别是近10年来，伴随着高质量发展进程的加速、基础设施的更加完善和科学技术的显著进步，以及国家、省制定发布的系列惠民举措，城乡居民收入水平切实提升，农民生活水平得到全方位提升。

一、脱贫攻坚全面胜利

2020年，现行标准下吉林省所有农村贫困人口全部脱贫，贫困县全部摘帽，标志着吉林省脱贫攻坚取得胜利。脱贫群众收入持续增长，2020年贫困户家庭的人均纯收入达到10052元，是2015年3513元的2.86倍，年均增长23.4%。2021年，吉林省脱贫群众的年均纯收入持续增长达到12079元，比上年增长20.17%，比全国的平均水平高出3.3个百分点，比全省农民收入增速高出10.4个百分点，其中脱贫群众人均纯收入中经营性收入和工资性收入各增长了34.88%、27.55%。脱贫群众的自主增收能力和自我发展意识逐渐增强。全省脱贫地区的农民人均纯收入达到12906元，比上一年增长了12.3%，并比全国平均水平高出0.7个百分点，比全国农民收入增速高出1.8个百分点，实现了吉林省脱贫群众收入的增速要高于全省农民收入的增速，和脱贫地区农民收入的增速要高于全国农民收入的增速的"两个高于"目标。脱贫群众的生活持续改善，截至2020年底，吉林省贫困人口已全部被纳入到基本医疗保险、大病保险和医疗救助的范畴，住院和慢病门诊医疗费用的实际报销比例分别达到90%和80%。有贫困人口18.4万人全部被纳入农村低保，有22.9万人领取了养老金，有10.7万贫困劳动力实现了就业，贫困家庭学生无义务教育阶段失学和辍学现象发生。2021年脱贫群众的生活水平进一步提升，开展了两次"三保障"和饮水安全摸排、整改和提升专项行动。全省脱贫人口21.04万人享受了低保政策，农村困难群众14.2万人获得了专项救助和临时救助，22.01万60周岁以上的脱贫老年人获得了补贴。光伏扶贫收益累计到位资金15亿元，有26.15万脱贫人口受益。实施了558个产业帮扶项目，带动了42万脱贫人口。有11.29万脱贫劳动力实现了稳定就业，比上一年高出了5个百分点。对新增的5060户六类农村低收入群众危房全部完成了改造。脱贫人口的饮水安全仍然保持全覆盖，并且51个县已初步实现了农村集中供水工程县级统管。对各类扶贫项目摸排和核实资产292.97亿元，有92.98%已经确权。脱贫地区产业快速发展，吉林省共建设和实施了5485个种植业、养殖业和加工业等各类产业帮扶项目。15个脱贫县中每个县都发展了2到3个带动能力强、特色鲜明的支柱产业，并且15个脱贫县全都编制了产业发展规划，尤其是一些特色产业在许多脱贫村实现了"从无到有"的历史性跨越。脱贫地区初步构建起以中药材、食用菌和棚膜瓜菜为主的特色种植业，以猪、牛、羊、禽为主的特色养殖业，以电商、乡村旅游和光伏为主的新业态和新模式。全省脱贫县基本都形成了以特色产业为主导，产业初步融合发展的新格局。脱贫地区产业组织化程度提高，吉林省累计培育和创建的51个省级产业园区、650家农业产业化龙头企业、14.5万户家庭农场、8.2万家农民合作社，有1/3以上都在脱贫地区，极大地提高了脱贫地区的产业组织化程度。在脱贫地区，有2.6万名产业发展指导员已全部转化为乡村振兴指导员，培训了2800余人的农业经理人和专业农机手等作为乡村振兴的领军人才，还组建了产业技术专家组22个和科技特派员专家队伍54个，招募了农技特聘员83名。为1489个脱贫村培育了6000名创业致富带头人。吉林省70%以上的脱贫户都与新型农业经营主体，以土地流转、订单生产、就地务工、生产托管、资产租赁和股份合作等形式，建立起了紧密的利益联结关系。截至2021年底，吉林省乡村产业共累计带动脱贫户和监测对象109.2万户次。通过产业赋能，80%以上的脱贫户接受了技术培训和生产指导，产业帮扶取得了志智双扶的明显成效。脱贫地区的人居环境逐渐改善，吉林省实施的农村人居环境三年整治行动在2020年圆满收官。清洁行动覆盖的村庄达到100%。全省对90万户农村家庭实施了农村改厕，在114个重点镇和重点流域污水地区建设完成了处理设施。农村生活垃圾收运处置体系在90%以上的行政村都已建立。截至2020年累计打造了4000个"三A"级标准示范村，占全省行政村总数的43%，创建了250个美丽乡村，打造了40万户"美丽庭院、干净人家"。农村基础设施和公共服务水平不断加强，2018年以来，吉林省共累计新建和改建1.3万公里的农村公路，620万农村居民的饮水安全得到了一体化巩固和提升，并填补了村级医疗卫生机构的"空白点"，全省行政村基本实现了农村公共文化载体全覆盖。2020年吉林省又实施了村庄道路畅通工程，通过推进"四好农村路"高质量发展，新建和改建了3202公里农村公路，"四好农村路"省级示范县由原来的13个增加至17个，巩固和拓展了农村公路的发展成果。实施了农村供水保障工程，吉林省农村自来水普及率已达到90%，与2015相比年提高近40个百分点，全面推进健康乡村建设，完善了8733家标准化村卫生室建设和村卫生室资源配置，定向招录了671名村医，免费培养了363名全科医学生。吉林省不断弥补农村地区学前教育发展的不足，新建、改建和扩建271所农村幼儿园，新增2.2万个公办学位，新建、改建和扩建了58万平方米的中小学校舍。吉林省不断加强农村公共文化载体的建设，新建了347个文化小广场，行政村基本实现了全覆盖。农村社会保障进一步加强，完成了697万人城乡居民养老保险的参保任务。

二、城乡融合进程加速

城乡融合是实现乡村振兴、迈向共同富裕的重要途径。乡村振兴需要各类要素和资源在城乡间的自由流动和互通。一是在促进人才流动上，重点集中在完善了城市人才到乡村创业的激励机制，畅通了农业转移人口市民化制度通道，建立了城乡教师、医生等合作交流机制。在促进土地要素流动与合理配置上，重点集中在稳慎推进农村土地制度改革上，完善了农村承包地所有权、承包权和经营权的"三权分置"制度，以及全面实行了集体经营性建设用地依法入市。在促进资金流动上，重点集中在健全了财政和金融保障机制，支持和鼓励金融机构对农村基础设施建设在贷款利率和期限上要给予一定的优惠，以及鼓励和引导工商资本进入农业领域。在促进科技流动上，重点集中在加强农业科技创新上，以及建立了科研院所、高等院校等专业技术人员到乡村和企业挂职制度。二是在健全了城乡基本公共服务普惠共享的体制机制，教育方面重点集中在建立了优先发展农村教育事业的机制和探索义务教育教师"县管校聘"的管理机制。医疗卫生方面重点集中在健全了乡村医疗卫生服务体系，以及完善了三级医院对口帮扶贫困县县级医院和县级医院支援乡（镇）卫生院长效机制。公共文化方面重点集中在健全城乡公共文化服务体系，不断探索"菜单式"公共文化服务的新模式。社会保障方面重点集中在完善城乡统一的社会保险制度，包括完善了统一的城乡居民基本养老保险、基本医疗保险和大病保险制度。社会救助方面重点集中在统筹了城乡社会救助体系，包括统筹推进城乡低保制度和稳步提高城乡低保标准。三是大力推进城乡基础设施一体化发展。统一规划方面，重点集中在建立城乡基础设施一体化规划机制，包括统筹规划城乡路网以及统筹规划城乡重要市政公用设施和基础设施。统一建设方面，重点集中在建立城乡基础设施一体化建设投入机制，对公益性强、经济性差的农村道路等基础设施建设，以政府投入为主，对有一定经济收益的农村供水等基础设施建设，以政府和社会资本共同投入为主，对农村供电、电信和物流等以经营性为主的基础设施建设，以企业投入为主。统一管护方面重点集中在建立城乡基础设施一体化管护机制，包括加快农村基础设施产权制度改革，以及引入社会资本和专业企业养护农村公益性基础设施等。四是大力推进农村经济多元化发展。重点集中在完善了农业支持保护制度，包括落实永久基本农田特殊保护制度和农业补贴制度。建立了新产业新业态培育机制，包括构建农村产业融合发展体系，以及推动"双创"向农业农村延伸等方面。建立了乡村文化保护利用机制，包括发展乡村特色文化产业等。搭建了城乡产业协同发展平台，包括推进特色小城镇和产业小镇建设，以及优化提升农业园区等方面。五是健全农民收入持续增长的体制机制。重点集中在完善了促进农民工资性收入增长机制，包括创新农民的技能培训方式，以及健全覆盖城乡的公共就业和创业服务体系等方面。健全了农民经营性收入的增长机制，包括培育和发展新型农业经营主体，以及建立多形式的利益联结机制等方面。建立了农民财产性收入的增长机制，包括农村集体产权制度的改革，以及探索农村集体经济发展有效途径等方面。建立了农民财产性收入的增长机制，包括完善生产者补贴制度，以及创新涉农资金的使用方式等方面。六是积极推进试点示范。长吉接合片区成为全国11个国家城乡融合发展试验区之一，也是东北地区唯一的试验区。在这一区域，着力构建城乡融合发展新格局，打造三带联动和多板块协同发展的空间布局，促进了各类生产要素的合理流动和高效集聚。以长吉南线、长吉高速（中部）和长吉北线三条交通干线通道为依托，打造了三条产业发展带。充分发挥片区内各县区的优势，明确了城乡融合和产业布局的重点，探索和创新城乡融合发展模式，形成各具特色和协同发展的功能板块。探索促进城乡融合的政策措施。包括自愿有偿转让退出农村权益制度、农村集体经营性建设用地入市制度、农村产权抵押担保权能等。

三、夯实共同富裕基础

脱贫攻坚取得胜利并不是终点，而是要巩固脱贫攻坚的成果，接续乡村振兴，全面创新各种机制，扎实推进共同富裕。一是要进一步总结脱贫攻坚中的优秀做法，复制推广脱贫攻坚中的制度创新。细化和明确本省的监测标准、操作规程和帮扶办法，加强部门间、地区间信息互通、数据共享和工作对接，设立村组防返贫监测员，做到发现及时、精准帮扶和动态管理，消除脱贫户的返贫致贫风险。要保证帮扶政策总体稳定，严格落实摘帽不摘责任、不摘政策、不摘帮扶和不摘监管的要求，保持各级财政投入力度不减，明确资金投入的重点。统筹中央资金、省级资金用于产业发展以及乡村振兴各项工作。提供信贷和保险服务，加强对乡村振兴各类主体的金融支持，推动省内银行提供乡村振兴信贷和保险业务，为脱贫户制定了"6+N+1"产业保险保费服务。强化驻村干部和各级部门包保干部的调整，向全省脱贫村、易地搬迁安置村、重点边境村和乡村振兴任务重村持续选派驻村干部，实现了全覆盖。二是要加强中央单位定点帮扶，力争取得新成效。继续协调和配合国家机关以及直属单位定点帮扶省内国家级脱贫县，强化中央单位人员、财力、模式等发挥更大作用。三是着力深化农村改革进程，激发乡村振兴和共同富裕的内在动力。全省农村集体产权制度改革接近全面完成，农村承包地确权登记颁证基本完成，县乡两级基本实现了土地流转交易市场全覆盖，乡镇银行机构覆盖率和保险服务的覆盖率都达到了100%，基层供销社基本实现了乡镇全覆盖，要大力发挥这些机构的引领和支持作用，推动乡村快速振兴。四是强化乡村产业创新发展、特色发展能力，围绕粮食生产、畜牧业发展，园艺特产等重点领域推进全产业链开发，延长产业链提升价值链，加快推进产业链现代化进程，将产业帮扶资源有序地转移和过渡到乡村产业振兴上来，聚力打造特色农产品的产品品牌、企业品牌和区域公用品牌，用品牌和市场支撑乡村产业内生发展。五是实施乡村建设行动，在全国范围内率先出台了专项工作方案，完成了6类村庄的分类布局，实施农村道路、电网、供水、新基建和新能源等5项建设工程，乡级行政区5G通达率达到98%，全省自来水的普及率达到了95.3%，农村义务教育质量、医疗卫生机构服务能力、公共文化服务水平、村级综合服务设施、农房质量安全和人居环境整治等得到显著提升，全省乡村的基础设施、公共服务和整体面貌得到了全面的提升，为进一步走向共同富裕奠定了坚实基础。

第二节　实施乡村建设行动

乡村建设是实施乡村振兴战略的重要任务，也是国家现代化建设的重要内容。吉林省把实施乡村建设行动作为党政"一把手"工程，纳入五级书记抓乡村振兴范畴，建立了省级议事协调机制。自2021年以来，吉林省在乡村建设行动上完成投资70亿元，在村庄规划、乡村基础设施建设、基本公共服务、农村人居环境整治提升上实现了新的突破。其中村庄规划已经形成了吉林省村庄分类布局一张图；开展"千村示范"创建百日攻坚，创建宜居、宜业、宜游美丽乡村示范村1022个，打造"美丽庭院、干净人家"20万户，12个县（市）成为全国"四好农村公路"示范县，7个县（市）进入全国村庄清洁行动先进县行列；农村自来水普及率达到95.3%，居全国第5位；编制全国首个地方性农村户用卫生旱厕建设技术规范，完成农村厕所改造16万户，2022年将继续完成农村改厕10.35万户，完善厕所后续管护长效机制。

一、推进农村人居环境整治

自2018年以来，吉林省就按照《农村人居环境整治三年行动方案》，通过系统部署、示范先行、整合资源、建管并重，经过三年时间，以"一年示范启动，两年推进深入，三年巩固提高"的工作思路，全面扎实推进了农村人居环境整治。村容村貌不断改善，垃圾、污水治理、户厕改造等各项任务取得突破性成果。基本实现了从"村村干净"向"家家干净"转变，从"一时美"向"持久美"转变，群众的获得感和幸福感持续提升。

改善乡村人居环境是大力推进乡村"强富美"的需要。吉林省从村容村貌开始整治，入手处可见行动力度之大。比如：在农村开展以"三清一改"为主题的村庄清洁行动，由"治脏"向"治乱"拓展。这个切入点找得准，抓得稳，干得实。在农村，针对不同的季节出现的不同问题，打响了春季战役、夏秋战役、冬季战役。在整治行动高峰时，全省每天出动清洁人员6万人、农民群众267万人，清洁行动覆盖面达到100%，多年积存的陈旧垃圾清根见底，90%以上的行政村基本实现清洁干净目标。

组织开展绿化美化活动。让农村人居环境整治行动见绿显美，正是吉林省通过三年行动交出的优秀答卷。三年行动中，吉林省共完成村屯绿化美化3100多个，建设省级绿美示范村屯194个，新增村屯绿化面积7万亩，村庄公共照明设施不断健全。创建三A级标准农村人居环境示范村4000个，创建美丽乡村213个，打造"美丽庭院、干净人家"40多万户。农村人居环境持续改善，秀美的田园风光引来大批游客，带火了农家乐、民宿等乡村旅游。乡村旅游产业蓬勃发展带来的效益，也让农民的腰包鼓了起来。在村庄美起来的同时，依托各地优势，重点进行休闲旅游产业规划，加大相应基础设施建设，推动农民增收。

二、加强乡村基础设施建设

农村基础设施是提升农村生产力、发展现代农业、增加农民收入、全面改善农村面貌、建设现代化农村的重要物质基础，也是实施乡村振兴战略的一项重要工作。

加强农村交通运输建设。吉林省加快构建城乡道路运输一体化发展格局，深入推进"四好农村路"建设，加快实施村屯硬化路畅通工程，推进偏远地区节点道路建设。深化农村公路管理养护机制改革，健全管护长效机制。支持乡村客运班线公交化改造，鼓励发展镇村公交，因时因势增加乡村客运服务，严禁客货混用和超载。依规对标管理国省干线及乡村公路，对等级公路与乡村公路节点实行信号控制。

加快提升乡村安全饮水水平。吉林省深入推进农村饮用水安全工程，加强乡村饮用水水源地保护。开展水源地保护区规范化建设，加强饮用水水源地标志及隔离设施管护。科学开展水源地及周边水质监测和监管，加强农村饮用水水源环境风险排查整治。合理开发地下水，健全地下水监测体系。深入推进乡镇供水网络与县城供水网络连接，积极推进自来水管网向农村地区延伸，实现城乡供水一体化管理。

提升农村能源供给保障能力。吉林省积极推进农村电网改造升级，推动乡村电气化提升工程建设。完善农村生活供电网络升级改造。强化农业生产供电网络建设改造，提高农村生产用电供给保障覆盖面。鼓励开发应用太阳能、浅层地热能和生物质能，因地制宜开发水能和风能。加强农村绿色节能行动宣传，提升农村居民绿色节能环保意识，推进农村绿色节能建筑建设。

加快完善乡村信息基础设施。吉林省不断改造升级乡村信息化网络设施设备，推动农村宽带通信网、移动互联网、数字电视网扩容。加快物联网、5G、人工智能、大数据等相关配套设施建设。推进农村广播电视基础设施建设和升级改造。全面实施信息进村入户工程，加快乡村综合服务平台建设，提升农村公共服务水平。

三、提升农村公共服务能力

城乡二元结构的特征之一就是乡村公共服务落后。这个问题不解决，就谈不上高质量发展。这也是今后实施乡村振兴战略的一个重要问题。

提高农村义务教育保障能力。吉林省积极完善乡村教师补充机制，加强乡村教师培养培训。加强农村教育信息化建设，推进优质数字教育资源共建共享。继续实施农村义务教育阶段学生营养改善计划。加强乡村儿童德智体美劳教育，促进学生全面发展。

提高农村医疗卫生服务能力。吉林省把县级医院作为农村基层医疗服务的中心，提升县级医院综合服务能力。加强乡村医务人员技能培训，提升医务人员的诊治水平，不断提高村民的就医满意率。做好重大疾病和传染病防治工作，加强重大疾病的监测筛查，提高农村妇女宫颈癌、乳腺癌检查人群覆盖率，县级医院制定突发重大疾情应对方案。鼓励社会力量参与农村医疗卫生建设，提升基层医疗卫生服务水平。

提高农村社会保障能力。全面建成统筹城乡、覆盖全省的社会保障体系。提升农村合作医疗保险保障水平，加快提高农村合作医疗缴纳率，尽快落实就地报销政策。完善城乡居民养老保险制度，逐步提高农村居民养老保险待遇水平。建立健全农村低收入人口社会保障制度。健全养老服务体系，扩大养老服务容纳量。对全面两孩政策调整前的独生子女家庭和农村计划生育双女家庭，继续实行现行各项奖励扶助制度和优惠政策。

提升乡村信息化服务水平。筑牢乡村数字经济服务基础。以吉林省数字农业云平台为依托，推进农业农村大数据中心建设，推动农业农村基础数据整合共享。实施"互联网＋"农产品出村进城工程，加快建成一批智慧物流配送中心。加强电子商务进农村综合示范，促进线上线下融合发展。推动互联网与农村新业态融合，规范有序发展乡村数字共享经济。加强乡村社会保障信息服务。深入推动乡村教育信息化，完善民生保障信息服务。推进乡村社会保障、社会救助数字化服务。开展脱贫户大数据管理，开展农民就业增收大数据服务。推进乡村生态和人居环境数字化监测服务。提升乡村生态保护信息化水平，构建全省乡村生态和人居环境数字化综合监测平台。建立完善山水林田湖草和人居环境大数据库，强化乡村生态、人居环境、饮用水等数字化监测，引导公众积极参与乡村生态和人居环境网络监督。强化乡村治理数字化服务。统筹推进"互联网＋党建""互联网＋乡村法治""互联网＋乡风文明""互联网＋乡村文化""互联网＋乡村服务"建设，构建乡村治理的党建、法治、乡风文明、乡村文化、农村社区服务等大数据平台。

四、乡村文化建设成效显著

吉林省乡村文化成效显著。社会主义核心价值观进村入户。农村道德讲堂把"道德讲堂"与理论宣传相结合，将社会主义核心价值观的"大主题"转化为"小故事"，把"大道理"寓于广大农民群众日常生活的经验和感悟之中。强化榜样引领。截至2018年末，全省共评选出"吉林好人"1450名、"吉林好人标兵"197名。在此基础上，优中选优评出"吉林省道德模范"暨"吉林好人"年度人物43人。群众性创建活动深入开展，农村文明程度普遍提升。深化文明村镇创建。深入开展"城乡共建"活动。持续抓星级文明户评比。建立健全红白理事会、村民议事会、道德评议会、禁毒禁赌会等村民自治组织，发动群众讨论修订乡规民约。引导农民群众绿色过节、健康过节、文明过节。开展"全省农民文明知识竞赛"活动。培育优良家风。各市、州把培育优良家风作为民风建设的基础工程。农村公共文化服务体系初步建立，文化下乡活动丰富多彩，以地域文化为特色，打造文化活动风景线，打造四季文化品牌。深化"我们的节日"主题活动。各县（区）以节日民俗、文化娱乐和体育健身活动为载体，深入挖掘传统节日的文化内涵，引导人们传承和弘扬中华民族的优秀传统，营造民族团结、国家统一、社会和谐、家庭幸福的浓厚节日氛围。文化基础设施建设日臻完善。加大了广播电视村村通、文化小广场、文化大院、乡村图书室和乡村学校少年宫的建设力度，农村文化基础设施建设水平不断提高。农村志愿服务工作网络基本建成，村屯氛围日益和谐。发挥组织优势，建立了全省的农村志愿服务网络框架。注重项目化配置和运作，为广大农民群众提供多层次的志愿服务。

乡村振兴彰显特色文化。东丰农民画历史悠久，农民画作者以关东民俗为养分，以现实生活为源泉，创作了大量形象质朴、色彩明快、构图饱满的作品，其中592件作品曾获国家级奖励，786件作品被中国美术馆收藏，600多件作品被联合国和世界知名美术馆收藏，东丰县成为著名的"中国十大农民画乡"之一。东丰农民画创作队伍已达5.2万人，农民画在促进农民增收的同时，也走进乡村生活的各个角落，丰富了农民的精神世界。伊通满族自治县持续打造"文化伊通"，以"文化＋"方式助推乡村振兴，如小孤山镇先锋村由乡贤集资为家乡建设门球场，组织开展规则简单、趣味性强、安全系数高的门球运动，再如推行农家书屋"村校共建"模式和"1+6+X"的模式（"1"即学生，"6"即爸爸妈妈、爷爷奶奶、姥姥姥爷，"X"为其他亲友），营造全民阅读氛围，形成了具有"书香、花香、米香"的特色村文化；发扬满族文化打造特色旅游，通过举办满族文化论坛、满族文化冰雪节、农民丰收节等活动，推进生态旅游观光园区等重要项目建设，伊通荣获"全国特色旅游名县"称号，全县域内现有4A级景区（点）1处（满族博物馆）、3A级景区2处（南山旅游风景区、大孤山旅游风景区）；4A级乡村旅游经营单位3家（马鞍伊美生态园、黄岭子世外桃源、景台颐乐谷），3A级乡村旅游经营单位8家，旅游直接从业人员近4000人。

延边州"明东模式"具有区域文化特色和民族文化特色。明东村是延边地区最早形成的朝鲜族村落之一，历史文化底蕴深厚，人文自然资源禀赋、民俗风情独具魅力。近年来，该村着力构建中国朝鲜族民俗文化旅游体系，加快生态农业资源、民俗文化资源、生态旅游资源多类资源融合发展，形成以文促旅、以旅兴业、以业富农的乡村旅游发展模式。"以文促旅，以旅彰文"，明东村依托尹东柱故居、明东学校、朝鲜族百年老宅等历史文化遗产，以及保存较为完整的中国朝鲜族民俗文化资源，打造朝鲜族思源圣地、红色旅游教育基地等特色文旅品牌。新建集民俗、餐饮、娱乐为一体的多功能朝鲜族民俗特色老宅6栋、百年红色教育学校、革命教育广场、乡村博物馆、朝鲜族摔跤场地等文化旅游设施16处，2018年和2019年连续两年成功举办"明东端午文化旅游节"，吸引游客走进明东，体验朝鲜族民俗风情，组织村民开展朝鲜族农乐舞、踩地神、背架舞、秋千等朝鲜族传统民俗表演活动。优化人居环境，完善乡村设施，在公路、村屯美化绿化、新建以及修缮农房方面下大力气，投资建设露营地、咖啡店、特色民宿、游客接待中心、旅游产品体验店、土特产品店、文化广场、群众舞台、仿古围墙、旅游厕所、停车场等基础设施项目，以及村旅游标识系统、宣传营销系统等，成立明东旅游发展有限责任公司，深入挖掘和利用特色资源，丰富乡村旅游产品。在着力发展红色旅游、民俗旅游的同时，还积极探索开发农业观光、生态采摘、餐饮民宿、休闲度假等乡村旅游项目。近年来，明东村获评"国家级少数民族特色村寨""吉林美丽休闲乡村""延边州朝鲜族传统村落"等荣誉称号，成功入选"全国乡村旅游重点村"，年均吸引域内外游客8万余人。

五、数字乡村支撑能力增强

中国已经成为全球信息化水平比较高的国家之一，《世界互联网发展报告2021》显示中国互联网发展指数得分居于全球第二位（仅次于美国）。在信息化大背景下，农业农村发展必然与信息技术以及数字技术加速融合，呈现出新的发展态势，推出新的服务体验，以打造新农村新形象新风尚。2022年中央一号文件《中共中央 国务院关于做好2022年全面推进乡村振兴重点工作的意见》专门提出要"大力推进数字乡村建设"，除发展智慧农业外，着力强调"加强农民数字素养与技能""数字技术赋能乡村公共服务""拓展农业农村大数据应用场景""持续开展数字乡村试点""加强农村信息基础设施建设"等任务，智慧乡村建设进程正在加速。吉林省历来重视农业农村发展与数字信息技术的融合，近年来探索了新模式，取得了新成果。

让数字技术融入乡村生活。如梨树县宏旺农机农民合作社对无线农业气象综合监测站的应用，通过监测站大田里的摄像头、传感器，直接就把数据传到县黑土地保护监测中心，省内外的栽培、植保、土肥、气象等方面的专家在线服务，实时给出的指导意见第一时间就可以发送到操作人的手机里。2021年春耕生产之前，梨树县建成了41个无线农业气象综合监测站，平均每10万亩大田就有一个。这些海量数据汇集到黑土地保护监测中心，全县304个自然村，村村有了自己的施肥报告；坡岗地、山坡地、风沙地，因地制宜推出适宜播种时间；关键时刻，无人机还会出动，实时掌握天气信息。再如，和龙市八家子镇桑黄基地广泛应用物联网监控云管理系统，精准控制温度、湿度，给"难伺候"的真菌桑黄提供了适宜的生长环境，基地的桑黄种植量已经超过百万吨，同时和龙市已建成县、乡、村三级物流配送体系，76个村级电商服务站带动乡村经济实现"弯道超车"。第三，吉林市龙潭区制定实施《龙潭区数字乡村建设实施方案》，推动"互联网+一二三产业"项目化，促进城乡供应链体系、运营服务体系和支撑保障体系协同发展。完善业务数据、空间地理信息数据、遥感数据、高精度北斗定位数据叠加的综合治理服务体系，完善"三农"基础数据"一张图"服务平台、经营主体及生产资料供应链服务平台、农产品质量追溯服务平台、乡村振兴APP的开发应用，建设基层数据管理服务平台，建立数字化惠民进村、农产品出村进城数字供应链体系。第四，"农安长安"工程，将视频图像信息系统下延至县、乡、村，拓展系统在安防、社会治理、智慧交通、民生服务、生态建设等领域应用，实现治安防控"全覆盖，无死角"，该平台具有应急预案、应急值守、信息直报、通知通告、视频会议、视频监控、人脸识别、统计分析、深度研判等功能，让现代化、信息化的治安防控手段遍及各乡镇、村屯。此外，吉林省还重点推进玉米（水稻）全产业链大数据平台、梅花鹿人参食用菌单品大数据平台、农村经营主体管理平台推广应用，累计建成益农信息社8030个，建设省级物联网应用示范点100个，发挥"吉农码"对数字乡村建设重要推动作用，被农业农村部确定为信息进村入户首批试点省、农业电子商务试点省和物联网区域试验试点省。

四平市铁东区小塔子村是数字化生活的典范之一。一是实现了生产、经营、管理的数字化，在小塔子村数字农业管理平台就能看到种植规划方案、智慧农机方案以及生产预算。在生产方面，针对合作社农机情况和种植结构成立了玉米大数据专家组，将玉米生产管理分为10个阶段35个关键决策环节，并结合土壤墒情、气象等因素提出了一套完整的种植规划方案。针对合作社现有农机和托管的耕地量身定制了一套智慧农机方案，其中包括自动驾驶、无人驾驶、耕地质量监测等功能。在生产过程中，合作社通过平台已经实现了作业任务下达、农机调度、农机作业轨迹、农机作业质量等功能。在经营管理上，平台上的上市公司财务团队为合作社预算所有支出，大大节省了合作社生产经营成本。二是实现了公共服务的数字化。在村部数字管理平台上，住院医疗、孩子上学助学贷款等手续都能便捷完成，实现了"最多跑一次"改革向农村延伸，在建设农村"一图式规划""一门式办理""一站式服务"的综合服务平台，形成政务数据流通的全区"一张网"方面进行了先行先试，铁东区小塔子村成为数字乡村智慧村部建设的典型。三是社会治理的数字化，在小塔子村数字农业农村管理平台，村里工作人员可以在管理平台上进行信息发布、村民互动、人员管理、数据上报等，特别是将综合治理的网格化管理纳入平台，将十户联防与网格化治理有机结合，更好更精准地为老百姓服务。在小塔子村可视化平台上，村庄、人口、居住等基础情况罗列显示，可让办事部门一张图式了解村内情况。在乡村治理方面，小塔子村变人防为技防，在人居环境、森林防火、秸秆禁烧等七个维度进行无人机定时定向巡航。

长春市在信息乡村建设上积极发挥引领作用。截至2020年底，长春市信息进村入户覆盖率达100%，农民信息利用率达85%，市级以上龙头企业电商化率达100%，温室物联网覆盖率达25%。已在6个县域分批建设区域农业科技服务中心和智慧农业平台，加快农业信息资源整合和农业大数据融合。推广九台区数字乡村综合服务平台示范项目，加快推进双阳区数字农业农村试点，全面启动农安县生态无人农场建设，优先在鲜食玉米、绿色水稻、设施农业等领域建设一批智慧农业产业园区，依托智慧农业平台和智慧产业园区，建立农产品质量安全溯源服务体系、农业社会化服务体系、农产品电子信息服务体系、政务资源服务体系，积极推进生产经营、产销衔接、金融服务、乡村治理等数字化管理服务模式，加快农业数字化转型步伐。围绕"农"字号，大力推广农业物联网，加快数字化农业生产，建设一批数字农场、数字牧场，推动数字化"三产融合"。乡村旅游数字化发展也是一个亮点，2020年全市乡村旅游接待游客1325.04万人次，实现旅游综合收入91.13亿元。双阳区和九台区被评为全国休闲农业和乡村旅游示范区，全市现有全国乡村旅游重点村4个，全国休闲农业和乡村旅游示范点15个，省级乡村旅游重点村11个，吉林省A级乡村旅游经营单位58家。双阳区、九台区、净月高新区成为首批国家全域旅游示范区创建单位，农安县、莲花山生态旅游度假区成为首批省级全域旅游示范区创建单位。

第三节　建设治理有序乡村

乡村振兴，治理有效既是基础，也是保障。乡村要振兴不论是从促进乡村产业发展、激发乡村发展活力、统筹城乡关系，还是化解农村基层矛盾，促进乡风文明等都离不开乡村自治、法治、德治相结合的乡村治理体系。

一、法治乡村建设

加强法治乡村建设是实施乡村振兴战略的重要保障，吉林省主动谋划、积极作为，形成法治乡村建设与乡村振兴互促互进的良好格局，有效打通了基层法律服务的"最后一公里"。广大乡村干部和农民办事依法、遇事找法的意识不断增强。一是强化顶层设计。在2019年《关于加强和改进乡村治理的指导意见》和2020年《关于加强法治乡村建设的意见》等相继发布后，吉林省强化顶层设计，制定了包括70条任务的分工方案并落实到相关的牵头单位、责任单位和参加单位，从完善涉农领域的相关立法、规范涉农的行政执法、强化乡村的司法保障、加强乡村法治宣传与教育、完善乡村公共法律服务、健全乡村矛盾纠纷化解以及平安建设机制、加快乡村"数字法治·智慧司法"建设、深化法治乡村的示范建设等方面精准推进。二是积极创新举措。省直各相关部门积极作为，不断创新政策措施，如生态环境部门牵头开展了农村黑臭水体的排查与整治试点等工作，市场监管部门牵头开展了"放心消费在吉林"的创建工程，司法部门牵头建设了一批"民主法治示范村"，推广"吉法智"智能公共法律服务平台。三是强化保障措施。把构建法治乡村作为乡村振兴战略的一项基础性工作来抓，县乡党政主要负责人作为乡村法治建设的第一责任人；加强财力保障，推动法治乡村建设的经费被列入到同级财政预算并建立了增长机制；加强督导检查，强化调度和督促。四是取得较好效果。吉林省公安部门2019年以来实施了"一村一警"建设工程，在全省9338个行政村实现了"一村一警"全覆盖，创建了农村警务数据平台和集多功能于一体的农村警务APP，实现了农村警务基础信息一站式采集、服务群众一网通办、农村警力一图调度和情报线索一拍即传，极大提高了农村警务工作的时效性。如吉林市司法局设立了"一村一法律顾问"制度，通过深入乡村，走村串乡化解矛盾纠纷、开展法治宣传和提供法律咨询等服务，助力法治乡村建设。2021年法律顾问先后入村达500余次，解答村民相关法律咨询3200余次，提供公益法律援助3430余件，帮助核定村规民约，帮助村民代写法律文书200余份，打通了基层法律服务的"最后一公里"。如通榆县政法委组织成立了县级矛盾纠纷调解中心，2021年共排查和化解了835件乡村各类矛盾纠纷，调解成功率达到98%，实现了"小事不出村（屯），大事不出乡镇，矛盾不上交"。如吉林市对乡村地区开展人民法庭巡回审判服务，在左家镇、土城子、孤店子镇、桦皮厂等地分别设立了巡回调解工作站以及巡回审判点，开设了网络法庭，2021年，通过线上诉讼活动对100余起案件进行了快速审理。

二、德治乡村建设

法能安天下，德能润人心。由于农村地区的亲缘关系更浓，乡村振兴战略下的社会治理不仅需要法治，而且也需要德治。中华优秀的传统文化蕴含着道德规范，深入发掘村民的道德规范，育新风，塑造淳朴乡风，形成以"德治"为基础的乡村治理新路径。一是社会主义核心价值观进村入户。紧紧围绕《公民道德建设实施纲要》的各项要求，在广阔乡村地区深入开展各种教育活动，统筹电视、广播和报刊等传统媒体和互联网、移动终端、公益广告等现代传媒手段，多载体、多形式、多方位地进行宣传教育，基本形成了比较完整的普及和宣传网络，实现了社会主义核心价值观在农村地区的全覆盖宣传，使核心价值观的内容在广大农村得到充分展现。二是多角度促进"文明乡风"。全省各级"草根"宣讲员不间断地深入到村委会和田间地头，利用"农村道德讲堂"将社会主义核心价值观转化为一个个生动的"小故事"，把"大道理"融入广大村民的日常生活经验和感悟中，增强了理论的感染力和吸引力；通过"道德讲堂"推进农村移风易俗，使得农村地区收取高价彩礼、重人情攀比、重葬薄养、铺张浪费和搞封建迷信活动等陈规陋习大大减少，农民群众的精气神越来越足，有利于农村地区文明乡风、淳朴民风和良好家风的逐步形成。三是积极开展文明村镇创建活动。实施创建文明村镇五年行动计划，提出了推进和践行社会主义核心价值观、树立文明乡风、培育优良家风、开展农村环境综合治理和丰富农民群众业余文化生活等五方面的创建任务。2017年，全省共有363个省级文明村镇，到2021全省共有456个省级文明村镇。四是德治乡村基层实践效果良好。汪清县依托农民夜校和文化大讲堂等常态化活动，用朴实、生动的家常话来宣讲党的新理论新政策，还有村里村外的脱贫故事和道德楷模典型，以不断增强广大农民的文化道德水平和意识。持续开展了"党心连民心"活动，每月都要开展1至2项主题服务活动，切实让基层组织活起来、让民心暖起来。临江市建立乡、村文明实践所（站）等形式的两级德育基地，定期开展文化讲座、好人好事宣传活动，加强对农民的思想道德教育，还定期组织宣传队、放映队和流动图书车进村入屯，开展送文化、送图书、送电影和送戏曲下乡等活动，组织开展"文明村屯""干净人家"和"三好一庭院"的评选活动，倡导树立文明新风。德惠市天台镇通过开展有关"知乡贤、颂乡贤、学乡贤、做乡贤"的系列活动，大力弘扬"爱国爱乡、敬业诚信、崇学向善、乐于奉献"的新乡贤文化，充分发挥了新乡贤文化的经济效应和社会效应。舒兰市深入开展"美丽乡村·厚德舒兰"的系列活动，通过建立新乡贤"六大员队伍"和开展"六小活动"等，把新乡贤队伍建设成为永久的"乡村宣传工作队"，所培育的新乡贤队伍在乡村善治中发挥了重要作用。

三、自治乡村建设

乡村自治是乡村治理的基础，是基层建设的重要内容，依托村民们集思广益、群策群力把村里的事情办好，从而促进农村经济和社会的进步与发展。吉林省共有乡镇717个，有9405个行政村的村民委员会，有效发挥了群众性自治组织功能。一是充分体现乡村自治民主性。按照《中华人民共和国村民委员会组织法》的有关要求进行民主选举，依托村民会议或是村民代表会议进行决策，通过村规民约让广大村民进行自我管理、自我教育和自我服务，按照《村民委员会组织法》的规定进行民主监督。二是充分展现乡村自治的自治性。重拾乡约，实现村规民约在9405个行政村的全覆盖，形成法制、德治、自治协同治理局面。通过村级民主议事、四议两公开一承诺和两评一考等相关制度，充分发挥村级自治组织的自身作用。三是自治体系加快健全，实践成效不断涌现。临江市以村党组织为核心，制定了村民自治章程、村规民约并积极推广"民事民办、村民自治"的经验做法，成立了民主评议团和村民理事会等村民自治组织，开展具有地方特色的系列活动，打造阳光村务、提升自治效能。汪清县推进各乡村设立"积分超市"，实行"积分管理"制度，以此激励和激发村民遵规守约和主动参与本村事务的热情，全面设立"村民议事堂"，组织开展村民在议事堂商议各项村里的事务，形成了"说、议、办、评"的村级治理运行机制，积极探索"十户一体"的村级治理模式，实现了小网格管理和精细化治理。长春市双阳区引导村民进行自我教育、自我管理和自我服务，以屯（组）为单位建立重大事项的"三评议、三公开"工作制度，近3年参加议事和评议的村民高达1万余人次，提出意见和建议多达300余条，公开各类信息800余条，实现了屯务公正透明、齐抓共管，形成村民自治的良好局面。

四、强化"三治"结合

乡村治理包括自治、法治和德治三个方面，但它们并不是彼此独立的，而是有一定的内在逻辑，法治为纲、德治润心、自治固本，三者相互协调和相互促进，只有坚持自治、法治、德治相结合，乡村社会才能充满活力、和谐有序、持续提升。一是确保法治为纲。坚持用法治手段推进乡村治理，不断优化乡村法律服务供给、规范农村执法程序，同时加强乡村法律宣传教育，引导广大农民增强尊法、守法、学法和用法的意识。二是推进德治润心。吉林省在乡村治理中融入德治，充分发挥道德引领和约束的内在作用，为自治和法治的顺利推进提供情感支持，各地依托新时代文明实践站（所）和乡村振兴学院等平台进行了有效探索，大力弘扬新风正气，引导农民重义守信、勤俭持家、孝老爱亲、向上向善。以德治教化人心，切实推动乡村治理提效。三是自治固本。吉林省各乡村逐步建立健全以村民委员会为主体的自治组织，制定和完善村规民约或居民公约等自治制度，创建如"说事长廊""百姓说事点"等形式的协商平台，让农民真正参与到乡村事务中来并从中受益，逐步强化农民是乡村治理主体的意识。四是深化融合，强化实践。双辽市永加乡忠信村推动"三治"合一，健全自治制度，丰富议事形式，建立村务监督机构，制定符合村情和民意的村规民约，完善公共法律服务体系，定期开展群众性法律宣传活动，扩大本村法律治安队伍，充分发挥各类组织和人士的力量参与乡村治理，实现了乡村的联合治理，开展移风易俗行动，保护和弘扬传统优秀文化等活动进行道德实践，并建立了崇德向善的激励机制，评选模范和典型，2019年忠信村获得"全国乡村治理示范村"荣誉称号。蛟河市加快推进乡村"三治融合"进程，积极推动各村调解委员会的规范化建设，健全基层调解工作网络，成立红白理事会、巾帼理事会和乡贤理事会等群众自治组织，普遍开展"律师进农村"活动，法律顾问定期来村进行法律咨询服务，建立标准化村级矛盾调解室、信访接待室、视频监控室，推动将矛盾纠纷预防和化解在家门口，依托村文化活动室、农家书屋和文化活动广场等形式丰富村民的精神文明生活。

第四节　提高农民收入水平

吉林省各级农业农村部门全力推进乡村产业发展，夯实乡村振兴物质基础，着力提高农民收入水平。

一、创新联农带农模式

近年来，吉林省各地充分依托乡村资源优势，积极引导农户特别是脱贫群众提升产业发展能力，因地制宜发展庭院经济，稳定增加经营性收入，在"小庭院"做出"大文章"。

合作社经纪人引领模式。鼓励新成立农民合作社或依托现有合作社，采取种植品种、生产标准、购买生产资料、技术指导、产品质量、产品销售"六统一"形式，实现分散生产、群体发展、联合经营。突出发展"反季节"种植，依托庭院大棚反季、错季种植，确保农户产品卖上好价钱；

突出发展规模性种植养殖，吸引外地客商集中采购，建立长期合作关系；突出发展特色农产品，连片打造"一村一品，一乡一业"，充分发挥合作社和经纪人信息灵、人脉广的作用，精准掌握市场动态，拓展农产品线上线下营销渠道，确保销售价格稳定，有效增加农户收入。

品牌带动模式。积极创建在市场上有影响力、被广大消费者认可的庭院经济品牌，开展有机、绿色、无公害农产品认证，引导农民按规范标准发展庭院经济。白城市洮北区种植"雪寒"韭菜、南国梨、油桃；镇赉县种植大葱、香瓜，指导农户发展柳编；洮南市种植辣椒、葡萄，实施粉条加工；通榆县集中发展棚膜蔬菜；大安市打造黄菇娘、大挠子等品牌，不断提高质量标准，逐步提升农产品附加值。

"互联网+"农户模式。充分运用"互联网+"，将庭院经济与电子商务有机结合，打造庭院经济综合性信息和电商服务平台，加快推进村级电子商务项目建设。同时与快递、外卖公司紧密合作，将庭院经济农产品直接送到用户手中。持续发挥网络社交平台作用，利用微信、快手等社交平台吸引客户，采取互联网在线支付方式升级便捷式消费。

"私人订制"经营模式。鼓励种植大户及农民合作社有偿流转农户庭院土地，发展适度规模经营，与城镇高端消费人群签订产销合同，精准满足用户需求，实行"私人订制"。针对缺乏自主经营能力的特殊农户，由村、社牵头，将庭院转包给其他农户或合作社代为经营，以"组团式"发展稳定增加农户收入。

二、拓宽农民就业增收渠道

多年来，吉林省积极落实各项就业创业政策，加大资金支持力度。通过各项举措，多渠道促进农村劳动力就业创业。

强化就地就近就业。吉林省依托"大水网""黑土地保护""千亿斤粮食""千万头肉牛"等涉农重点工程，深入挖掘农民就地就近就业岗位。同时以城市工业园区和乡镇重点企业为核心，以农民现有交通工具1小时里程为半径，打造1小时经济圈，协调企业广泛吸纳周边农村劳动力，加快就地就近转移进程。截至2022年7月末，农村劳动力实现就地就近就业183.08万人。

开展域外劳务输出拓展行动。吉林省广泛建立域外劳务输入基地。吉林省劳动保障部门对输入务工人员比较集中的省外和境外企业及各地设立的具有明确职能、组织输出规模较大的驻外劳务机构进行考察，在考察的基础上认定和建立一批省级劳务输入基地和省级驻外劳务机构，并与其建立了长期稳定的协作关系。吉林省充分发挥驻外劳务机构职能作用，不断扩大域外输出规模。

开展农村劳动力返乡创业扶持行动。吉林省对有资金、有技术、有意愿创业的返乡农民工给予重点扶持，发挥创业促进就业效应。为此开辟了农民工返乡创业"绿色通道"，为农民工返乡创业创造宽松环境。鼓励返乡创业的农民工到创业园区创办经营实体，简化办事程序，推行一站式服务。在就业服务指导、技能培训、劳动用工管理、小额担保贷款和各项社会保障等方面，研究制定了相应的配套措施。同时，吉林省对返乡入乡创业基地给予相应的资金扶持，对返乡首次创业的农民工给予一次性5000元的初次创业补贴。落实创业担保贷款贴息政策，个人可申请最高20万元、企业最高400万元的担保贷款。实施农村劳动力免费技能培训，按规定拨付培训机构培训补贴资金。设立500余万元专项经费用于农村劳动力转移就业工作专项补贴。

实施"抓产业、促就业、稳增收"提升行动。吉林省大力支持乡村振兴重点产业发展，吸纳农村劳动力就业；推进就业帮扶载体建设，每个县（市）都至少创建了1个帮扶车间；实施易地搬迁人口就业帮扶专项行动，确保搬迁家庭劳动力至少有1人就业。

开展有组织化和品牌化就业。对成规模外出务工人员开通"家门到车门，车门到厂门"返岗直通车，实施"点对点一站式"服务；实施农民工职业技能培训，打造劳务输出品牌，以品牌引领劳务经济发展，提升农村劳动力就业质量。

将脱贫人口纳入就业帮扶政策范围。吉林省扩大脱贫人口政策覆盖面，将防止返贫监测对象纳入就业帮扶政策范围，对吸纳脱贫劳动力就业的各类用人单位，按照每人600元标准，给予一次性吸纳就业补贴；对开展脱贫劳动力有组织劳务输出的经营性人力资源服务机构等市场主体，按有关规定给予就业创业服务补助；对经过公共就业服务机构、经营性人力资源服务机构等市场主体有组织输出的脱贫劳动力，按每人500元标准给予一次性求职创业补贴；对经过认定的就业帮扶车间吸纳脱贫人口就业的，每吸纳1名脱贫劳动力，给予就业帮扶车间1000元一次性奖补。

三、健全农村社会保障制度

农村社会保障在国家社会保障体系中占据重要地位。吉林省是农业大省，农民占比较大，农村最低生活保障、新型农村合作医疗和农村养老保险等社会保障制度是调节社会矛盾、构建和谐社会和增加农民收入的重要内容。

探索推进农村养老保险工作。为适应不断加快的农村工业化、城镇化进程和农民对社会保障的多层次需求，近年来，吉林省不断加大力度，在对原农村养老保险工作清理规范的基础上，探索推进农村养老保险工作。自2005年省劳动和社会保障等部门《关于被征地农民基本养老保险指导意见》颁布后开始启动被征地农民农村养老保险工作。2021年，吉林省社保部门将农村养老工作提上重要议事日程，提出社保经办工作要逐步向农村延伸，加快推进覆盖城乡居民的社会保障体系建设。从2021年初开始，吉林省加大了农村社会保险工作力度，把农村社会保险确定为全年重点工作目标，制定了农村社会保险工作规划，在试点的基础上全面推开。全省及时召开农村养老保险工作现场会，推广了长春、九台等地开展被征地农民基本养老保险的做法，带动了全省20多个市、县出台了办法。吉林市、通化市、梨树县也已经开展被征地农民养老保险工作。目前，吉林省被征地农民参保人数达2257人，有793人领取养老金。

加强农村养老保险队伍建设。随着被征地农民基本养老保险由试点进入到全面铺开阶段和农村计划生育独女户养老保险将开展试点，农村养老保险经办工作任务日益繁重，省社保局在各市、县专门设立了农村养老保险机构，设专人负责经办工作。并建立市县重点联系制度，加强调度、沟通协调、交流经验、以点带面推动工作。积极探索符合吉林省实际的农村养老保险制度模式。各地克服困难，创造条件，逐步开展研究测算，试点探索，分步骤推进农村保险工作。全省还积极组织农村保险工作开展好的市县领导干部、业务骨干到外地取经，为探索建立农村保险制度模式提供有益的经验。

第五节　深化农业农村改革

吉林省近年来稳步推进"三权分置""农村集体产权制度改革""新型农业经营主体"和"农业绿色发展"等项改革，不断加大农业农村改革步伐，推进全省乡村振兴战略的实施。

一、扎实推进农村土地制度改革

稳慎改革农村宅基地制度。加快完善房地一体的农村宅基地确权登记颁证工作，探索宅基地所有权、资格权、使用权"三权"分置。在符合国土空间规划、用途管制和尊重农民意愿前提下，鼓励引入社会资本对闲置农房进行改造，允许县级政府依据"多规合一"实用性村庄规划，调整优化村庄用地布局，有效利用农村零星分散的存量建设用地，预留部分规划建设用地指标用于建设符合乡村规划且需另行选址的农业和乡村旅游等设施。鼓励进城落户的村民依法自愿有偿退出宅基地，支持农村集体经济组织及其成员盘活利用闲置宅基地和闲置住宅。

完善农村土地征收制度。贯彻执行《中华人民共和国土地管理法》，全面施行集体经营性建设用地依法入市，逐步建立城乡统一的建设用地市场。进一步规范征地程序，完善征地补偿机制，保障被征地农民原有生活水平不降低，长远生计有保障。规范入市行为，以出让、出租等方式实现工业、商业等集体经营性建设用地参与城乡生产要素的平等交换。支持农村集体经济组织依法采取租赁、入股等方式使用建设用地发展农村新产业，鼓励各种所有制经济主体参与农村新业态项目，平等受让建设用地土地使用权。

持续深化农村集体产权制度改革。提升村集体"三资"管理水平。全面总结农村集体资产清产核资工作经验，加强农村集体资产清产核资成果应用，健全农村集体资产、资金、资源管理制度。积极推进农村集体资产监督管理平台建设，加快建成便民快捷、管理高效、上下联动、部门共享的农村集体资产大数据库，提高集体"三资"管理信息化水平。盘活农村集体资产，推进"三变"改革。推进"资源变资产、资金变股金、农民变股东"农村"三变"改革，探索建立集体经济组织成员登记备案制度，以集体产权改革为基础，采取股份合作、信托经营等方式，量化、盘活农村集体资产，增强农村集体经济发展活力。

二、持续深化农村集体产权制度改革

探索村集体流转利用耕地、荒地和村庄整治、宅基地复垦等新增土地，以及其他集体所属资源的开发利用新途径。在符合国土空间规划前提下，通过全域土地综合治理节余的农村集体建设用地，优先用于发展乡村产业项目。大力支持村党组织领办合作社，鼓励村集体以集体资产参股农民专业合作社和经营稳健的工商企业。鼓励有条件的村集体与其他经济主体发展混合所有制经济项目。建立健全村集体经济财务管理和收入分配制度。规范村集体经济收益分配和使用，确保村集体成员共享增值收益。在集体资产雄厚的村成立村集体股份合作组织，探索完善村民对集体资产股份占有、收益、有偿退出及抵押、担保、继承等有关制度。加快推动县域内城乡融合发展。强化县域城镇作为城乡融合发展的关键纽带作用，加快打通城乡要素平等交换、双向流动的制度性通道。推进城乡基础设施一体化发展，促进城乡基本公共服务普惠共享，强化县域综合服务能力。发展壮大县域经济，实施"万企兴万村"行动，构建县域城乡产业融合体系。持续推进国家城乡融合发展试验区长吉接合片区建设，着力探索城乡融合发展路径和模式，打造农村改革先行先试实验区、农业现代化建设先导区、长吉一体化发展支撑区和新型城镇化建设示范区。

三、探索更加紧密的城乡利益联结新机制

建立更加紧密的城乡利益联结新机制，是城乡融合发展的"升级版"，是农业农村农民与工商业城市市民更紧密融合的新机制，是基于更加完整地坚持"人民至上""系统观念"等理念在城乡发展上的新探索，也是吉林省在中国式现代化征程上的示范性新尝试。一是要建立起城乡产业发展上的利益联结新机制，充分利用投融资机制、创业孵化机制等，推动城市的农机、饲料、农家肥、乡村旅游等企业到乡村利用闲置宅基地和集体资产进行兴业，也要推动农村的合作社、农村电商、农产品加工企业到城市里建设特色商铺，彰显特色品牌，探索建立街道社区和乡村屯组间的产业联动发展机制。二是要建立起城乡空间发展上的利益联结新机制，在城乡衔接地区探索推进更加灵活的土地产权制度，在允许农村集体土地转变为城市国有土地的同时，也要在人口规模不足的一些城市探索推动城市国有土地向农村集体土地转变的新制度，根据我省实际推动部分地区乡村建设空间的稳步增加。要因地制宜在城市空间中发展楼宇农业、工厂化农业等新形态。三是要建立起城乡发展的基于人的利益联结新机制，着力打造城乡一体化的生产消费网络、社会保障网络、健康服务网络、社会文明网络等，在城市中打造乡村特色文化街区，以饮食文化、历史文化等为

核心塑造具有区域特色的城乡文化网络，同时还要确定城乡同类商品、同类服务之间价格基本一致，争取城乡平均收入、平均消费之间的基本一致，并推动"消费券"等制度向农村居民进一步倾斜。四是要建立起城乡营商环境上的利益联结新机制，统筹营商环境、营农环境、创新生态、税费成本等，让更多的城市双创孵化基地和乡村返乡入乡创业基地联动起来，让更多的城市创新创业资源运营乡村创新创业平台，让农村创业者在城市营商环境里获利，让城市创业者在乡村振兴发展中发挥更大的带动作用。

四、强化多元投入与金融服务

完善农业农村投入机制。坚持把农业农村作为财政优先保障领域，加强财政投入保障，确保财政投入与全面实施乡村振兴战略相适应。落实调整完善土地出让收入使用范围，优先支持乡村振兴的相关制度安排，加强督导考核，确保土地出让收入按规定比例用于农业农村。设立吉林省乡村振兴产业发展基金，发挥财政资金引导作用和放大效应，充分利用资本市场支持乡村产业发展。进一步完善涉农资金统筹整合长效机制。通过市场化手段引导鼓励社会资本有序投入农业农村建设。推动健全农村金融服务体系。按照"扩面、增品、提标"的要求，完善农业保险体系，推动农业保险高质量发展。不断拓宽参保范围，鼓励农业保险经办机构让利广大农户，提高农业保险保障程度。巩固种植业成本保险，积极开展三大粮食作物完全成本保险和收入保险试点。探索搭建全省农业保险综合信息管理平台，提升农业保险工作管理水平。研究建立基于地区风险的差异化定价机制。加快农业担保体系建设，实现农业大县融资担保服务网点全覆盖，提升农村担保服务能力。加快发展玉米和水稻完全成本保险和收入保险，扩大地方优势特色农产品保险覆盖面，开展农产品"保险＋期货"试点。进一步推进普惠金融发展。完善普惠融资服务体系，提高中小微企业金融服务可获得性。深入推进农村金融综合改革，统筹构建全省线上和线下农村综合产权交易市场网络，鼓励"吉农金服"等农村数字普惠金融服务乡村振兴。探索建立风险补偿机制，继续支持融资担保体系建设，促进专注于服务"三农"和小微企业的融资担保机构持续发展，提升政府性融资担保体系支持经济薄弱环节发展的功效。推动金融创新大力服务"三农"。推动涉农金融产品创新，围绕新型农业经营主体的融资需求，开发多样化的金融产品和服务，围绕重点领域提供特色化的信贷产品和融资服务，降低农村金融领域融资成本。丰富农村金融服务主体，完善涉农金融风险分担机制。提升农村基础金融服务水平，引导金融机构和网点下沉，鼓励各类金融机构在县域增设网点，适当下放县域分支机构的权限，为乡村振兴提供全方位金融支持服务。促进农村改革集成扩面。拓宽农村改革领域。健全完善农业支持保护制度，深化农村金融改革，加快推进供销社、国有林区林场、集体林权制度、草原承包经营制度、农村农业水价、农村闲置农房等改革，进一步释放改革红利。持续深化农垦改革。持续深化垦区集团化农场企业化改革，推进国有农场生产经营企业化、规模化和专业化，促进垦区农业一体化经营。深入推进农垦国有土地管理制度改革，支持农垦企业理顺土地承包租赁关系，构建权利义务关系清晰的国有土地经营制度。坚持问题导向和系统思维，因地制宜、因村施策，着力破解体制性障碍、机制性梗阻、政策性堵点，综合考虑农业产业发展、基础设施建设、资源盘活利用、村庄布局优化等方面，持续深化农村改革。深入探索资源经济、混合经济、物业租赁、"三产"服务、电子商务等农村集体经济新的实现形式，有序开展农村改革试点。积极推进梨树县创建全国农村综合改革试验区，针对现代农业经营体系重点领域和关键环节开展先行先试。

第十章

农业农村现代化与农村人力资源的开发

农业农村现代化，人力资源是根本保障。农村人力资源开发既包括农业产业人才和乡村非农产业人才的培养和利用，也包括乡村建设和农村治理人才的培养和使用。在东北振兴战略实施的20年里，吉林省农村人力资源开发水平显著提升，已经成为吉林省农业农村现代化的重要支撑。

第一节　突出乡村人才队伍建设

农业农村现代化的关键在人，吉林省农业生产力落后于农村生产力发展的现实问题决定了要全面加强乡村人才队伍建设，并以乡村人才队伍建设为重点带动农业农村人口素质的提升，并以此改进农村生产力，加速农村现代化进程。从国内普遍的研究来看，乡村人才队伍主要包括农业企业家队伍、农业科研人才队伍、农村基层组织队伍等。

一、建设高质量农业企业家队伍

农业企业家是农业农村经济活动的支撑力量，发挥推动农业产业融合发展，带动农民融入大市场的引领作用。自东北振兴战略实施以来，农业企业家在全国和吉林省农业农村现代化进程中发挥了关键作用：引进了新的资源和技术，创造了新的产品和服务，形成了新的经验和模式，为农业农村发展注入了新的动力。从实际发展来看，靠山吃山、靠海吃海。在适宜发展农业的黑土地上，一批高质量农业企业家已经为农业农村现代化发展趟好了路子、探索了模式。如吉林省长春皓月清真肉业股份有限公司董事长丛连彪从事肉牛繁育养殖加工行业30多年，1998年成立皓月集团并历经坎坷壮大为100亿级以上企业；吉林德翔牧业有限责公司董事长王世强带领企业从2004年初创至今成为肉鸡行业龙头企业，全产业链年产值已经达到30亿元；长春博瑞科技股份有限公司董事长孙武文带领博瑞科技从2005年创建至今，已成为服务足迹遍布全国20多个省、自治区、直辖市的、全国反刍动物饲料市场销量第一的行业领军企业；吉林老爷岭农业集团有限公司董事长冯其永经过20年奋斗，带领企业实现年销售额2亿元以上，发展为集农副产品的研发、生产、销售于一体的现代化杂粮及其深加工产品高新技术企业；长春市朱老六食品股份有限公司董事长、创始人朱先明带领企业奋斗30余年，把小小的腐乳产品打造成知名品牌，并推动企业成功在北交所上市，2021年营业收入近3亿元，截至2022年12月初，企业市值已经接近11亿元。同时，在食用菌、乡村旅游、农机制造、农业数字化方面也都涌现出了一大批企业家，如已故长春大成实业集团有限公司董事长徐周闻、佐丹力健康产业集团有限公司董事长韩丹、延边金刚山食品股份有限公司董事长赵勇哲等，都在吉林省农业农村现代化大潮中展示了风采。

吉林省在建设高质量农业企业家队伍过程中，主要采取如下措施。一是通过加强农业企业家队伍建设的统筹规划，将农业企业家培育与农业产业发展同步谋划、同步推进。通过建设数据库把企业家"找出来"，通过建立智库、联系机制把企业家"用起来"，通过加大支持力度、树立龙头企业标杆，让企业家"强起来"。二是育强扶壮产业龙头。围绕农业产业转型发展、融合发展的需要，引导龙头企业家树牢农业产业发展大局观、安全观，积极投身农业农村现代化重大战略实施，发挥农业龙头企业在保障国家粮食安全上的关键作用，提升农业龙头企业在乡村产业发展中的带动能力。倡导务农、兴农、为农、带农的农业企业家精神，扶持一批龙头企业家牵头，中小企业主、农民合作社、家庭农场等创业主体跟进，广大小农户参与的农业产业化联合体，形成龙头企业与各类经营主体融通发展的新格局。三是搭建成长发展平台。开展农业企业家培育培训工作和农业企业家交流活动，着力提升企业家能力，建设一批农业企业家培育实训基地，提高农业企业家综合素质，提升农业企业家示范带动作用。四是支持农业企业自主创新，加大省级科技计划对农业企业科技创新的倾斜力度，提高农业企业承担研发任务的比例。五是建立政企沟通机制，建立省市县农业企业家数据库，动态调查和掌握农业企业家及其企业发展基本情况，支持举办形式多样的"企企""科企""银企"对接活动。六是营造健康的成长环境，实行鼓励整合乡村产业发展的各类项目资金政策，保护企业家合法权益，维护企业家的财产权、创新权益和自主经营权，不定期组织企业家座谈和走访，帮助解决企业面临的实际困难。

二、加强农业科研人才队伍建设

创新是乡村全面振兴的重要支撑，人才是自主创新的关键所在，但农业科研人才在结构、质量上还存在较多不足之处，一些领域科研人才断层问题凸显，农业科研人才队伍到了非壮大不可、非强健不行的时候，因此必须把农业科技人才工作作为"三农"工作重大任务抓紧抓实抓到位。自东北振兴战略实施以来，吉林省高度重视农业科研人才队伍建设，2020年农学领域研究生在校学生数达4218人，本科生在校学生数达到11732人；有关数据表明，农业科学研发人员全时当量占全省研发人员全时当量约为

5%。从吉林大学、中科院东北地理所以及吉林省农科院、吉林农业大学等省直高校院所到有关市州农科院、有关县市农业技术推广站、有关农业企业等，集聚了全省大多数农业科学领域人才，不同梯队的农业科技人才正在发挥作用和快速成长。如李玉院士是享誉世界的食用菌领域权威和农业领域的战略科学家；王立春研究员是国内著名玉米栽培和养分管理专家并入选中国工程院2021年院士增选有效候选人名单；王贵满研究员是黑土地保护领域专家和"梨树模式"的主要贡献者。同时，吉林省强化省级现代农业产业技术体系建设，集聚了省内农业领域顶级专家团队，建立了多部门协作、产学研联动的工作机制，示范推广了一大批优质特色、高产高效新品种选育及节本增效、绿色安全新技术新模式，10个团队、18名专家科技助农先进事迹在2022年7月得到了主题宣传（详见表1）。在这些知名专家的带动下，牟忠生、李长田、钟荣珍、高云航等新一代农业科研工作者正在加速崛起，逐渐成为吉林省农业农村现代化的中坚力量。

表10-1　吉林省省级现代农业产业技术体系的团队和专家情况

序号	团队情况	专家情况
1	吉林省玉米产业技术体系创新团队	王立春、刘慧涛
2	吉林省玉米主导品种鉴评及示范推广团队	苏义臣
3	吉林省水稻体系团队	邵玺文、严永峰
4	吉林省大豆产业技术体系团队	王丕武、张伟
5	吉林省经济作物体系团队	周紫阳、何中国
6	吉林省薯类作物体系团队	刘峰、张胜利
7	吉林省人参产业体系团队	王英平、李刚
8	吉林省果树体系团队	张冰冰
9	吉林省蔬菜产业技术体系团队	王学国、梁国生
10	吉林省渔业体系团队	高春山、杜晓燕

吉林省在农业科研人才队伍建设过程中，主要采取了如下措施：一是大力培养使用农业战略科学家在农业关键核心技术攻关、农业生物育种重大项目、现代农业产业技术体系等重大科技任务担纲领衔者中，发掘具有

深厚科学素养、长期奋战在科研一线，视野开阔，前瞻性判断力、跨学科理解能力、大兵团作战组织领导能力强的农业科学家。坚持长远眼光，有意识地发现和培养更多具有战略科学家潜质的高层次复合型农业人才，形成农业战略科学家成长梯队。二是打造农业科技领军人才和创新团队。聚焦推进农业农村高质量发展，围绕战略必争和新兴技术领域，在粮食和重要农产品保供、关键核心技术攻关、重大农业风险隐患防控等战略领域，遴选支持一批具有战略创新思维、具有科技前沿和产业发展深刻把握能力、具有领衔决胜重大科技攻关统筹协调能力的农业科技领军人才。发挥农业领域国家实验室、国家科研机构、高水平研究型大学、科技领军企业的国家队作用，围绕粮食安全、绿色低碳、智慧农业等重点领域，组织产学研协同攻关。三是打造青年农业科技人才队伍。把培育国家农业战略人才力量的政策重心放在青年农业科技人才上，完善全链条培育制度，在农业科技项目、科技创新平台、现代农业产业技术体系、技术试验示范等工作中，支持青年人才挑大梁、当主角，使他们尽快脱颖而出。鼓励高校、科研院所、企业围绕重点学科和领域，设立青年农业科技人才培养专项，全力打造一批创新潜力突出的青年农业科技人才。探索设立职称晋升绿色通道，助力优秀青年人才快速成长。倡导高校、科研院所、企业进一步优化学术环境，支持青年农业科技人才提出新观点、创立新学说、开辟新途径。四是用好人才成长和作用发挥平台。在推进建设农业领域重点实验室过程中，充分发挥战略科学家、领军人才作用，积极培养青年农业科技人才。融合政府、科技、人才、金融等要素，推动农业科教系统大力强化产学研融合，促进农业科技人才在科技经济一体化进程中锻炼成长。搭建农业国际联合研究平台，鼓励科研机构、企业打造融合发展联合体。五是改革创新人才发展体制机制。推进扩大科研决策、职称评定、经费使用、成果收益分配等自主权，优化农业科技领军人才发现机制和项目团队遴选机制，实行"揭榜挂帅""立军令状""赛马选马"等机制，优化科技人才表彰奖励制度，加大先进典型宣传力度。

三、选优建强农村基层组织队伍

农村基层组织队伍包括基层组织负责人队伍、综合执法队伍、改革服务人才队伍和公共服务人才队伍。吉林省全面把握农村基层组织队伍的内涵，从多个角度进行了探索推进。在农村基层组织负责人队伍建设方面，围绕建强基层党组织、推动乡村振兴、为民办实事、提高治理水平等重要职责，以选优配强人才队伍、持续提升素质能力为手段，完善监管考核制度，强化激励保障措施，增强农村基层组织带头人担当作为的能力和动力。具体措施包括：一是夯实基层组织基础，坚持政治标准，选拔懂发展善治理、有干劲会干事、甘于奉献、敢闯敢拼、能够团结带领群众推进乡村振兴的优秀人才进入村"两委"班子，打破地域、身份、职业各种界限。持续选派驻村第一书记和工作队。二是提升基层治理水平。开展农村基层干部培训活动，提升集体经济发展和乡村治理等能力，对基层组织负责人开展轮训。支持村干部、年轻党员通过弹性学制、农学结合、送教下乡等方式，就地就近接受高等学历教育，培养一批在乡大学生。强化岗前培训和实践锻炼，提升治村兴村综合能力。三是强化管理监督保障。推动完善村级组织负责人考核机制，引导群众有序参与，健全农村基层监督体系，推动农村基层治理不断完善，推动选拔优秀村组织书记进入乡镇班子、乡镇公务员队伍和乡镇事业单位。积极推动通过提高报酬待遇、完善社会保障制度、落实正常离任村干部生活补贴等多种方式，营造拴心留人良好环境。

在农业综合行政执法人才队伍建设方面，围绕维护农业生产经营秩序、保障农产品质量安全、保护农民合法权益、履行农业领域应急处置等重要职责，建设一支政治信仰坚定、业务技能娴熟、执法行为规范、人民群众满意的农业行政执法人才队伍。具体措施包括：一是健全执法体系，建立健全省市县三级农业综合行政执法体系，加快建设专业化、职业化、现代化的农业综合行政执法人才队伍，推动明确执法机构性质和执法人员身份，理顺行业管理机构与综合行政执法机构的职责分工，厘清综合行政执法与日常监管的职能边界，按照区域特点、执法任务量等工作实际，配足配齐执法人员，确保事有人管、活有人干、责有人担。二是提升执法能力。实施农业综合行政执法能力提升行动，健全执法制度，规范执法行为，显著提升执法人才业务水平。加强执法人才技能培训，大力培育通专结合、一专多能的复合型执法人才。落实"谁执法谁普法"的普法责任制，构建农业综合行政执法人员与农村学法用法示范户的密切联结机制，提高农村普法实效。三是强化执法保障。畅通农业综合行政执法人员晋升渠道，并将执法绩效、应急处理突发事件能力等作为晋升依据。制定农业综合行政执法人员依法履职管理办法，建立科学合理的执法绩效考评体系，推动制定行政执法人员立功受奖等政策，提高职业保障水平，让执法人员放心执法、安心执法、用心执法。

在农村改革服务人才队伍建设方面，从落实党的农村政策、壮大农村集体经济、维护农民权益等职责出发，提高农村改革服务人才素质。具体措施包括：一是健全改革服务体系，明确履职主体，健全工作体系，打造专业化人才队伍。二是建立健全职责目录清单，围绕农村承包地管理与纠纷调解仲裁、宅基地改革管理、农村集体产权制度改革、农村产权流转交易、农村集体经济组织建设、农村社会事业发展和乡村治理、农垦改革发展等农村改革任务，依法依规界定农村改革服务的职责范围。三是提升改革服务能力。分层分类分级开展农村改革服务人才轮训，制定农村土地承包仲裁员职业技能培训规范，实施农村改革服务人才学历和职业技能提升行动。四是激发改革服务活力，畅通农村改革服务人才能力测评、职称评审通道，建立改革容错纠错机制和正向激励机制。

在农业公共服务人才队伍建设方面，围绕推广农业技术、保护种质资源、防控动植物疫病、防灾减灾、保障农产品质量安全和农业生产生态安全等重要职责，重点提升农技推广、质量监管、防灾减灾、动植物疫病防控等综合服务能力水平。具体措施包括：一是强化公益服务职能，加大对县级以下农业公共服务人才培训力度，重点强化重大引领型农业技术示范推广、种质资源保护、农产品质量安全监管、动植物重大疫病监测和防控指导、绿色发展方式和生活方式推行、农村生态屏障安全保护等方面的服务保障能力。二是创新服务工作机制，完善公益性和经营性融合发展机制，允许提供增值服务合理取酬，发挥好公益性服务机构对经营性农技服务活动的有效引导和必要管理作用。引导高校毕业生、技术人员等向基层农业公共服务机构流动。深入推行科技特派员制度。实施农技推广服务特聘计划。三是完善评价激励机制，健全农业公共服务人员评价制度，树立以实际贡献和服务对象满意度为目标的服务导向，开展基层农业公共服务机构星级创建活动，以赛促训、以赛促学、以赛促用，鼓励农业公共服务人员干事创业，全面激发农技人员活力。

四、加强乡村人才队伍建设的方向

乡村人才队伍涉及范围广、涉及学科多，从吉林省有关规划和文献的梳理看，加强乡村人才队伍建设主要方向包括但不限于如下7个方面。

乡村建设方面。落实激发人才活力，支持人才服务乡村振兴的政策措施，分级分层分类建立健全人才培育体系。加快培育各类技术技能和服务管理人员，支持熟悉乡村的专业技术人员参与村庄规划设计和项目建设，统筹推进城乡基础设施建设管护人才互通共享。鼓励支持企业、科研机构、大专院校等开展乡村建设领域新技术新产品研发。加强乡村工匠培养和管理，提升技能水平，规范从业行为，打造一批技术精湛、管理一流的工程队伍。

黑土地保护方面。鼓励省内科研机构、高等学校与国内一流科研机构、知名院校建立合作对接关系，引育一批黑土地保护专业团队和高端人才。支持省内农业院校根据产业发展需求调整优化学科结构，建立以工作需求为导向的多种形式继续教育，开展多层次、多专业的短期培训，培养一批素质高、业务强的黑土地保护技术人才。充实黑土地保护社会化服务力量，鼓励各级农技推广人员在完成本职工作的基础上，按照相关程序，采取技术入股、技术承包、技术咨询等形式，围绕黑土地保护为新型农业经营主体提供增值服务，并合理取酬。鼓励社会力量广泛参与黑土地保护技术推广，支持科研院校与新型农业经营主体开展多种形式合作，为黑土地保护提供智力支持。将黑土地保护技术应用、机具使用列入高素质农民培训工程等项目，培养一批黑土地保护示范户。探索新农科建设"吉林模式"，推动国家级卓越农林人才教育合作示范基地和吉林省新农科长白山创新学院建设，支持开设黑土地保护与生态建设等专业。加强基层农技队伍建设，对基层农技人员进行知识更新培训。

数字农业发展方面。建立数字农业科技创新体系，将数字农业科技攻关作为农业重大专项和研发计划的支持重点，建立数字农业科技创新团队。协同发挥科研机构、高校、企业等各方作用，培养造就一批数字农业领域科技领军人才、工程师和高水平管理团队。加强数字农业业务培训，普及数字农业相关知识，提高"三农"干部、新型经营主体、广大农民的数字技术应用和管理水平。

绿色农业发展方面。加快推进"院士专家基层行"等专项服务行动，建立健全吉林省在各省（市、自治区）的"域外引才联络中心"，为省外涉农高层次人才服务吉林农业绿色发展搭建桥梁。大力实施"能人回乡、工商兴乡、社会助乡"工程，"吉人回乡"计划和"学子归巢"计划，吸引省外优秀人才投身吉林农业绿色发展。大力加强人才培育。立足省内高校、科研院所和龙头企业，加快培育一批农业绿色发展领域的首席专家和技术骨干。培育农业绿色发展创新创业人才，以农业骨干企业负责人、农民合作社带头人为重点，培养造就一大批懂绿色、善创业、会经营的创新型农业企业家。通过"半农半读"、线上线下等多种形式，采取课堂讲授、网络教室、田间实训等有效方式，定期开展新型经营主体带头人培训。建立健全人才评价和流动机制，促进优秀人才在农业绿色发展各领域合理配置，引导农科毕业生到基层开展绿色农业服务。

产业发展方面。畜牧业围绕"秸秆变肉"暨千万头肉牛建设工程、畜禽种业创新、畜禽粪污资源化利用和重大动物疫病防控，实施一批重大科技专项，突破一批关键核心技术，开发一批新产品、新工艺、新装备，打造一批科技创新团队。加快制定技术标准规范，推动良种、良法、良料集成配套。加强畜牧兽医队伍建设，加快培育新型高素质职业农民，鼓励支持龙头企业、社会化服务组织组建技术化服务团队，加快推广应用先进适用技术，提升畜牧业科技贡献率。林草业方面。依托重点林草科研教学单位，广泛吸纳优秀青年人才加入，积极打造在国内具有较强影响力的学术拔尖人才和一流科研团队。大力开展林草专业技能培训，充分发挥林业技师学院等单位的职能，加快"务林人"专业知识结构更新优化，打造一支具有较新发展理念和丰富专业知识的现代化林草职工队伍。积极培养林草企业家，通过引进聘用和招商引智等方式，打造一支懂经济、能创新、有作为的年轻企业家队伍，引领和推动林草行业深化改革、扩大开放、科学发展。渔业发展方面。各级科研、推广等渔业服务部门，要多方引进科技人才，创新人才工作政策、体制机制、方式方法，积极营造拴心留才的良好环境。优化科技队伍和知识结构，狠抓科技人员素质能力建设，不断提升服务渔业的本领；加强基层水产科技队伍建设，鼓励和引导高校、科研院所涉渔专业毕业生到基层渔业推广机构工作；要充分利用新型职业农民培训等渠道，培养一批有文化、懂技术、会经营的新型职业渔民，为建设现代渔业提供重要的人力资源支持。

农村普法队伍方面。加强农业农村部门普法工作机构建设，充分发挥综合执法队伍、行业管理队伍、矛盾纠纷调处队伍、复议应诉队伍的作用，努力打造一支业务精湛、作风过硬的普法队伍。加强普法讲师团建设，组织政治过硬、专业功底强、熟悉"三农"法律实践的专家学者律师等，深入基层开展普法活动。加强普法骨干培训，利用各类教育培训资源，积极探索研究式、互动式学法方式，不断提高普法工作人员的政治素养、法律素质和业务能力。

乡村文旅人才方面。推进旅游人才培养工程和乡村基层公共文化服务人才培训工程，聚焦乡村旅游宣传营销、传统技艺、旅游经营管理等重点，遴选、培养一批领军人才与后备人才，提升乡村基层公共文化服务人才队伍，县级以上公共文化机构从业人员以及乡镇（街道）每年集中培训时间不少于10天，基层综合性文化服务中心文化专兼职人员集中培训时间不少于5天。

第二节　加快培育高素质农民

高素质农民是农业农村现代化的重要支撑，也是农村人力资源开发的重要方向和重要内容。以高素质农民为核心的新兴职业农民是解决"谁来种地"的现实需要、推进现代农业发展的现实需要、农民由"身份"向"职业"转变的现实需要。[①]《2021年全国高素质农民发展报告》显示，全国高素质农民培育扎实有效，"高素质农民培育计划"已覆盖全国农业县（市、区），"百万高素质农民学历提升行动计划"为农民群体提供良好的职业教育机会。同时该报告也表明，高素质农民发展总体形势持续向好，但东北地区相对滞后，高素质农民队伍结构逐步改善，高素质农民队伍相对年轻、受教育程度相对较高、职业技术水平持续提升、新生力量充足，高素质农民产业水平不断提升、收入水平持续增加、示范引领作用不断增强。该报告还提出了相关建议，包括从产业发展、收入水平、生活保障、社会尊重等方面加快营造有利于高素质农民发展的政策环境，采取多种措施提升高素质农民培育供给能力，进一步加大高职扩招力度，提升农

[①]韩俊主编《实施乡村振兴战略五十题》，人民出版社，2018，第259—260页。

民职业教育质量，进一步强化分类指导，促进高素质农民共同发展。在这种背景下，吉林省统筹多种资源，加大高素质农民培育力度，并取得了很好的效果。

一、加快培育高素质农民的实践

人才振兴是乡村振兴的基础。吉林省高素质农民培育采取"国外+省外+省内""线上+线下""课堂+田间+市场"等培训模式，覆盖农民专业合作社、农村集体经济组织、家庭农场等新型经营主体，惠及农机、特产、蔬菜、果树、休闲农业、农产品加工等各类涉农行业。2021年以来，吉林省连续两年评选乡村振兴人才高级职称共600名，初、中级职称超过3000名，对于高素质农民培育起到了引领作用，特别是在评价标准上把能否带领技艺传承、带强产业发展、带动群众致富的综合能力作为"风向标"，在评价体系上设立乡村振兴农经师、乡村振兴农艺师等职称专业，在评价方式上突出德、艺、绩三个维度评价人才，让一批"田秀才""土专家"等农村实用人才脱颖而出，有效发挥了示范带动作用，让广大农民体验到了获得感。

吉林省不断创新培育高素质农民的体系模式。一是建立新型职业农民教育培养部门联动机制，推进新型农科教协同发展。自2014年新型职业农民培训项目开展以来，农业、财政、教育、人力资源和社会保障等部门联合发力开展农民职业教育、创新创业大赛等活动，以提高农业文化素质和职业技能。并强化精准性培养，如与财政部门联合，加强对农民培训工作及培训资金的监管，与军人事务管理部门联合，开展退役军人村书记培训，与妇联部门联合开展女农民培训，与科协共同开展农业科普宣传等。二是不断完善新型职业农民培训指导服务体系。在已形成"三位一体"的农民教育培训和服务体系的基础上，依托农业院校每年开展一定量的师资培训，加强师资队伍建设，提高教师授课水平，发挥涉农企业、农业新型经营主体在农民教育中的辅助作用，组织审核认定实训基地、田间学苑，实现课堂学习与现场教学相结合、理论研究与生产实践相结合、科研示范与成果推广相结合，构建了以农业院校为引领，农业广播电视学校、农技推广单位等国家公益服务机构为基础，农业企业、农业经营主体等社会机构为补充的"三位一体"的农民教育培训体系，同时还制定了省级实训基地管理规范，建立动态管理和退出机制。三是创新新型职业农民教育培训模式，吉林省以大力培养"爱农业、懂技术、善经营、会管理"的高素质农民为目标，不断创新方式方法，加大农民培育力度，采取"国际国内、省内省外结合""线上线下结合""理论与实训结合"等培育培训方式，深入开展高素质农民培育工作，自2016年至2019年，派出21期433名新型经营主体带头人前往法国、德国、荷兰、日本和韩国等国家进行学习培训，开创了全国大批量选派农民出国培训的先河。自2017以来，每年选派2000多名农民赴江苏、山东、浙江、四川、湖南、辽宁和黑龙江等省份进行学习培训。2020年开发建设"吉农云"科教平台，为全省农民提供线上培训和更加便捷、实用、全天候的信息化培训服务，"吉农云"平台已有上百万人次进行点击学习。四是营造良好的新型职业农民培育氛围，积极通过各级新闻媒体和互联网等传播渠道，加强对新型职业农民培育工作的宣传。近年来，关于东辽县青年农场主于华（《从一头猪仔开始的创富路》）等农场主专题片在中央电视台农业频道农广天地栏目黄金时段播出；与《吉林日报》合作开辟优秀农场主宣传专版，每周刊登一个典型人物事迹，截至目前已对100名优秀农场主进行了典型报道；《吉林农业》杂志以专栏专版形式，系列报道全省新型职业农民培训情况；中国农村远程教育网发布多篇展现吉林省培训风采的报道，以宣传新型职业农民培育工作、培训成效、宣传优秀职业农民典型。五是为高素质农民搭建高能级平台，组织参加农博会、农交会等展会活动，适时开展项目推介会、洽谈会，对出国培训人员建档立卡，每年组织部分人员进行座谈交流，鼓励引导抱团取暖，共同发展。榆树市晨辉种植专业合作社理事长刘臣、王嘉良、苗壮、丛建、李立新等人参加了榆树市农民教育培训中心新型农业经营主体带头人培训班学习后，联合三十几家经营主体，成立了榆树市玉米秸秆全量还田免耕播种技术应用协会，开展玉米保护性耕作技术的实施推广工作，玉米秸秆全量还田免耕播种节本增效黑土地保护技术的培训和技术服务，在降低生产成本、提高粮食产量、打造品牌农业、增强黑土地保护等方面发挥了示范引领作用。

二、加快培育高素质农民的方向

结合吉林省农民年龄结构、知识结构，以及结合所在地区产业链发展水平，分层分类开展全产业链培训，加强训后技术指导和跟踪服务，支持高素质农民创办领办新型农业经营主体。充分利用和共享现有网络教育资源，提升高素质农民教育培训的可持续性和可获得性。

一是实施好高素质农民培育计划，确保培训任务及时落实到位，积极争取省级财政支持，扩大培训覆盖面。紧密围绕各地主导特色产业，开展种养、加工、销售全产业链培训，鼓励各地按产业开设专题班。根据人才发展需求分层开展培训，省级抓好示范性培训和区域性培训，县级重点抓好生产管理服务和技能培训。依据农业生产季节，合理设置培训时长，结合农时分段开展培训。坚持训育结合，强化训后技术指导和跟踪服务，支持受训农民创办领办家庭农场、农民合作社等新型农业经营主体。

二是实施好百万乡村振兴带头人学历提升计划。加大高职扩招政策宣传力度，鼓励高素质农民报考职业院校，积极争取学费减免等补助政策，支持更多高素质农民提升学历层次。支持涉农高校探索定制定向培养模式，满足高素质农民提升学历的需求。鼓励农民参加继续教育，促进农民终身学习，持续更新知识能力。推进农民短期培训、职业技能培训和学历教育相结合，探索建立农民学分银行。用好乡村振兴人才培养百所优质校资源，探索形成一批可复制推广的人才培养模式，聚集更多优质资源培养乡村振兴带头人。

三是优化高素质农民培育形式手段。根据培育对象和培训内容，制订差异化的培训计划，综合采用课堂教学、实习实践、线上培训等多种培训形式，优选授课教师和精品教材，提高培训的针对性和质量效果。依托国家现代农业示范区、现代农业产业园、产业强镇、科技小院、农业企业、家庭农场和农民合作社等平台和基地设立实训基地，培养用好农民讲师，大幅度提高实习实践在培训中的比重，生产技术培训以实训为主。依托全国农业科教云平台等在线学习平台，鼓励农民自主学习。统筹用好区域内优质教育培训资源，提倡学优学先，本地资源不足时可开展跨区域学习交流。继续开展高素质女农民培训、乡村振兴青年先锋评选推介、农民科学素质行动等工作。

四是强化高素质农民培育体系建设。充分发挥农业广播电视学校（农民科技教育培训中心）农民教育培训主体力量作用，用好高等院校、职业院校等教育资源开展面向农民的学历教育，培养高层次技术技能人才。引导农业科研院所和农技推广机构发挥科技优势，为高素质农民提供技术培训和跟踪指导。鼓励农业企业、家庭农场、农民合作社和农村实用人才培训基地等承担农民实习实训任务。引导市场化教育培训机构通过政府购买服务等方式有序规范参与高素质农民培育工作，规范市场主体的培训行为。

五是示范推广高素质农民培育成果。积极申请高素质农民扶持政策，促进高素质农民更好发展。系统总结高素质农民培育工作中的好经验好做法，搭建各类成果展示和典型交流平台，办好农民教育培训论坛和农民技能大赛。指导农民专业技术协会、产业联盟等发挥作用，帮助高素质农民抱团发展、协作发展、互补发展。继续遴选推介优秀学员、优秀教师、优秀工作者，评选精品课程、优质教材和受欢迎的培训机构，树立宣传先进典型，引导学优争先，积极弘扬"学习光荣、素质高贵、创造伟大"的时代风尚，在全社会营造关心支持高素质农民发展的良好氛围。

第三节　鼓励农民勇于创新创业

　　"创新创业"是社会进步的永恒动力，返乡农民工创新创业是"双创"的重要内容，为农业农村经济可持续发展注入了新动力。同时在乡村振兴战略持续实施推进过程中，新时代农民正在就业创业中实现转型，农民企业家不断涌现，"一人创业、带动致富"的农民创业景象正在形成，农民创业正成为减贫脱贫的活力新引擎和区域经济社会发展的新力量。相关研究还表明，当前农民创业的主体主要集中在返乡创业农民工群体，农民创业融资渠道不畅仍然是制约创业的最大瓶颈，农民创业者更多是结合自身创业领域和经营经验自行组建农村合作社等。[①]在这一背景下，吉林省也一直高度重视并大力推进农民创新创业工作，从东北振兴战略实施之初的全民创业，到民营经济发展以及后来的"大众创业、万众创新"等工作中，农民创新创业一直是其中的重要组成部分，并积累了大量经验，取得了显著效果。

一、鼓励农民创新创业的实践

　　2017年吉林省启动农民工等人员返乡创业工程以来，社会各界大力推动农民创新创业工作，取得了显著成效。一是政策体系不断完善，《关于启动农民工等人员返乡创业工程促进农民增收的实施意见》《关于印发进一步推进农民工等人员返乡下乡创业政策措施的通知》等举措，为推进农

----

　　①莫光辉：《农民创业：助力脱贫攻坚与乡村振兴的新力量》，《光明日报》2019年2月25日，第16版。

村"双创"工作提供机制和制度保障。二是示范作用不断显现。国信现代农业被国务院评为全国第二批创业创新示范基地；全省有18名农村"双创"个人入围全国农村创业创新优秀带头人，36个基地入选全国农村创业创新园区（基地）；充分利用吉林卫视、吉林日报、手机微信等媒体平台，积极开展优秀创业创新带头人评选、创业典型事迹宣传等活动，激发了返乡下乡人员创业创新热情。三是平台功能不断优化，成功举办五届全省农村创新创业创意项目大赛，先后有五百余位选手报名参加，有80多位选手入围决赛，线上线下互动热烈，2019年、2020年、2021年的点击量依次达到320万人次、360万人次、519.2万人次。四是宣传和服务相结合，组织成立"双创之家"微信群，及时发布相关的涉农政策和各类创业信息，定期邀请创业导师、金融专家提供服务。组织双创大巡讲系列活动，聘请人员从政策、金融、种养殖技术、创业经历等方面进行现身说法和政策解读。

从创新创业平台来看，国信现代农业"双创"示范基地和梅河口电商产业园等发挥了显著示范作用。其中，国信现代农业持续以"有机农业"为旗帜开展"双创"服务，着力打造现代技术集成园区、优势特色产业引领区、一二三产业融合区、农业创业创新孵化区、现代农业示范核心区。一是加强校企合作强化技术支撑。共建技术创新平台，与吉林农业大学共建吉林农业大学国信智慧农业产业学院、吉林农业大学耕读教育实践基地；与吉林大学高校示范基地共建吉林大学国信农业产业学院、吉林大学劳动教育实践基地；与中国科学院长春光学精密机械与物理研究所共建光农业实验室暨光农业交叉学科中心。共同推进项目孵化，精准定位核心技术的对接点，精准提供创业场地、研发设备、实验资源共享、成果转化等支持措施。共同组织相关活动，参加吉林省服务企业周人才引培专项服务行动产教融合对接会，参加"创业有你'就'在吉林"助力新时代吉林振兴发展集中宣传推介活动，组织创业培训讲师进校园、大学生创业就业指导、大学生社会实践实训等活动14场。二是构建大中小企业融通创新生态。搭建创业创新平台，为中小企业提供由产品孵化到企业孵化再到产业孵化的全链条服务。加快推动成果转化，共同开展技术攻关、研制新产品，共享研究成果，如玉米秸秆粉碎翻埋还田技术推广、赤眼蜂生物防治技术推广、农林废弃物综合再利用技术、种苗繁育技术成果转化。强化行业自律协商共治，组建长春市有机蔬菜产业技术创新战略联盟，探索技术链融通新模式，协同中小企业，积极承担国家和区域重大科技攻关项目，提高关键核心技术与共性技术的融通创新能力。三是面向全省提升示范效应。多渠道引进培育农业科技创业创新人才、经营管理人才、农业科技应用实用人才，培育懂技术、会管理、善经营的技能人才和创业创新带头人，拓展完善众创空间及创业孵化基地等涉农孵化器。2021年，对农民工、合作社、经营主体带头人、经营主体示范单位等人群进行技术推广培训工作近8000人次，覆盖白城、东丰、松原、延边等35个地区。再如，梅河口电商产业园通过"一站式互联网+电商孵化"产业平台模式，通过完善服务体系、创新工作思维，为农业农村现代化提供了示范。一是完善服务体系。突出"五化"工作法，以《灵活运用落实"五化"工作模式》为题，结合电商工作实际进行了专题辅导，提出了具体的意见和工作方法，强化政府服务和项目推进能力。坚持"内强素质，外树形象"，服务企业发展，累计孵化企业79家，在孵33家，举办沙龙与活动6期，开展创新创业培训13场，参训学员698人，新电商直播类系列培训场场爆满。2021年9月，聘任网络主播白小白为梅河口电商产业园"网红导师"，并实现直播一小时销售金额23.5万元。2021年"梅河臻品冷面和米线"荣获第二十届中国长春农博会产品金奖。二是创新工作思维。成立专门负责小组，搜集本地网红资源，对本地新媒体公司经营情况摸底调查，外出考察营口网红小镇和敦化市大德创客园的运营情况，召开网红座谈会，拟订本市促进直播电商发展方案、直播电商扶持政策，为网红经济和"双创"发展深度结合奠定了坚实的基础。积极对接网络直播师资资源，定期举办网络直播系列培训，形成全民创新万众创业的良好社会氛围。三是推动融合创变。实行"直播电商+区域旅游、乡村振兴、商贸物流"等多种融合模式，推动产业升级、产业链延伸。加强对新媒体网红经济产业的研究分析，专门针对产业需求制定优惠政策和扶持措施，做好创业创新孵化模式创新，完善基础要素保障。围绕电商直播、网红经济发展需要，完善配套基础设施建设，共同打造全国首批"5G+智慧仓储物流工业园"，以梅河口区域公共品牌"梅河臻品"推动内容制造、视频技术、直播场景等"一站式"直播基地设施建设，形成产业集群效应，培育特色突出、示范性强的新媒体网红经济产业基地。

二、鼓励农民创新创业的方向

面向未来，吉林省将从返乡入乡农村创业带头人队伍、家庭农场主队伍、农民合作社带头人队伍、农业社会化服务组织带头人队伍四个方向，进一步提升农民创新创业能力。

针对返乡入乡农村创业带头人队伍，要构建"平台+带头人"的农村创业人才培育机制，通过强化主体培育、创业指导、平台建设，提升农村创业人才的规模与素质，引领带动乡村新产业新业态蓬勃发展；提升干事创业能力，扶持一批返乡创业农民工和在乡创业能人发展乡村产业，通过集中授课、案例教学、现场指导等方式开展精准培训；搭建创业服务平台，鼓励各地建设一批集"生产+加工+科技+营销+品牌+体验"于一体的农村创业园区，鼓励各地建设一批"预孵化+孵化器+加速器+稳定器"全方位的农村创业孵化实训基地，培育一批高素质园区（基地）运营管理人员；优化创业服务环境，指导各地全面落实农村创业带头人融资、用地、落户、社会保险等扶持政策，吸引各类人才返乡入乡干事创业，办好各类农村创业项目创意大赛，宣传推介创业典型，营造创业的良好氛围。

针对家庭农场主带头人队伍建设，要以能力提升为支撑，以政策支持为保障，巩固提升家庭农场主生产经营能力和带动能力，对青年农场主进行重点培养和创业支持，开展家庭农场主知识更新工程，采取"田间学校""送教下乡"等形式开展培训；鼓励组建家庭农场协会或联盟，搭建合作服务平台，引导家庭农场主领办或加入农民合作社，支持家庭农场协会或联盟开展跨区域、跨行业、跨领域的联合合作；拓展支持服务手段，鼓励各地加大对家庭农场建设仓储、晾晒场、保鲜库、农机库棚等设施用地支持，保障家庭农场用地，强化对家庭农场信贷支持力度，加大农业保险保费财政补贴力度，构建家庭农场主管理服务系统，开展有针对性的指导服务，引导家庭农场主在生产、营销中积极使用大数据、互联网、物联网技术，开展示范家庭农场创建活动。

针对农民合作社带头人队伍建设，要以提高规范运行和服务带动能力为核心，以完善指导服务和政策支持为支撑，充分发挥农民合作社带头人的主体作用，引导农民合作社完善章程制度；增强服务带动能力，鼓励农民合作社带头人与成员、周边农户建立利益联结关系，推行品种培优、品质提升、品牌打造和标准化生产，积极发展循环农业、休闲农业、电子商务等新产业新业态，由种养业向产加销一体化拓展；鼓励各地依托农民合作社联合社、联合会等为农民合作社带头人提供培育孵化和公共服务，引导农民合作社与各类企业对接合作，解决销售、品牌、物流、融资等难题；营造良好发展生态，强化农民合作社带头人培育，重点围绕发展乡村产业、拓展服务功能、加强利益联结等内容开展培训，提高带头人高质量发展能力，开展农民合作社带头人发展典型案例选树和宣介。

针对农业社会化服务组织带头人队伍建设，要以提升服务能力为核心，以模式创新为抓手，以优化环境为支撑，充分发挥市场作用，促进服务组织带头人队伍加快发展。要引导提升服务能力，在支撑重要农产品生产营销、解决产业链薄弱环节、推广新技术新装备等领域，加强政策扶持、推动机制创新、强化服务保障，加快培养一批农业社会化服务组织带头人；创新合作共赢模式，鼓励农业公共服务机构与社会化服务组织带头人合作，推行"整合托管""公建民营、民办公助"等多种模式，合力提升服务质量和水平，鼓励农业社会化服务组织带头人与农村集体经济组织、新型经营主体、农户开展多种形式的合作，推广"服务主体+农村集体经济组织+农户""服务主体+各类新型经营主体+农户"等组织形式；整合政策资源，强化行业指导，建立行业自律组织，促进规范发展。

第四节　完善乡村人才政策体系

人才政策体系在培育、引进、使用、激励农村人力资源方面具有重要作用。在农业农村现代化进程中，吉林省仍需要强化因地制宜、因时制宜、因业制宜，构建省、市、县多级联动、精准发力、特色凸显的人才政策体系。

一、吉林乡村人才政策

吉林省近年来不断完善农村人才政策体系，2021年发布的关于激发人才活力支持人才服务乡村振兴的政策措施，是完善人才政策体系的集大成者，四个方面22条措施为培育乡村振兴人才和农业农村现代化人才奠定了坚实的基础。一是加快培育打造农业农村生产经营及二三产业人才，包括实施乡村振兴人才培育计划、农村创业创新带头人金融扶持计划、创新乡村人才职称评价机制、培育乡村工匠、举办乡村振兴人才技能大赛等。二是留住用好乡村公共服务和治理人才，包括加强乡镇党政人才队伍建设、创新乡镇事业单位人才招聘方式、推动村党组织带头人队伍整体优化提升、建立村干部岗位基本报酬保障机制、建立县域专业人才统筹使用制度、实施农科生"订单式"培养计划、创新乡村卫生健康人才培养使用机制、建立各类人才定期服务乡村制度等。三是大力引进培养农业农村科技人才，包括实行农业农村科技人才各项专享政策、实施专项人才服务乡村计划、打造科技成果转化平台、开展专业技术人才"组团式"帮扶工作、发展壮大科技特派员队伍等。四是建立健全乡村人才振兴体制机制，包括制定乡村人才专项规划、发挥各类主体服务乡村振兴作用、开展乡村振兴人才选拔、健全乡村人才服务保障体系等。

在这些政策体系下，通过新的实践，形成了考核"定才"、政策"助才"等新的经验。考核"定才"，即不断完善符合乡村人才特点的人才评价体系，以"德"为先，把品德作为乡村人才评价的首要内容，加强对乡村人才政治品德、社会公德、职业道德、家庭美德等方面的评价考核；"破"字当头，突破以往的"学历、论文、身份、年龄"等门槛，重点看在乡村特色产业中传艺带富的综合能力；"点面"结合，继续实施乡村人才职称评审和优秀人才选拔，在"点"上"掐尖儿"，市县两级可直接推荐乡村人才高级职称评审和乡村振兴优秀人才候选人；在"面"上放权，授权市县两级开展初中级乡村人才职称评审，扩大人才选树范围，把真正的能人强人高人选拔出来。政策"助才"，即自2021年建立起乡村人才长效激励机制，对获评乡村振兴专业职称认定的人员给予连续5年的资金奖励；在全省乡村振兴人才技能大赛获奖的乡村特色领域选手可获得相应的技能等级认定；乡村人才可特设直报乡村振兴优秀人才评选，获奖人员可享受高层次人才"吉享卡"等待遇，以待遇留才，让人才有劲头；以荣誉用才，让人才有奔头，通过完善激励机制打造乡村人才队伍发展的"强引擎"；同时农业部门的高素质农民培育项目、农村实用人才带头人示范培训项目、农民合作社支持项目、家庭农场支持项目、农业生产社会化服务项目等优先面向乡村振兴人才给予各项扶持；市场监管部门保障平等市场准入、维护公平竞争市场秩序工作，推出一系列具有吉林特色的创新举措，有效推动农民开办企业时间再压缩、开办服务再优化、营商环境再提升，全面推行企业开办"一日办、网上办、免费办"，实现企业开办所有环节"一网通办"，创新开展"证照一码通"改革试点；税务部门全力支持农民职业化管理；金融系统持续加大对新型职业农民的金融服务力度，如2021年出台《关于吉林省金融支持新型农业经营主体发展的实施意见》，从增强金融承载能力、推动对接服务质效、拓宽抵质押物范围、创新专属产品服务等方面出发，积极促进新型农业经营主体加快发展。2021年省邮储银行形成农贷通、商贷通、政贷通、网贷通产品体系，吉林银行形成"吉林银行农户贷款"线下产品和"吉农e贷"的线上产品体系，吉林农信形成农户循环额度、"粮满仓""畜牧丰""创业通"、农民专业合作社成员贷款等专属贷款产品体系。

二、完善人才政策体系的方向

健全人才培育政策体系。鼓励各地统筹谋划、集成整合农业农村人才培训培育资源，建立层次分明、结构合理、开放有序的教育培训体系。围绕抓数量、抓质量、抓多样，建立学历教育、技能培训、实践锻炼等多种方式并举的培养开发机制。加大农业农村人才培训的规模和覆盖面，做到按需培训、应训尽训。提升农业农村人才培训的针对性和精准性，促进培训培育与产业和乡村发展相结合，加大对带头人、"关键少数"的培训力度，进一步激发带头人的示范带动作用，实现"培训一人，带动一片"。围绕不同地区乡村产业发展特点，采取"订单培育、定制培育、定向培育、定点培育"系列举措，开展多样化、特色化培训培育，提升培训培育效果。

健全人才引进政策体系。建立政府引导、市场调节的农业农村人才选拔使用机制，坚持需求导向，鼓励农村基层组织、农业企业、农民合作社、农村集体经济组织等通过公开招聘、民主选举等方式，多渠道选拔高素质人才，充实农业农村人才队伍。通过设立"乡村振兴辅导员""专家服务团""人才直通车""企业创新驿站"以及"打乡情牌"等方式，引导各类城市优秀人才下沉服务乡村、干事创业。鼓励各地构建人才返乡入乡服务机制，为返乡入乡各类人才提供必要的生产生活服务，根据实际情况、按照有关规定提供相关福利待遇。支持和鼓励科研人员通过项目合作、专家服务、兼职等形式到农村开展服务活动，服务经历作为职称评审、岗位聘用的重要参考。鼓励各地整合各领域外部人才成立乡村振兴顾问团，支持引导退休专家和干部服务乡村振兴。协调争取有关部门加大对返乡入乡人才住房、子女教育等保障力度，完善社保关系转移接续机制，为返乡入乡人员及其家属参加城镇职工基本养老保险、基本医疗保险提供便捷服务。

健全人才使用政策体系。建立产业人才统筹谋划机制，推动工程、项目、资金等要素与农业农村人才一体化配置，支持各地将人才队伍建设与农业农村领域重大工程、项目统筹谋划、同步推进，在项目资金方面加大对农业农村人才队伍建设的支持力度，将带动人才发展情况列入国家现代农业产业园、优势特色产业集群等重大工程、项目的考核验收指标，将推动农业农村人才队伍建设列入农业产业强镇建设要求，推动以业聚才、以才兴业。指导各地充分利用农业产业园、科技园、创业园等平台，鼓励创设"双创"服务基地、人才孵化基地、人才小镇、人才驿站等新型平台，为人才在乡村干事创业提供培训、信息、金融、就业、创业等系统性支持服务，为各类人才搭建干事创业平台。推动建立县域专业人才统筹配置使用机制，探索赋予乡镇更加灵活的用人自主权，对待急需紧缺的特殊人才，实施特殊政策，鼓励从上往下跨层级调剂行政事业编制，推动资源服务管理向基层倾斜。加强人才服务站、专家服务基地等人才服务平台建设，为农业农村人才提供政策咨询、职称申报、项目申报、融资对接等服务。

健全人才激励政策体系。鼓励各地改善农业农村人才工作和生活条件，打破乡村人才与城市人才在教育医疗、社会保障、公共服务等方面的政策壁垒，破除身份、体制和编制等体制机制障碍，推动乡村人才与城市人才实现"身份认同、待遇趋同、晋升等同"。鼓励各地对长期服务基层和艰苦边远地区的农业农村人才，在工资待遇、职务职称晋升、职业资格评价和职业技能等级认定等方面实行倾斜政策，树立注重创新价值、能力、贡献的人才评价导向，激励人才扎根一线建功立业。鼓励各地创造更多发展机会，在县乡公务员遴选和企事业单位招聘中，进一步加大乡村人才比例，拓宽乡村各类人才职业发展空间。鼓励各地加大农业农村人才创业扶持力度，在进修培训、项目审批、信贷发放、土地使用、税费减免等方面给予优惠政策。逐步建立健全符合农业农村人才特点的知识产权保护、争议仲裁、公益性成果经济利益分享等制度，鼓励创新创造，保护农业农村人才的合法权益。

突出农村老龄人力资源开发与利用。完善各项保障制度，做好顶层设计，制定切实可行的规章制度，有效保障农村老龄人群在工作中的养老、医疗、工伤等各项权益，鼓励具有技术特长的老年人在职业岗位上继续发光发热，延长其工作年龄，充分发挥其在知识、智慧、经验等方面的积极作用。加大宣传力度，有效传达老龄人力资源独具的优势和价值，激励农村老龄人群实现自我价值，认清开发农村老年劳动力资源开发的重大意义，消除社会上对有劳动能力的农村老年人外出或就近选择再就业的歧视偏见。大力发展农村老龄教育培训，因时、因地、因人而异，让农业科技真正下乡，提升农村老年人的科技能力，帮助老年群体掌握农业机械的实际操作技术，紧跟农业机械化进程加快的步伐，在培训形式上要提倡多样化，提高老年人不断参与、接受教育的意识。

突出"一空三边"乡村人力资源工作。强化顶层设计，加强"一空三边"乡村（空心村、边境村、边缘村、边远村）的农业农村现代化的人力资源支撑，统筹环境留人、产业用人、融合发展，加强乡村基层治理队伍中的人力资源开发意识。"一空三边"地区要强化军民融合开发人力资源、对外开放开发人力资源、生态保护开发人力资源、研学旅游开发人力资源等多种模式；要加强中老龄人力资源开发、少数民族人力资源开发、外来务工人员的人力资源开发，结合边贸区等园区发展和城乡融合，提升人力资源开发效率；要加强引进生态旅游人才、创意设计人才，注意对"一空三边"乡村的主题化、创意化、景区化改造，引进新的发展理念、发展模式，留住社会资本，努力实现资本对人力资源发挥聚集、留住和提升等作用。

　　畅通智力、技术、管理下乡通道。把城市的人才资源吸引到农村、留在农村，将对乡村振兴产生很大作用。努力创造条件让新农业快速发展并留住人，让农村的环境留住人。打破城乡人才资源双向流动的制度藩篱，建立有效激励机制，把有志于农业农村发展的各类人才"引回来"，让城里想为振兴乡村出钱出力的人在农村有为有位、成就事业，让那些想为家乡作贡献的各界人士能够找到参与乡村建设的渠道和平台。引导造就更多服务乡村振兴的人才，要在"育"字上下功夫，进一步整合资金资源，完善培训机制和内容，大力培育新型职业农民和高素质农民，培养一大批乡村本土人才。要在"用人"字上出实招，注重从高校毕业生、返乡农民工、退伍军人中选拔充实乡村干部队伍。①

---

　　①韩俊：《关于实施乡村振兴战略的八个关键性问题》，《中国党政干部论坛》2018年第4期。

参考文献

［1］陆益龙.乡村振兴中的农业农村现代化问题［J］.中国农业大学学报（社会科学版），2018，35（03）.

［2］蒋永穆.从"农业现代化"到"农业农村现代化"［J］.红旗文稿，2020（05）.

［3］姜力月.中国式现代化语境下的农业农村现代化——基于大历史观的多维探析［J］.理论建设，2022，38（03）.

［4］杜志雄.农业农村现代化：内涵辨析、问题挑战与实现路径［J］.南京农业大学学报（社会科学版），2021，21（05）.

［5］刘海启.加快数字农业建设，为农业农村现代化增添新动能［J］.中国农业资源与区划，2017，38（12）.

［6］董翀，等.农业农村现代化的金融支农保障机制：变化、问题与对策［J］.农村金融研究，2020（08）.

［7］郭冠清.新中国农业农村现代化的政治经济学分析［J］.经济与管理评论，2020，36（05）.

［8］翟军亮，等.农民组织化与农村公共性的交互性建构：理论框架、当代实践与未来路径——兼论推进农业农村现代化的路径选择［J］.南京农业大学学报（社会科学版），2019，19（06）.

［9］王春光.迈向共同富裕——农业农村现代化实践行动和路径的社会学思考［J］.社会学研究，2021，36（02）.

［10］翟军亮，等.农民组织化与农村公共性的交互性建构：理论框架、当代实践与未来路径——兼论推进农业农村现代化的路径选择［J］.南京农业大学学报（社会科学版），2019，19（06）.

［11］党国英.振兴乡村，推进农业农村现代化［J］.理论探讨，2018（01）.

［12］王立胜.农业农村现代化的"潍坊模式"［J］.山东经济战略研究，2018（11）.

［13］彭超，刘合光."十四五"时期的农业农村现代化：形势、问题与对策［J］.改革，2020（02）.

［14］高强，曾恒源."十四五"时期农业农村现代化的战略重点与政策取向［J］.中州学刊，2020（12）.

［15］覃诚，等.中国分地区农业农村现代化发展水平评价［J］.中国农业资源与区划，2022，43（04）.

［16］卢昱嘉，等.面向新发展格局的我国农业农村现代化探讨［J］.农业现代化研究，2022，43（02）.

［17］陈明.农业农村现代化的世界进程与国际比较［J］.经济体制改革，2022（04）.

［18］杨慧，吕哲臻.市场化与城乡等值化：法国农业农村现代化及其对我国乡村振兴的启示［J］.浙江学刊，2022（05）.

［19］许梦博，等.乡村振兴背景下农业保险发展面临的机遇、挑战与改革路径——以吉林省为例［J］.经济纵横，2018（08）.

［20］刘子玉，等.乡村振兴战略视角下吉林省农村居民消费结构变动影响研究［J］.东北农业科学，2019，44（02）.

［21］钱程.基于农业产业化视角的吉林省乡村振兴实施途径［J］.中

国集体经济，2020（21）.

　　［22］王波.关于加快吉林省乡村振兴发展的建议［J］.吉林人大，2020（01）.

　　［23］丁元.全力打造农业农村现代化的"吉林样板"［J］.新长征，2021（10）.

　　［24］周知民.关于开展红色村庄建设推进吉林省乡村振兴战略的建议［J］.吉林人大，2021（11）.

　　［25］郭廓.吉林省数字农业赋能乡村振兴之考量［J］.行政与法，2022（02）.

　　［26］王文昭.共享经济视角下吉林省乡村振兴的现状及问题分析［J］.长春金融高等专科学校学报，2022（01）.

　　［27］赵光远.东北边境地区乡村振兴的若干思考，新型城镇化与乡村振兴［M］.北京：社会科学文献出版社，2022.

　　［28］魏后凯，黄秉信.中国农村经济形势分析与预测（2021~2022）［M］.北京：社会科学文献出版社，2022.

　　［29］魏后凯，黄秉信.中国农村经济形势分析与预测（2020~2021）［M］.北京：社会科学文献出版社，2021：4.

　　［30］魏后凯，黄秉信.中国农村经济形势分析与预测（2019~2020）［M］.北京：社会科学文献出版社，2020.

　　［31］王颖.2023年吉林经济社会形势分析与预测［M］.北京：社会科学文献出版社，2023.

　　［32］闫修成.中国东北地区发展报告（2021~2022）［M］.北京：社会科学文献出版社，2022：6.

　　［33］赵光远.东北三省农业发展报告2022［M］.长春：吉林人民出版社，2022.

　　［34］赵光远，王树贵.区域发展战略研究——以吉林发展为视角

〔M〕.北京：社会科学文献出版社，2018.

〔35〕于凡.吉林省农业高新技术产业示范区创建研究〔M〕.长春：吉林人民出版社，2020.

〔36〕丁冬，张杰."双创"引领下农产品全产业链增值路径优化〔M〕.长春：吉林人民出版社，2021.

〔37〕韩俊.新中国70年农村发展与制度变迁〔M〕.北京：人民出版社，2019.

〔38〕张培刚.农业与工业化〔M〕.北京：中国人民大学出版社，2014.

〔39〕SZPIRE G.300年经济决策史——风险、选择和不确定性〔M〕.秦传安，译.上海：东方出版中心，2021.

〔40〕DAVIS R.极端经济——韧性、复苏与未来〔M〕.冯毅、齐晓飞译.北京：中信出版集团，2020.

〔41〕BUSH V，HOLT R.科学：无尽的前沿〔M〕.崔传刚，译.北京：中信出版集团，2021.

〔42〕SOWELL T.财富、贫穷与政治〔M〕.孙志杰，译.杭州：浙江教育出版社，2021.

〔43〕彭兴庭.资本5000年：资本秩序如何塑造人类文明〔M〕.杭州：中国友谊出版公司，2021.

〔44〕郭连强.吉林省省情研究报告：迈向高质量发展〔M〕.长春：吉林文史出版社，2020.

〔45〕陆学艺，王春光，张其仔.中国农村现代化道路研究〔M〕.南宁：广西人民出版社，1998.

〔46〕樊明，等.中西部工业化、城镇化和农业现代化：处境与对策〔M〕.北京：社会科学文献出版社，2015.

〔47〕朱钢，等.中国城乡发展一体化指数：2006—2012年各地区排序与进展〔M〕.北京：社会科学文献出版社，2014.

［48］孙晓明，等.中国农村劳动力非农就业［M］.北京：中国农业出版社，2005.

［49］赵光远.建立更加紧密的城乡利益联结新机制　探索农业强省领航下乡村振兴新模式［J］.新长征，2023（01）.

［50］赵光远.在全面推进乡村振兴的大路上行稳致远［J］.新长征，2022（08）.

［51］赵光远.为全方位夯实粮食安全根基贡献力量.吉林日报，2022-11-29.

［52］曲会朋.稳定提高粮食生产能力.吉林日报，2022-01-17.

［53］韩俊.实施乡村振兴战略五十题［M］.北京：人民出版社，2018.

［54］周宏春.新时代东北振兴的绿色发展路径探讨［J］.经济纵横，2018（09）.

［55］王文刚.乡村振兴战略背景下东北黑土地保护与农民内生动力融合路径探究［J］.通化师范学院学报，2020（01）.

［56］廉喜旺，魏景忠，张军，等.吉林省水资源保障体系建设研究［J］.水利规划与设计，2018（9）.

［57］谢洪伟，于得万.吉林省水利现代化规划研究［J］.东北水利水电，2016（8）.

［58］魏后凯.深刻把握农业农村现代化的科学内涵［J］.农村工作通讯，2019（02）.

［59］孙贺，傅孝天.农业农村现代化一体推进的政治经济学逻辑［J］.求是学刊，2021，48（01）.

［60］叶兴庆，程郁.新发展阶段农业农村现代化的内涵特征和评价体系［J］.改革，2021（09）.

［61］冯兴元，鲍曙光，孙同全.社会资本参与乡村振兴和农业农村现代化——基于扩展的威廉姆森经济治理分析框架［J］.财经问题研究，2022

（01）.

［62］孙德超，李扬.新型举国体制支撑农业农村现代化的逻辑进路与实现路径［J］.社会科学，2022（07）.

［63］刘志成，欧阳慧.从战略高度系统推进建设全国统一大市场［J］.瞭望，2022（16）.

［64］陶立兴.当前农业科技创新面临的问题与建议［J］.吉林农业，2012（08）.

后　记

　　历时一年有余，在吉林省社会科学院"吉林振兴丛书"编委会的认真指导下，在吉林省社会科学院农村发展研究所科研人员的共同努力下，《东北振兴与吉林农业农村现代化》一书数易其稿后得以完成。这一过程是参撰人员单独撰写和交叉改稿相融合的过程，是回顾过去和展望未来相结合的过程，是团结协作和能力展现相互促进的过程，更是抗击疫情和展示风采相交织的过程。同时，在这一过程中团队主要成员还完成了《东北三省农业发展报告2022》《吉林省肉牛产业链延拓系列报告》等成果，这些成果与本书撰写互动协同，共同展示了吉林省社会科学院农村发展研究所科研人员的风采。总体来看，本书回顾了东北振兴战略实施以来吉林省农业农村现代化的发展脉络，总结了有关经验，分析了国内外农业农村现代化的有关情况，并提出了有关对策建议，能够为吉林省更加深入推进农业农村现代化进程、建设农业强省和实现中国式现代化提供一定的智力支持。

　　值此之际，需要向下列人员表示衷心感谢。一是感谢吉林省社会科学院"吉林振兴丛书"编委会所有成员，特别是丁晓燕研究员，对本书撰写给予大量指导；二是感谢吉林省社会科学院农村发展研究所各位科研人员的努力付出，除7位主撰人员（赵光远、姚堃、孙葆春、倪锦丽、李冬艳、丁冬、曲会明）外，段秀萍研究员、于凡副研究员、张金朋助理研究员在编撰过程中也提供了大量的帮助；三是感谢吉林省社会科学院科研管理处的工作人员，他们为本书的编撰、出版等事宜做了大量的协调工作；四是感谢吉林文史出版社编辑和相关工作人员的辛苦付出，使得本书能够正式出版。

农业农村现代化建设是一个长期、持续的发展过程，更是乡村振兴、农业强国等战略目标的重要支撑，更是吉林省作为这样的农业大省最重要的发展任务。吉林省社会科学院农村发展研究所将一如既往，持续关注吉林省农业农村现代化进程，持续产出高质量的决策咨询成果和社科学术成果，为吉林省加速农业农村现代化进程提供智力服务。在本书的撰写过程中，阅读和借鉴了诸多专家、学者的学术成果并在参考文献中列出，但仍恐有疏漏，在此表示衷心歉意并请求谅解。最后，竭诚希望阅读本书的朋友们提出宝贵建议。

2023年3月